延伸性著作权集体管理制度研究
——以选择判断为中心

韩 伟 ● 著

厦门大学出版社　国家一级出版社
XIAMEN UNIVERSITY PRESS　全国百佳图书出版单位

图书在版编目(CIP)数据

延伸性著作权集体管理制度研究:以选择判断为中心/韩伟著. —厦门:厦门大学出版社,2017.2

(厦门大学法学院知识产权研究丛书)

ISBN 978-7-5615-6234-5

Ⅰ.①延… Ⅱ.①韩… Ⅲ.①著作权-管理-研究-中国 Ⅳ.①D923.414

中国版本图书馆 CIP 数据核字(2016)第 217725 号

出 版 人	蒋东明
责任编辑	邓　臻
封面设计	洪祖洵
电脑制作	张雨秋
责任印制	许克华

出版发行　*厦门大学出版社*

社　　　址　厦门市软件园二期望海路 39 路

邮政编码　361008

总 编 办　0592-2182177　0592-2181406(传真)

营销中心　0592-2184458　0592-2181365

网　　　址　http://www.xmupress.com

邮　　　箱　xmupress@126.com

印　　　刷　南平市武夷美彩印中心

开本　720mm×970mm　1/16

印张　15.25

插页　2

字数　268 千字

版次　2017 年 2 月第 1 版

印次　2017 年 2 月第 1 次印刷

定价　68.00 元

厦门大学出版社
微信二维码

厦门大学出版社
微博二维码

序

韩伟是我任博士生导师后招录的第一个博士研究生,在所带博士学生中可谓"开山弟子",对于他,我是了解的。此书是韩伟以其博士毕业论文为基础而完成的,对于该书的完成和观点,我也是熟悉的。因此,韩伟来电提请我为此书作序,我欣然答应。

韩伟在 2011 年博士生入学之初便选定以"延伸性著作权集体管理制度"作为他的博士生研读期间的研究课题,并以此为题发表了一些学术论文。后来随着我国《著作权法》第三次修订的展开,关于著作权集体管理制度改革与完善的议题引起热议,韩伟更是敏锐地抓住了学科发展的趋势和特点,更加坚定地选择以该题作为他的博士学位论文的选题,其见识值得称道。

就博士学位论文选题而言,"延伸性著作权集体管理制度研究"属于"小题",如此聚焦性的"小题"要形成 20 万字左右的博士论文,且内容不能散,必须兼具系统性、逻辑性和前瞻性;既要研析制度的理论和现实基础,也要检讨整体制度架构,难度是比较大的。更何况这是发源于北欧的小众制度,相关研究资料较为匮乏,国内学界此前关注度并不高,需要凭借一己之力深入研究,这对韩伟提出了非常高的要求。为了很好地完成这一课题和做好这篇博士学位论文,韩伟尽其所能地投入热情、精力和时间,甚至在一段时间里有家不回,日夜耕耘,其努力程度和意志力可见一斑,至该学位论文完成时,他更是平添了许多的华发。作为导师,我在欣慰之余,也倍感心疼。

就我国著作权立法而言,延伸性著作权集体管理制度是法律移植的产物,于我国《著作权法》第三次修订中被修法者所推崇并建议引入。延伸性著作权集体管理制度赋予著作权集体管理组织代表某领域内所有著作权人的权利,是对知识产权自愿许可的又一强制性例外规定。这一制度的正当性阐述起来并不困难,但是其制度价值评价与取向及整体制度架构设计却需要足够的开拓性勇气和见识、厚实的理论积累和娴熟的立法技术。任何法律制度均绝非无本之木,其出现自有特定土壤。欲真正理解一项制度,唯有溯流而上,寻其源起,方能得之本质。对于延伸性著作权集体管理制度,同样亦是如此。为何出现,在何种特定环境下产生,移植这一制度之依据等,都是真正理解这一制度所必须回答的问题。

在此书中,韩伟匠心独运,对这些问题提出了自己的独到见解。他融合运用了阶级(阶层)分析法、历史分析法、价值分析法、比较研究法和实证分析法等多种研究方法,从著作权集体管理制度渊源入手,得出著作权集体管理制度的出现具有历史必然性的结论。但是,随着著作权集体管理制度的发展,是否必然会出现延伸性著作权集体管理制度呢?答案却是不然。延伸性著作权集体管理制度具有鲜明的北欧特色,有着独特的理论基础支撑。韩伟在深入剖析之余,将之与合理使用、法定许可、强制许可等几个相近制度作了详细比较,从而令人信服地提出,延伸性著作权集体管理制度是北欧特定社会文化环境的结果,具有鲜明的地域性特征,在普遍适用上仍然有待于进一步论证。

由此,韩伟对于我国是否应移植延伸性著作权集体管理制度这一重大争议问题的看法,也就有了逻辑上的结论。他认为,应坚持著作权私权属性不动摇和与特定阶段相适应的原则,我国目前不应移植延伸性著作权集体管理制度。为论证该观点,韩伟从实证角度对现有著作权集体管理组织代表性、运行情况与北欧国家著作权集体管理组织作了全方位比较。他甚至发现,信息技术的发展,为著作权个体管理提供了必要手段,从而也考验着延伸性著作权集体管理的合理性基础。韩伟的这篇博士学位论文论点鲜明、观点创新、论证充分,其观点得到了论文评审专家及答辩委员会成员的高度评价和赞许。想当初,韩伟是在硕士毕业多年并拥有多年企业法务工作经验后才报考博士研究生的,并以我校法学院民商法专业第一名的优异成绩入学,其不仅具备学术研究的潜能,还具有自我提升的渴望和动力。多年后,看到此书稿,感受到韩伟不忘初心,我尤感欣慰。该书的出版为韩伟的博士学业添上了更加完美的一笔。

祝愿韩伟在未来的工作和学习中创造更多的辉煌业绩。

丁丽瑛

2016 年 12 月 31 日

目　录

导　论 ……………………………………………………… 1

　一、研究背景和意义 ……………………………………… 1

　二、研究现状及成果评述 ………………………………… 4

　三、研究方法 ……………………………………………… 6

　四、思路和主要研究内容 ………………………………… 7

　五、创新之处 ……………………………………………… 9

第一章　著作权集体管理的必然性 …………………………… 12

　第一节　著作权集体管理的机制设计 ……………………… 12

　　一、著作权集体管理的概念与对象 ……………………… 12

　　二、著作权集体管理组织的主要职责 …………………… 15

　　三、著作权人与著作权集体管理组织的关系 …………… 17

　第二节　著作权集体管理的演进 …………………………… 21

　　一、法国 SACD 的诞生与发展 …………………………… 21

　　二、当代著作权集体管理的发展态势 …………………… 31

　第三节　著作权从个体管理到集体管理的必然性 ………… 36

　　一、著作权集体管理产生的外因必然性 ………………… 37

　　二、著作权集体管理产生的内因必然性 ………………… 42

　　三、小结 ………………………………………………… 46

第二章　延伸性著作权集体管理的个体性 …………………… 48

　第一节　延伸性著作权集体管理诞生的社会环境:

　　　　　北欧国家的特质 …………………………………… 48

　　一、政治:融合资本主义与社会主义的中间路线 ……… 48

　　二、文化:实用主义、协商与透明公开 ………………… 56

三、社会:同质性 ……………………………………… 64

第二节　延伸性著作权集体管理诞生的整体特性:

北欧国家长期融合与合作 ……………………… 69

一、国与国之间不断融合是整体接受延伸性著作权集体

管理制度的深厚基础 ………………………… 69

二、紧密而有力的法律合作是延伸性著作权集体管理制度

诞生的直接推动力 …………………………… 82

第三节　延伸性著作权集体管理在北欧国家的共性与个性 …… 87

一、北欧五国延伸性著作权集体管理的法律规定 ……… 87

二、延伸性著作权集体管理在北欧五国的共性与个性 …… 94

第三章　延伸性著作权集体管理制度的法理分析 …………… 101

第一节　延伸性著作权集体管理制度的理论基础 …………… 101

一、经济效率说 ………………………………… 102

二、集体协商传统说 …………………………… 105

三、研究结论及其延展 ………………………… 109

第二节　延伸性著作权集体管理制度的"合约性"分析 …… 111

一、著作权限制与例外:三步检验法 ………………… 112

二、延伸性著作权集体管理制度的"合约性":

以三步检验法为标准 ………………………… 119

三、研究结论 …………………………………… 125

第三节　延伸性著作权集体管理制度与著作权

限制制度的比较 …………………………… 125

一、延伸性著作权集体管理制度与合理使用比较 ……… 126

二、延伸性著作权集体管理制度与法定许可(强制许可)

比较 …………………………………………… 135

三、小结 ………………………………………… 140

第四章　我国移植延伸性著作权集体管理制度的决策 ……… 141

第一节　移植延伸性著作权集体管理制度应坚持的基本原则 … 142

一、坚持著作权的私权属性 …………………… 142

二、与我国著作权发展阶段相适应 …………… 153

第二节　移植延伸性著作权集体管理制度应考虑的宏观因素 … 157

一、发挥决定性影响作用的政治因素 ················· 157

二、不容忽视的文化因素 ······················· 163

三、转型期追求稳定过渡的社会因素 ················· 170

四、小结 ································· 176

第三节　我国著作权集体管理组织运行情况考察 ············· 177

一、著作权集体管理组织是否具有代表性 ·············· 177

二、著作权集体管理组织是否透明、经济高效 ············ 180

三、小结 ································· 185

第五章　我国增设延伸性著作权集体管理制度的构建、机遇与挑战 ······ 186

第一节　增设延伸性著作权集体管理制度的配套措施 ········· 187

一、取消设立限制，使著作权集体管理组织之间形成有效竞争 ····· 187

二、开放著作权集体管理市场，取消非营利要求，发展多类型
著作权集体管理机构 ······················ 189

三、适用反垄断法制约著作权集体管理组织，防止其
滥用市场支配地位 ······················· 190

四、设立著作权集体管理组织信托与代理性质并行的模式 ······· 192

五、加强著作权人对著作权集体管理组织的审计监督 ········ 193

第二节　延伸性著作权集体管理制度的具体内容构建 ·········· 195

一、缩小延伸性著作权集体管理制度的适用范围 ··········· 195

二、借鉴美国版权清算中心经验，最大化满足著作权人
个性许可需求 ·························· 196

三、明确著作权集体管理组织收取使用费方式
和分配使用费时限 ······················· 198

四、明确著作权人的权利保障机制 ················· 199

五、建立并完善著作权人与著作权集体管理组织之间的
纠纷解决机制 ·························· 204

第三节　设置延伸性著作权集体管理制度面临的机遇与挑战 ······· 205

一、设置延伸性著作权集体管理制度面临的机遇 ·········· 206

二、设置延伸性著作权集体管理制度面临的挑战 ·········· 211

结　论 ··································· 217

参考文献 ·································· 219

后　记 ··································· 235

导　论

一、研究背景和意义

(一)延伸性著作权集体管理制度的基本含义

延伸性著作权集体管理制度(Extended Collective Licenses Model)意指,根据法律规定,著作权集体管理组织签订的集体协议对于某领域内所有著作权人都适用,而不论其是否为著作权集体管理组织的会员,但著作权人另有声明的除外。[①] 延伸性著作权集体管理制度的适用对象为外部人(outsiders),一般包括非会员著作权人、孤儿作品和外国著作权人。[②] 延伸性著作权集体管理制度自 20 世纪 60 年代在北欧国家创立以来,还逐渐扩散到马拉维、俄罗斯、乌克兰等国,加拿大则处于考虑过程中,[③]欧盟也采取了非

[①] HENRY, OLSSON. The Extended Collective License as Applied in the Nordic Countries[EB/OL]. http://www. kopinor. no/en/copyright/extended-collective-license/documents/the-extended-collective-license-as-applied-in-the-nordic-countries, 2010-03-10/2013-06-22.

[②] CAROLINE, REILER. Making Broadcasting Archives Available:The Danish Experience [EB/OL]. http://www. efta. int/media/documents/eea/eea-news/Presentation％20EFTA％20-％20the％20archive％20provision％20-％20300910. pdf (p5),2010-09-30/2013-06-23.

[③] WIPO ＆ IFRRO. Collective Management in Reprography [EB/OL]. http://www. ifrro. org/upload/documents/wipo_ifrro_collective_management. pdf(p19),2013-06-23.

歧视的态度,①即认为该制度并无不妥。

延伸性著作权集体管理制度通常具有如下几点基本特征:一是该制度具有前提条件。特定领域的著作权人集中于具有代表性的著作权集体管理组织,并且该组织要获得著作权人委托,是为了著作权人利益而运转。二是自由协商环节必不可少。通过自由协商,著作权集体管理组织与某个或某一群体使用人签订授权使用协议。三是法定性。著作权法规定著作权集体管理组织与使用人签订的使用合同不仅适用于会员,通常也作为保护措施适用于外部人。四是使用的合法性。根据法律规定和既有的使用协议,使用人无须担心被控侵权。五是同等性。非会员著作权人与会员著作权人均应受到平等对待。六是个体赔偿权和退出权。一般情况下,外部著作权人有权要求获得个体赔偿,并且有权禁止其作品的此种使用。②

(二)研究的背景、意义

2011 年 7 月开始,我国启动了《著作权法》第三次修订工作。在本次修订过程中,立法者令人意外地移植了在世界范围内略显"小众"的延伸性著作权集体管理制度,也因此引起了很大的社会争议。延伸性著作权集体管理制度首次出现于 2012 年 3 月公布的《著作权法(修改草案)》第 60 条,该条规定:"著作权集体管理组织取得权利人授权并能在全国范围代表权利人利益的,可以向国务院著作权行政管理部门申请代表全体权利人行使著作权或者相关权,权利人书面声明不得集体管理的除外。"而在作品使用费的标准上,采取官方确定的方式,即在第 61 条规定:"著作权集体管理组织的授权使用收费标准由国务院著作权行政管理部门公告实施,有异议的,由国务院著作权行政管理部门组织专门委员会裁定,裁定为最终结果,裁定期间

---

① 例如:《关于卫星广播和数据再传播中著作权及邻接权问题协调指令》(Sat/Cabl Directive 93/83/EEC)第 3 章第 2 条规定了允许部分欧盟国家在特定类别适用延伸性著作权管理,参见:http://eurlex. europa. eu/LexUriServ/LexUriServ. do? uri = CELEX:31993L0083:EN:HTML;《信息社会著作权及邻接权问题指令》(Copyright Directive 2001/29/EC)第 18 条规定了对成员国延伸性著作权集体管理制度并无歧视,参见:http://eur-lex. europa. eu/smartapi/cgi/sga _ doc? smartapi! celexapi! prod! CELEXnumdoc&lg=EN&numdoc=32001L0029&model=guichett.

② HENRY,OLSSON. The Extended Collective License as Applied in the Nordic Countries[EB/OL]. http://www. kopinor. no/en/copyright/extended-collective-license/documents/the-extended-collective-license-as-applied-in-the-nordic-countries, 2010-03-10/2013-06-22.

收费标准不停止执行。"①关于为何移植延伸性著作权集体管理制度,国家版权局《关于〈中华人民共和国著作权法〉(修改草案)的简要说明》第 13 条提出:"著作权集体管理制度是衡量一个国家或地区著作权保护水平的重要标志,也是解决广大使用者合法使用作品的重要途径。近年来,我国建立了一系列著作权集体管理组织,但是社会各界关于著作权集体管理的认识和知识尚有待提高,很多作者还没有加入相应的集体管理组织,在现实中常常出现使用者愿意合法使用作品却找不到权利人的情况。为解决使用者使用作品的困境,草案根据我国国情,借鉴北欧国家著作权集体管理制度,原则性规定了延伸性著作权集体管理制度,即对于具有广泛代表性的著作权集体管理组织,国务院著作权行政管理部门可以许可其代表非会员开展延伸性著作权集体管理业务。"可是社会的反映大大出乎官方的预料,草案一经公布,便招致了来自出版方和几乎全体音乐人的反对,很多著作权人都质疑自己"被限制、被代表、被定价"。②

在遭到著作权人的大规模抵制后,2012 年 7 月公布的《著作权法》(修改草案第二稿)对延伸性著作权集体管理制度的适用范围进行了压缩,将第 60 条修改为:"著作权集体管理组织取得权利人授权并能在全国范围内代表权利人利益的,可以就下列使用方式代表全体权利人行使著作权或者相关权,权利人书面声明不得集体管理的除外:(一)广播电台、电视台播放已经发表的文字、音乐、美术或者摄影作品;(二)自助点歌经营者通过自助点歌系统向公众传播已经发表的音乐或者视听作品。著作权集体管理组织在转付相关使用费时,应当平等对待所有权利人。"③虽然缩小适用范围后文艺界反对的声音弱了很多,但是在学术界关于延伸性著作权集体管理制度是否适用于我国仍存在较大的分歧。这也使得原本不为人所知、所重视的"小制度"成了"大热点"。但是,2014 年 6 月 6 日公布的《著作权法》(修订

---

① 中华人民共和国著作权法(修改草案,国家版权局 2012 年 3 月)[EB/OL]. http://www.gapp.gov.cn/cms/cms/upload/info/201203/740607/133317987342298209. doc,2013-06-20.

② 著作权仅仅是私权吗?——访新闻出版总署(国家版权局)法规司司长王自强 [EB/OL]. http://www.sipo.gov.cn/yl/2012/201205/t20120511_689400.html,2012-05-11/2013-06-20.

③ 中华人民共和国著作权法(修改草案第二稿,国家版权局 2012 年 7 月)[EB/OL]. http://www.gov.cn/gzdt/att/att/site1/20120710/001e3741a4741165e50101. doc,2013-06-21.

草案送审稿)采取了名为缩小实则扩大的处理策略,第 63 条规定:"著作权集体管理组织取得权利人授权并能在全国范围内代表权利人利益的,可以就自助点歌系统向公众传播已经发表的音乐或者视听作品以及其他方式使用作品,代表全体权利人行使著作权或者相关权,权利人书面声明不得集体管理的除外。著作权集体管理组织在转付相关使用费时,应当平等对待所有权利人。"①该条"其他方式使用"的表述使得延伸性著作权集体管理制度的适用范围不再受限,与 2012 年 3 月《著作权法》(修改草案)第 60 条无异。

由于延伸性著作权集体管理制度自创立到今天才不过 50 多年,且原来只存在于北欧五国,近几年才被少数国家所借鉴、移植,国内对该制度的关注不多。就理论意义而言,目前国内对于延伸性著作权集体管理制度缺乏全面而深入的研究,无论支持与否都难以从更深理论上提出有信服力的论断,本书将从多角度对该制度进行理论剖析;就实际应用价值而言,修改的《著作权法》引发了巨大的争议,无论将来正式通过的《著作权法》中是否移植延伸著作权集体管理制度,都注定了争议不会就此销声匿迹,且极可能随着司法实践出现的现实问题而引发更大的纷争,本书将为法律制度的完善提供有价值的建议。

二、研究现状及成果评述

就国内而言,在 2011 年国务院将《著作权法》修订列入立法计划以前,鲜见相关学术和实务文章涉及延伸性著作权集体管理制度。2011 年以来,尤其是伴随着争议之声,该制度才逐渐成为知识产权法学界关注的热点,也形成了为数不多的研究成果。代表性成果评述如下:

一是简要介绍延伸性著作权集体管理制度类成果。包括《著作权集体管理组织的发展与变异》②和《我国著作权集体管理制度研究》③两本专著都对北欧国家延伸性著作权集体管理制度有所介绍。但是由于研究重点不在

---

① 国务院法制办公室关于公布《中华人民共和国著作权法(修订草案送审稿)》公开征求意见的通知[EB/OL]. http://www. chinalaw. gov. cn/article/cazjgg/201406/20140600396188. shtml,2014-06-07.

② 罗向京. 著作权集体管理组织的发展与变异[M]. 北京:知识产权出版社,2011:184-192.

③ 刘洁. 我国著作权集体管理制度研究[M]. 北京:中国政法大学出版社,2014:153-157.

于此,因此内容都非常简略。二是相对深入对延伸性著作权集体管理制度进行研究的成果。其中,多数学者都是在对延伸性著作权集体管理制度基本内涵、他国立法现状等有所研究之后,赞成我国著作权法修改予以移植。比较有代表性的包括:梁志文《著作权延伸性集体许可制度的移植与创制》(载《法学》2012 年第 8 期)、杜伟《著作权延伸性著作权集体管理制度若干问题探析:基于著作权法的立法考量》(载《知识产权》2013 年第 1 期)、胡开忠《构建我国著作权延伸性集体管理制度的思考》(载《法商研究》2013 年第 6 期)等期刊文章,还有董声洋《论著作权集体管理组织信托管理权的适当延伸》(中国社会科学院研究生院,2011 年硕士毕业论文)、董文瑶《著作权延伸性集体管理制度的法理探析》(2011 年硕士毕业论文)、崔伟雄《著作权延伸性集体管理制度研究》(华南理工大学,2011 年硕士毕业论文)、罗佳《论我国著作权延伸性集体管理制度的构建》(西南政法大学,2013 年硕士毕业论文)等数篇硕士毕业论文。少部分学者在对延伸性著作权集体管理制度进行深入剖析后,不赞同我国对该制度进行法律移植。比较有代表性的是卢海君、洪毓吟的《著作权延伸性集体管理制度的质疑》(载《知识产权》2013 年第 02 期)。或者限于篇幅,或者缘于研究有待深入,对于延伸性著作权集体管理制度何以诞生于北欧国家、生存外部环境以及移植影响因素等缺乏深入探析,并对国内的现实问题和著作权人的担忧未予充分回应,实操性不足。总体上而言,关于延伸性著作权集体管理制度的研究较少,理论界并未做好充分准备。理论研究贫乏的同时,立法的脚步却不停歇地往前赶,已经相对走在了理论研究的前面,而且越来越快,这也是我国《著作权法》修改本身引发较大争议的原因之一。

就国外而言,非北欧国家知识产权学界对该领域的研究广度和深度有所提高,但是也尚属于起步阶段。在北欧五国中,丹麦、瑞典两国学者的英文类学术文章相对多些,而挪威、芬兰和冰岛三国则较少。由于延伸性著作权集体管理制度诞生于北欧国家,且是五国立法合作的产物,自然都是这一制度的拥护者。在欧洲一体化过程中,存在着进一步加速文化共享的需求,为满足这一需求,欧洲其他国家的学者注意到了北欧国家的延伸性著作权集体管理制度,并提出可以附条件地作为备选方案。在非欧洲大陆地区,加拿大蒙特利尔大学的丹尼尔·热尔韦(Daniel Gervais)教授是著作权集体管理领域具有较高声誉的学者,出版了经典的《著作权及相邻权集体管理》(*Collective Management of Copyright and Related Rights*)一书,他建议加拿大应适当采纳该制度。① 由于西方发达国家普遍以实用为导向,导致国外学者虽然对该制度的历史脉络、功能与作用等分析较为充分,但是也多限于实务层面,理论挖掘同样存在不足。

三、研究方法

一是阶级(阶层)分析法。时至今日,阶级斗争理论已成过街老鼠般为人们所唾弃,但是阶级(阶层)分析方法却仍然不失为我们观察社会问题的一把钥匙。现实中,社会的发展呈现出复杂纷繁而又不断更换的现象,各色主张、各色言论似乎混沌一片,无法把握。我们需要透过障眼表面,分清事物背后推动的力量到底是哪一类或者几类群体。其实,著作权的出现就已经印证了当年英国书商这一阶层巨大推动力量的存在,集体管理组织的出现则是作者这一阶层推动的结果,现今国内部门立法现象横行则是另一种表现。

二是历史分析法。任何客观事物和现象的产生都具有时间性,尤其是法律作为人类的上层建筑,更是受制于特定历史阶段的经济基础和其他影响因素。对法律制度进行理性分析离不开历史的观点,要将其放入诞生的特定历史阶段来考察,同时又需要根据制度诞生需要的条件来推导出该制度未来发展的趋势。

三是价值分析法。公平与正义是法律所追求的终极价值,如何论证一项法律制度是否具有正当性和合理性,自然要应用价值分析法。价值判断在法律移植中具有重要作用,概言之就是根据国内现实需要移植具有先进性的法律制度,以实现法律的分配与矫正功能,从而争取将落后的实然状态向更具公平正义的应然状态转变。

四是比较研究法。比较是认识事物的基础。在法律移植中,共性越多移植的成功概率越大。作为起源于北欧五国特定土壤的延伸性著作权集体管理制度,我们需要认真分析我国与北欧国家的共性和差异之处,而这种比较要涵盖具体法律制度以外的文化、社会等多方面。

五是实证分析法。正如美国大法官霍姆斯所言"法律的生命不在于逻辑,而在于经验"。法律实践效果是法律制度的根基。在具体研究上,本书

---

① DANIEL,GERVAIS. Application of an Extended Collective Licensing Regime in Canada:Principles and Issues Relating to Implementation[EB/OL]. http://aix1. uottawa. ca/~dgervais/publications/extended_licensing. pdf,2013-06-21.

将结合既往和现实数据和典型事例、案件等,对国内的法律实践土壤和集体管理制度(或组织)的实际运转情况进行认真剖析,从而为是否增设以及如何构建延伸性著作权集体管理制度提供佐证。

四、思路和主要研究内容

就逻辑而言,延伸性著作权集体管理制度应属于著作权集体管理进一步异化的产物,之所以认为其是异化产物,就需要从著作权集体管理的必然性和延伸性著作权集体管理的非必然性谈起。鉴于国内对于延伸性著作权集体管理的认识不足,应对该制度进行学理上的深入研究,还原其本质与本性,以利于我们能够对它有客观的认识。因为法律移植的复杂性,我们当然需要对移植应考虑的因素逐一梳理,在对法律移植影响因素和延伸性著作权集体管理制度本身有较为清醒的认识基础上,进而判断在现阶段是否应予以移植。虽然我国目前尚不具备移植延伸性著作权集体管理制度的条件与土壤,然而立法者强行在《著作权法》第三次修订中予以移植的可能性较大,因此除宏观外部环境需要跟进外,还要有若干配套机制予以保障,否则水土不服甚至异化的概率必然增加。同时,事物存在的基础在变化,事物本身也必然变化,延伸性著作权集体管理制度面临新时代的诸多挑战,这些挑战因素的存在会使得延伸性著作权集体管理制度存在的合理性进一步弱化。

第一章为"著作权集体管理的必然性"。从基本概念和其机制设计入手,阐述传统意义上和现今绝大多数著作权集体管理制度如何运转。之后,对著作权集体管理的历史起源进行梳理,分析著作权集体管理制度缘何产生,指出其根本动力在于著作权人个人维护自身利益的需要。在历史上,著作权集体管理制度甚至对著作权的产生发挥过直接推动作用。除历史角度外,接下来还从内因与外因两个维度对著作权集体管理产生的合理性与必然性进行考察。从中我们可以看出,在 18 世纪、19 世纪特定历史阶段下,著作权人亟须集体管理组织的力量来改变自身个体的劣势,从而使得正当利益的获得和扩大化成为可能。

第二章为"延伸性著作权集体管理的个体性"。本章重点围绕延伸性著作权集体管理制度缘何出现于北欧国家进行认真探析,并进一步观察该制度在北欧五国的具体体现有何共性与个性。北欧五国有着相似的政治、社会和文化环境,在政治上都是社会民主党长期执政,其惯于融汇不同事物为己用的理念较为突出,此点上与延伸性著作权集体管理融强制与自由为一体的制度设计有异曲同工之妙；在文化上，公开透明的文化保证了集体管理组织运转的经济高效，实用文化有助于避免立法者纠缠于深层次逻辑与价值之争，协商文化有利于集体管理组织签订的使用合同更能维护著作权人利益。由于长期的融合与合作，五国之间联系紧密程度非一般国与国可以比拟，这种合作也促进了延伸性著作权集体管理制度几乎同步于五国著作权法中明确。但是，五国对于延伸性著作权集体管理制度的落实与体现却不尽完全相同。也就是说，延伸性著作权集体管理制度本就具有鲜明的北欧个体性色彩，同时这种个体性色彩在北欧五国之间进一步延伸，彼此差异明显。

第三章为"延伸性著作权集体管理制度的法理分析"。延伸性著作权集体管理制度最让人困惑的地方就在于，在未经著作权人授权委托的情况下，著作权集体管理组织缘何具有代表著作权人的先天合法性。所以，本章对这一焦点问题进行了理论基础的探寻。同时认为，北欧国家的实用主义在法律上有着深刻的烙印。延伸性著作权集体管理制度与合理使用和法定许可、强制许可在很多地方具有相似之处，本质都是对著作权人的限制，因此非北欧国家适用合理使用或法定许可、强制许可来对著作权人自由意志进行限制的情形，在北欧国家则往往表现为延伸性著作权集体管理制度，但是这几个制度之间并非完全等同。

第四章为"我国移植延伸性著作权集体管理制度的决策"。这首先需要从法律移植需要考虑的宏观因素谈起，因为法律移植不仅仅只是法律制度的移植，还是深层次文化等因素整体跟进的过程，而对于我国而言还有更复杂的政治因素需要考虑。对于著作权法领域的法律移植，我们需要坚守著作权私权属性不动摇，并坚持私权导向和与特定阶段相适应的原则，不能盲目移植。最为关键的是，我国目前的著作权集体管理组织难堪大任，目前数量不多的会员著作权人已经对这些集体管理组织异常抵触，显然加剧了延伸性著作权集体管理制度在中国落地的困难。

第五章为"我国增设延伸性著作权集体管理制度的构建、机遇与挑战"。虽然本书观点认为现阶段远远未到考虑移植延伸性著作权集体管理制度的程度，对移植持否定意见，但是由于我国的特殊国情，虽然存在较多著作权人强烈的反对之声，该制度仍有可能"破壳而出"。那么，如果我国增设了该制度，除了宏观外部非法律因素外，在具体落地上还需要一些配套措施加以补救，本书对此予以一定回应。可是，当著作权集体管理组织还在谋求立法扩权的时候，其实技术的发展很快将使个体管理成为可能，著作权集体管理制度都将进一步被挤压生存空间,而延伸性著作权集体管理更是面临合理基础何在的考验。

五、创新之处

本书的标题是《延伸性著作权集体管理制度研究——以延伸性著作权集体管理制度选择判断为中心》,就是想系统梳理如下三个核心问题:一是延伸性著作权集体管理制度是什么;二是我国目前是否应移植延伸性著作权集体管理制度;三是如何移植需要如何构建延伸性著作权集体管理制度。

在围绕这三个核心问题进行剖析的过程中,本书有如下创新之处:

首先,观点创新之处有三:

一是提出了延伸性著作权集体管理制度的诞生与北欧国家政治密不可分的观点。在既有国内外研究成果中,关于延伸性著作权集体管理制度的外部环境多只谈及与北欧国家的社会和文化密切相关,但是本书认为政治因素具有同样重要的价值。

社会民主主义作为对社会主义的修正,就是在注重集体利益和计划经济的社会主义与注重个体利益和自由经济的资本主义之间寻求融合一种的政治理念,而秉承该理念的社会民主党自 20 世纪以来就在北欧国家政治生活中长期居于主导地位,其自然将这种善于折中的理念引入法律制度之中。延伸性著作权集体管理制度是介于法定许可(强制许可)与传统协议许可之间的混合体,具有半自愿半强制的特色。该制度谋求集体意志的外延覆盖(指集体管理组织与使用人协议对外部人具有延伸效应),但又尊重私权的意思自治(指一般情况下赋予外部人的退出权)。"公"(集体)与"私"(个人)不是绝对的分开与对立,延伸性著作权集体管理制度可以说是"中间路线"在著作权法中的微妙而又具体的体现。

二是提出了延伸性著作权集体管理制度并无真正理论基础可言的观点,该制度只是因应需要设置的具体问题解决方案而已。

延伸性著作权集体管理制度的理论基础研究要解决的核心问题,就是著作权集体管理组织何以对外部人具有天然的合法代表性。通过梳理,目前有两个学说,分别是经济效率说和集体协商传统说。而严格来说,两个学说都并非延伸性著作权集体管理制度的理论基础,集体协商传统说只是制度起源的一种事实描述,经济效率说也仅是在描述适用该制度的优势,都无法从理论根源上解释著作权集体管理组织何以具有代表外部人的先天合法性。延伸性著作权集体管理制度作为借鉴于劳动法上集体协商制度的拿来主义作品,既与民法的私法自治原则相冲突,也与著作权法授权使用的基本精神相抵触,但是这样一个矛盾事物却自然而合理地产生和存在于北欧国家,与北欧法系追求实用而摒弃原则、精神与概念的特质一脉相承。

三是根据国外著作权保护的立法和实践,著作权倾向侧重保护的对象发生了三次移转,进而提出了"出版商—作者—使用人"阶段式发展的观点。

著作权率先在英国诞生,其最初表现的仅是出版商的垄断特权,甚至包括《安妮女王法》出台后的一段历史时期里,著作权更多眷顾于出版商,出版商利益居于主导地位。之后,英美等国在 17 世纪、18 世纪以洛克的"劳动财产"理论和财产权"先占说"为理论主张,形成了以"作品"为中心的版权体系,法德等欧洲大陆国家在 19 世纪末以"人格权"观点为理论主张,形成了以"作者"为中心的作者权体系。至此,著作权从以出版商利益为主的阶段,迈向了以作者利益为主的新阶段。到了 20 世纪初,出于公共利益和使用人更加便利使用的需要,合理使用和法定许可(强制许可)进入了著作权法体系。随着技术进步,在技术上获取知识更加便利,但是著作权人享有的著作权逐渐成为使用人获取知识的法律障碍。而以美国谷歌案为代表,标志着著作权将从以著作权人利益为主,转向更注重使用人利益。当然,每一个新阶段的发展,并不是简单否定式的以新代旧,而是在对原阶段主要利益人保障的基础上演进的。

其次,材料创新之处:

本书参考文献都力求最新,且注重还原事物的起源及发展脉络。一是以法国布莱恩(Gregory S. Brown)教授的两本专著《法国 1775—1793 年间的文学社会性和著作权》(*Literary Sociability and Literary Property in France*,1775—1793)和《角斗场:拉辛至大革命时期法国文学史中的作者、宫廷文化、公共剧院》(*A Field of Honor*:*Writers*,*Court Culture*,*and Public Theater in French Literary Life from Racine to the Revolution*)以及其他数篇学术论文为依托,对世界上第一个著作权集体管理组织法国戏剧作者作曲家协会(Société des Auteurs et Compositeurs Dramatiques,缩写为 SACD)的诞生过程进行了详细还原。二是对北欧五国《著作权法》中涉及延伸性著作权集体管理制度的内容进行了逐条翻译,并对五国关于该制度的异同进行了详细比较。

再次,在现有研究基础上的再进一步深化。一是国外学者指出延伸性著作权集体管理制度与北欧的社会和文化密不可分,但是北欧国家到底是社会和文化有何特质,该种社会和文化对延伸性著作权集体管理制度的影响到底在哪里并无进一步阐述。本书提出了北欧国家具有同质性社会和实用主义、协商与透明公开文化的特点,这些社会和文化特质为延伸性著作权集体管理制度的诞生和良好运行提供了坚实保障。二是虽然作者对于现阶段移植延伸性著作权集体管理制度持否定意见,但是考虑到立法者的坚持态度,对于如何构建该制度提出了配套措施和具体构建建议。

第一章 著作权集体管理的必然性

第一节 著作权集体管理的机制设计

一、著作权集体管理的概念与对象

（一）著作权集体管理的概念

在英文表述上，著作权集体管理有"collective management"和"collective license"两种表述，字面翻译分别是"集体管理"和"集体许可"。其实，两者没有本质区别，只是所站角度不同：集体管理是从著作权人角度而言，而集体许可是从作品使用人角度而言。

关于何谓著作权集体管理，世界知识产权组织（WIPO）的定义为："为满足著作权人利益需要，著作权集体管理组织代表著作权人对著作权及邻接权加以利用的行为。"[①]曾任匈牙利版权局局长和世界知识产权组织助理总干事的米哈依·菲彻尔（Mihaly Ficsor）博士于 2002 年完成了一份名为《著作权及邻接权集体管理》（Collective Management of Copyright and Related Rights）的官方报告，报告认为著作权集体管理的基本定义应为："著作人委托集体管理组织对其作品使用进行监控，与潜在使用人协商并在适当情况下根据设定的使用费体系授权使用人使用，集体管理组织收取并

[①] WORLD INTELLECTUAL PROPERTY ORGANIZATION. Collective Management of Copyright and Related Rights［EB/OL］. http://www. wipo. int/copyright/en/management/，2013-07-03.

在著作权人之间分配有关作品使用费。"①我国《著作权集体管理条例》第 2 条将著作权集体管理定义为:"著作权集体管理组织经权利人授权,集中行使权利人的有关权利并以自己的名义进行的下列活动:(一)与使用者订立著作权或者与著作权有关的权利许可使用合同(以下简称许可使用合同);(二)向使用者收取使用费;(三)向权利人转付使用费;(四)进行涉及著作权或者与著作权有关的权利的诉讼、仲裁等。"

通过上述几个概念表述,可以总结出这一概念的基本含义。著作权集体管理是指,著作权集体管理组织根据著作权人的授权对著作权人的作品进行经济利用,并为著作权人积极维权的一种著作权管理与行使模式。

(二)著作权集体管理的对象

人们向来想当然地认为,既然名称是著作权集体管理,那么其管理的对象自然是著作权。但是,这种想当然的认识实际上却经不起推敲。就其本质而言,"权利是一种社会关系,本身……不具备为人感知的客观形式"②。我们很难想象,某种抽象的社会关系可以交由他人打理而自己获取收益。以同处于私法领域具有相似性的物权为例,个人可以将实物交由他人管理,但是他人管理的是实物,而不是具有社会关系指向的物权。现实中,房屋所有人将闲置房屋委托房产中介公司出租来获取收益,他可以选择房产中介公司提供居间服务促成出租方与承租方直接交易,也可以选择交由房产中介公司负责具体出租事宜,自己从烦琐的直接出租事务中抽身出来。在后一种模式中,房屋所有人交给房产中介公司管理的对象显然是他的实物房屋,而不是抽象的权利。因此,物是第一性的,物权实则是作为抽象的第二性而存在的。物权人委托他人管理的对象只能是第一性的物,并不是第二性的物权。对于知识产权而言,知识及其他信息是第一性的,知识产权是第二性的。具体到著作权,作品是第一性的,著作权则是第二性的,著作权人委托著作权集体管理组织管理的也只能是他的作品。著作权集体管理组织受委托管理作品过程中,可以再授权他人使用,从而为著作权人获得经济收益。

①　MIHALY,FICSOR. Collective Management of Copyright And Related Rights (WIPO) [EB/OL]. http://www. wipo. int/export/sites/www/freepublications/en/copyright/855/wipo_pub_855. pdf(p17),2013-07-03.

②　刘春田. 知识产权的对象[C]//刘春田. 中国知识产权评论:第 1 卷. 北京:商务印书馆,2001:128.

(三)著作权集体管理的权利范围

正如物权中在一物之上可以设定范围广泛的权利内容一样,著作权也可以根据作品或主体的不同设定多种权利内容。一般在大陆法作者权体系,人们习惯将著作权分为财产权和人格权两部分。著作人格权在英美法上也被称为"精神权利"(moral rights),其所保护的是作者本人与其作品之间的精神与人格联系,并且以与特定作品相联系为特征,在我国著作权法包括发表权、署名权、修改权和保护作品完整权。而著作财产权是指著作权人自己使用或者授权他人以一定的方式使用作品并获得报酬的权利,在英美法上成为"经济权利"(economic rights)。在我国著作权法中,所规定的著作财产权可以概括为三类权利:复制权、传播权和演绎权。其中,传播权包括发行、出租、展览、表演、放映、广播和信息网络传播等权利内容;演绎权包括摄制、改编、翻译和汇编等权利内容。① 随着传播技术的不断发展,诞生了与传统著作权区别但又有联系的邻接权。"邻接权"又称为作品传播者权利,是从英文"neighboring rights"和法文"droits voisins"直译过来的一个版权术语。邻接权是指作品的传播者在传播作品的过程中,对其付出的创造性的劳动成果依法享有的专有权利。在我国《著作权法》中包括表演者权、录音录像制作者权、广播组织者权和出版者权等。

并不是所有著作权的权利内容都适合集体管理,由于著作人格权与作者的精神或人格利益联系紧密,且无经济内容,不适合委托著作权集体管理组织管理。因而,著作权集体管理一般集中于著作财产权和邻接权的权利范围。根据世界知识产权组织官方报告显示,著作权集体管理常见的主要权利范围包括如下几种:一是公开表演权,包括在迪斯科舞厅、餐馆和其他公共场所进行的音乐演奏或表演;二是广播权,包括从在广播电台和电视台现场直播或录制播放的表演;三是音乐作品的机械复制权,包括以激光唱片、磁带、唱片、盒式磁带、微型碟片或以其他录制形式对作品进行的复制;四是戏剧作品的表演权,主要指舞台表演;五是文学和音乐作品的影印复制权,即指作品的复印;六是邻接权,主要包括表演者和录音制品制作者因向公众广播或传播录音制品而获得报酬的权利。② 我国《著作权集体管理条

---

① 丁丽瑛,主编. 知识产权法[M]. 厦门:厦门大学出版社,2009:98-100.

② WIPO. Collective Management of Copyright and Related Rights[EB/OL]. http://www.wipo.int/export/sites/www/freepublications/zh/copyright/450/wipo_pub _l450cm.pdf(p5),2013-07-04.

例》第 4 条明确了国内著作权集体管理组织可以管理的权利内容，"著作权法规定的表演权、放映权、广播权、出租权、信息网络传播权、复制权等权利人自己难以有效行使的权利，可以由著作权集体管理组织进行集体管理"。

二、著作权集体管理组织的主要职责

著作权集体管理组织是著作权集体管理制度落实的主体，因此，著作权集体管理组织的职责范围决定着著作权集体管理的效能空间。一般而言，随着著作权集体管理组织日益发达和社会增加新的需要，著作权集体管理组织还会被附加促进文化多元等方面的社会责任，这一点在作为著作权集体管理制度起源地的欧洲较为突出。[①] 但是，这些附加的职能毕竟是在著作权集体管理组织基本职责运行良好的基础上才能实现，因此我们仍重点聚焦于著作权集体管理组织的基本职责。基本职责是著作权集体管理制度或著作权集体管理组织存在的基础与根本，没有基本职责的存在，或者基本职责运行不良，设立著作权集体管理制度的意义就荡然无存，著作权集体管理组织的存在价值也必然遭受质疑。

（一）取得著作权人委托授权，并接受使用人许可申请

这是按时间先后顺序，作品在著作权人、著作权集体管理组织与使用人之间的流动过程。著作权作为私权，权利人可以选择自己授权许可的个体性作品管理模式，也可以选择委托集体管理组织进行集中管理，权利人不必费心于授权许可具体事务。一般而言，著作权人委托著作权集体管理组织管理其作品，先要加入著作权集体管理组织成为会员。著作权集体管理组织取得著作权人的委托授权后，就可以对相应的作品开展许可类经济业务。通常，对于使用人的许可申请，著作权集体管理组织无正当理由不得拒绝。这一点对于处于垄断地位和具有信托性质的著作权集体管理组织而言更是

---

① 在法国、德国和西班牙等国的《著作权法》中，都有提取 10％～25％比例使用费用于资助文化艺术作者、促进社会文化创新的规定。参见 ADOLF, DIETZ. Legal Regulation of Collective Management of Copyright (Collecting Societies Law) in Western and Eastern Europe[J]. Journal of the Copyright Society of the U. S. A. ,2002, 49:912-913.

如此,缔结协议是他们的义务之一。① 当然,该类规定也可以被看作是对著作权人利益的保护。如果著作权集体管理组织对待使用人申请许可的态度消极,甚至无故拒绝,著作权人的经济收益必然大受影响。

(二)收取并分配作品使用费

这是按时间先后顺序,使用费在使用人、著作权集体管理组织和著作权人之间的流动过程,与作品的流动顺序正好相反。在著作权集体管理组织接受使用人的许可申请后,使用人可以使用著作权作品,但是也相应地支付使用费。在著作权集体管理组织将使用费收取上来之后,理论上扣除必要管理费用后应在著作权人之间进行分配。同时,为了做到科学而精确的分配,著作权集体管理组织还应当从使用人那里收集有关使用和其他相关数据。②

(三)为著作权人利益而进行维权活动

可以说,著作权集体管理组织成立的最初动力也是来源于此,这一点可以从世界上成立最早的法国戏剧作者协会(Société des Auteurs Dramatiques,简称 SAD)得到印证。法国戏剧作者协会于 1777 年成立,是应戏剧作者向法兰西喜剧院争取权利所需,通过不断抗争,戏剧作者先是争取到更高比例的作品使用费收入,后又获得了法律对其著作权人地位的确认。法国戏剧作者协会的斗争史,也可以反映出现代著作权集体管理的维权路径。一是针对作品使用人进行维权。在正常情况下,著作权集体管理组织会通过谈判来尽力争取最大限度的使用费收益,以此来维护著作权人的经济收益;在使用人未经许可而侵权使用著作权人作品时,可以通过诉讼

---

① 关于垄断类著作权集体管理组织与使用人缔结协议义务的规定,可见德国、葡萄牙、西班牙、匈牙利、波兰、斯洛文尼亚等国《著作权法》。参见 ADOLF, DIETZ. Legal Regulation of Collective Management of Copyright (Collecting Societies Law) in Western and Eastern Europe[J]. Journal of the Copyright Society of the U. S. A. ,2002, 49:907. 我国《著作权集体管理条例》第 23 条第 3 款也有类似规定:"使用者以合理的条件要求与著作权集体管理组织订立许可使用合同,著作权集体管理组织不得拒绝。"关于信托类著作权集体管理组织与使用人缔结协议义务的规定,可见韩国《著作权法》(2011 年 12 月 2 日修订版)第 106 条第(2)款规定:"使用人书面提出使用申请时,如无正当理由,著作权信托服务提供者应当按照大总统令所规定的关于签订著作权使用合同所必要的信息,在合理期限内以书面形式提交给申请人。"参见 http://www. wipo. int/wipolex/en/text. jsp? file_id=281738.

② DANIEL, GERVAIS. Keynote: The Landscape of Collective Management Schemes Columbia[J]. Journal of Law & the Arts,2011. 34:595.

等法律手段获得作品使用的经济补偿金。二是参与国家立法。法律作为法治社会中民众行为的根本准则，相关利益保护条款的制定能够从根本上保障著作权人的权益。著作权集体管理组织作为著作权人的代言人，有必要通过多渠道进行积极游说，争取国家立法对著作权的更有利保护。

三、著作权人与著作权集体管理组织的关系

(一)国内主流观点与理由

关于著作权人与著作权集体管理组织的关系，国内学者一般认为有两种，一种为代理，一种为信托，而多数学者或主流观点均认为应属信托。其主要理由如下：

第一，存在委托人、受托人和受益人三方法律关系，与信托制度相同。信托制度中存在三方法律关系：委托人、受托人和受益人，著作权集体管理组织同作者的关系与之基本相同，只不过在这里，委托人和受益人大部分是重合的(当然，两者也可以不重合。比如甲将自己的著作权委托给集体管理组织，指定乙为受益人，这也是可以的)。[1] 在信托制度中，委托人是财产提供方，受托人是财产管理方，受益人接受财产收益方。在传统信托制度中，委托人与受益人并不同一，但是现代信托制度中有自益信托的创新，从而委托人也可以是受益人。著作权集体管理定位为自益信托，著作权人则为自益委托人。著作权集体管理就是受托人(即著作权集体管理组织)，接受委托人(即著作权人)的委托，为受益人(即著作权人)的利益，而对其财产(即作品)，以自己的名义进行管理(即登记作品、发放许可、监督使用、追究侵权)，从而将由此产生的利益交付著作权人(即分配报酬)的一种财产管理制度。[2]

第二，根据我国《信托法》规定，著作权集体管理组织应属公益信托的受托人。[3]《信托法》第60条规定："为了下列公共利益目的之一而设立的信托，属于公益信托：……(四)发展教育、科技、文化、艺术、体育事业；……"而与之相呼应的是，我国《著作权法》第8条第2款规定："著作权集体管理组织是非营利性组织，其设立方式、权利义务、著作权许可使用费的收取和分配，以及对其监督和管理等由国务院另行规定。"著作权集体管理组织自然

---

① 湛益祥.论著作权集体管理[J].法学,2001(9):45.
② 周俊强.著作权集体管理的法律性质[J].法学杂志,2003(03):47.
③ 毛牧然,周实.论著作权集体管理制度[J].当代法学,2002(05):61.

应属于公益信托。此外,我国著作权集体管理组织都需要经过国家著作权主管部门和民政部的审批,而根据民政部《社会团体登记管理条例》第 4 条第 2 款的规定:"社会团体不得从事营利性经营活动。"据此,著作权集体管理组织在设立审批环节也保障了其公益信托的性质。

第三,有关最高人民法院复函和法律法规确定了著作权人与著作权集体管理组织之间的信托关系。1993 年《最高人民法院民事审判庭关于中国音乐著作权协会与音乐著作权人之间几个法律问题的复函》第 1 条明确:"音乐著作权协会与音乐著作权人(会员)根据法律规定可就音乐作品的某些权利的管理通过合同方式建立平等主体之间的带有信托性质的民事法律关系,双方的权利与义务由合同约定,音乐著作权协会可以将双方的权利与义务等事项规定在协会章程之中。"[①]后来该复函于 2013 年年初被最高人民法院以"已经被著作权法和著作权集体管理条例代替"为由予以废止。[②]而根据 2001 年《著作权法》有关著作权集体管理组织由国务院另行规定的条文,《著作权集体管理条例》于 2005 年 3 月 1 日正式颁布实施。该条例除未根据《最高人民法院民事审判庭关于中国音乐著作权协会与音乐著作权人之间几个法律问题的复函》将著作权集体管理组织与会员直接定性为信托外,其余的规定都予以吸纳,实质上是肯定了著作权人与著作权集体管理组织之间的信托关系。

第四,信托性质有利于维护著作权人利益。在信托制度中,有对受托人的勤勉义务要求。著作权集体管理组织必须以维护著作权人的利益为其行为准则,不得有自己交易,或者故意以对权利所有人造成损害的方式,来为自己获得利益,否则受托人就必须向受益人承担责任。[③] 例如,我国《信托法》第 20 条、第 21 条、第 22 条、第 23 条赋予了委托人知情权、撤销权、解任权等权利,委托人具备了相应的权利保障。

(二)对国内主流观点的质疑

第一,作品为无体信息,不同于现金等实物,受托人并非实质占有。现

---

① 最高人民法院民事审判庭关于中国音乐著作权协会与音乐著作权人之间几个法律问题的复函(1993 年 9 月 14 日)[EB/OL]. http://www. law-lib. com/law/law_view. asp? id=9803,2013-07-12.

② 最高法予以废止的部分司法解释和司法解释性质文件目录(第九批)[EB/OL]. http://www. law-lib. com/fzdt/newshtml/yjdt/20130119100058. htm,2013-07-12.

③ 徐涤宇,刘辉. 著作权集体管理基础问题研究[J]. 科技与法律,2005(02):49.

代意义上的信托制度起源于英国封建时期,是出征的骑士出于保留土地使用权,并获取收益而委托信任的朋友经营其土地及土地上的房产,直到他归来。该制度于 1535 年《用益法》(the Statute of Uses)颁布后正式确立。[①]而到了现代社会,现金逐渐成为主要的信托财产。虽然包括著作权在内的知识产权与物权同属私权,但是物权存在的基础是物,知识产权存在的基础是知识,这就决定了两者在占有权能上有很大不同。对于实物,他人自然可以通过约定实际占有;对于采矿权等准物权,由于其也是指向特定实物,他人可以通过约定或进一步由国家机关登记而实际占有。但是对于知识产权而言,无论是权利人还是他人都不能实际占有无体的知识,虽然在著作权法上,知识以作品的形式呈现。作品一旦创作出来,它可以被无限复制,知识可以跨空间传播。只不过未经授权许可,他人不可使用,他人承担的更多是法律形式的义务而已。以信托理论来看,作者实际不能如移交实物般将作品移交给著作权集体管理组织,仅由著作权集体管理组织占有作品。

第二,信托法律关系并非完全有益,有时并不利于著作权人利益最大化。依照信托理论,著作权人一旦将作品交由著作权集体管理组织打理,作者不能再授权他人许可;同时,任何人未经著作权集体管理组织授权许可都不能再使用该作品,包括著作权本人。显然,这种制度设计对著作权人并不利。首先,著作权人不能再授权他人使用,会妨碍其作品获得最大效益。对于并不高产的著作权人而言,在交由著作权集体管理组织打理作品的同时,自己保留作品的个体授权至关重要。经典的文学或艺术作品往往需要消耗著作权人大量的时间精力,甚至多数作家或艺术家一生中仅有为数不多的几件作品。作品使用多少和使用费高低,对于其自身生活质量有很大影响。由于著作权集体管理组织在作品授权许可上对价格有较大幅度优惠,再加上扣除管理费,著作权人的实际收益往往较少。其次,著作权人不能使用自己的作品,有悖于常理。英国垄断和合并委员会(Monopolies and Mergers Commission)关于集体管理组织竞争环境和运转情况的报告揭示,U2 乐队为成为会员被迫于 1994—1995 年间将作品演出权委托给表演权协会(PRS),结果引来很多麻烦。他们表演自己的作品还要缴纳费用给表演权协会,而且在国外演出时还要交双份费用,一份给国内的表演权协会,一份

---

① TONIO, FENECH. The Law Relating Trusts: Introductory Lectures[EB/OL]. http://fff-legal. com/wp-content/uploads/2013/02/The-Law-on-Trusts-Tonio-Fenech-lecture. pdf(p4-5),2013-07-13.

给予表演权协会有互认协议的外国著作权集体管理组织。^① 显然,著作权集体管理组织这种信托式的法律关系对著作权人本身倒成了限制。

第三,著作权集体管理的出发点是服务著作权人,而不应以法律关系性质反过来制约著作权人。信托作为发源于英美法系的独特制度,在大陆法系的移植一直不甚顺利,关键在于大陆法系"一物一权"理论无法解释委托人财产所有权和受托人独立财产权的特殊格局。即,财产在委托人移交给委托人后,委托人保留名义的所有权,但是财产实际归受托人占有、使用、收益和处分,受托人实际拥有了所有权的全部权能。正如上文所提到的,知识或作品不同于实物,无法做到真正转移,著作权集体管理组织也不能做到实际占有。可是,著作权集体管理组织为了取得这种类似实际占有的效果,认为以自己名义诉讼更加便利,而以受托人自己名义诉讼与信托制度是捆绑在一起的。著作权集体管理组织的本质是为了更好维护著作权人利益,而不能也不应被信托制度所捆绑,国内既有案例已经表明个别法院对此有所醒悟。郑钧在"你必须幸福—郑钧2010北京演唱会"上演唱了自己创作的歌曲《天下没有不散的筵席》,没想到演唱会主办者北京十月天文化传媒有限公司却因此被中国音乐著作权协会告上了北京市海淀区法庭。中国音乐著作权协会认为郑钧使用了中国音乐著作权协会受托管理的音乐作品,侵犯了著作权人的表演权,要求其赔偿经济损失及诉讼合理支出共计36671.3元。^② 审理法院认为中国音乐著作权协会成立的初衷系为避免著作权人难以控制其权利,起到沟通著作权人与作品使用者的桥梁作用,而非著作权人使用本人作品、行使其自身权利时仍需经中国音乐著作权协会许可并支付费用,因此驳回了中国音乐著作权协会的诉讼请求。^③

第四,目前法律并无明确规定信托性质。1993年《最高人民法院民事审判庭关于中国音乐著作权协会与音乐著作权人之间几个法律问题的复函》首次明确了会员著作权人与音著协之间信托的关系性质,但是其既非法律,也非司法解释,不具有普遍适用效力,且其已经废止。之后《著作权集体管理条例》只是就著作权集体管理组织的职责进行了明确,都并未明文规定

---

① MARTIN,KRETSCHMER. The Failure of Property Rules in Collective Administration: Rethinking Copyright Societies as Regulatory Instruments[J]. European Intellectual Property Review,2002 (3):132.

② 谢礼恒. 唱自己写的歌 侵了音著协的权? [N]. 成都商报,2013-04-26(24).

③ 李囡.郑钧演唱自己作品被诉侵权 法院判音著协败诉[EB/OL]. http://www.chinacourt.org/article/detail/2013/04/id/951042.shtml,2013-04-24/2014-07-14.

会员著作权人与著作权集体管理组织之间为何种性质法律关系，况且条例也仅仅是行政法规，并非真正意义上的法律。关于信托性质的解读，基本都是学者自己牵强意会的结果。

（三）本书的观点

在西方发达国家，鲜少关于著作权集体管理组织与会员著作权人属何种法律性质关系的定性判断，只有著作权人授权上是独占（exclusively）还是非独占（non-exclusively）的区别。欧洲大陆国家多采取独占授权模式，由于独占授权排除著作权人再授权他人使用和自己使用作品的可能，也因此被国内学者解读为适用信托模式更与国际接轨。而与欧洲相反的是，美国则采取了非独占授权模式。在著名的美国联邦政府诉美国作曲家、作家和出版商协会（United States v. ASCAP）案中，美国纽约州南区法院主持修正了美国作曲家、作家和出版商协会关于一揽子协议为非独占授权的规定。① 可见，单独选取欧洲经验有失偏颇。而韩国就采取了两条腿走路的方式，韩国《著作权法》第 105 条明确规定，著作权集体管理组织可以为信托组织，也可以为代理或居间服务组织，但是如著作权集体管理为信托性质，则须直接向文化体育旅游部长申请，并接受更为严格的监管。② 因此，笔者认为著作权集体管理组织与会员著作权人本就并存信托与代理两种性质，只不过需要根据实际需要来选择哪种性质更有利于维护著作权人利益而定，并非绝对。而一般意义上，显然代理性质更有利于维护著作权人的利益。

第二节　著作权集体管理的演进

一、法国 SACD 的诞生与发展

"对历史的遗忘本身不仅意味着背叛过去，同时还意味着他持有一种置

---

① US v. ASCAP, US District Court，Southern District of New York［EB/OL］，http://www. ascap. com/～/media/files/pdf/members/governing-documents/ascapafj2. pdf(p2). 2013-07-14.

② 韩国《著作权法》(2011 年 12 月 2 日修订版)［EB/OL］. http://www. wipo. int/wipolex/en/text. jsp? file_id＝281738.

现在与未来于不顾的盲目。"①因此,对著作权集体管理制度的认识与把握不能脱离对其历史的考察。著作权集体管理与著作权集体管理组织须臾不可分离,可以说是一个事物的两个方面,没有著作权集体管理组织自然也就谈不上著作权集体管理。因此,我们对著作权集体管理诞生历史的追溯,实际就是对著作权集体管理组织的梳理。世界上第一个著作权集体管理组织是法国的戏剧作者作曲家协会,那么我们探究著作权集体管理制度的起源就需要从戏剧作者作曲家协会 SACD 的成立开始。

(一)戏剧作者利益保护不足催生戏剧作者协会②

1. 时代背景:戏剧作者利益保护不足

18 世纪的法国,封建时代的皇室文化不再居于主导地位,个人认知与自我塑造意识崛起。但是,旧制度(Old Regime)③依然未被完全瓦解,如果没有物质财富和一定社会知名度的头衔,个人依然难以进入上流社会成为所谓的精英人士。对于一般的写手(writer)而言,要成为社会公认的作家(man of letters)只能寄望于为普通公众所广泛认可,而这与当时的皇室制度和文化尚处于抵触状态。公共剧院在一定程度上满足了一般写手的这种需求,因为人们能否进入公共剧院是依照价格而不是社会地位,这与类似于皇室或贵族私人聚会的场所完全不同。但是有一家剧院例外,它就是在巴黎享有最高商业地位的法兰西喜剧院(Comédie Française)。法兰西喜剧院建立于 1680 年,附属于凡尔赛宫的法国皇室,并接受皇室监管。但是,法兰西喜剧院是商业公共空间和皇室私人领地的复合体,它审核严格但是又对公众开放,并且对写手无准入门槛限制,也无公司或者学术机构对作者进行管束,因而成为写手寻求社会知名作家身份认证的神圣之地。④ 但是,与剧

---

① 李雨峰.枪口下的法律:中国版权史研究[M].北京:知识产权出版社,2006:14.

② 法国戏剧作者作曲者协会在简介中先是用"Bureau de législation dramatique"(字面翻译:戏剧立法局)表示,后又用"société des auteurs dramatiques"(字面翻译为:戏剧作者协会),而内华达大学拉斯维加斯分校的格雷戈里 S. 布莱恩教授(Gregory S. Brown)和其他多名学者一般都采后者,本书亦采后者。

③ 旧制度是指法国 1789 年大革命以前的政治和社会体系。社会有三个阶级组成:第一等级由基督教教士组成,第二等级由贵族组成,人数最多的是第三等级,由农民、城市工人和中产阶级组成。参见 http://wiki. answers. com/Q/What_was_the_old_regime? #slide=2.

④ GREGORY S. BROWN, A Field of Honor: Writers, Court Culture, and Public Theater in French Literary Life from Racine to the Revolution[M]. New York: Columbia University Press, 2005:4-21.

院中具有稳定收入和社会声誉的演员相比,写手的地位则卑微得多。剧作者既未在 1680 年法兰西喜剧院成立时的皇室文件中得以提及,路易十五晚期的命令中对他们也无任何规定。与同时代的学者相比,剧作者也不能与之相提并论,大部分法国科学院的成员不仅工作悠闲,而且还享有经济补助。此时,如何定义剧作者的地位成为焦点所在。① 虽然自 17 世纪晚期开始,名义上剧作者可以从自己作品演出中获得净收入的 1/9 作为自己的报酬,但是,剧作者与剧院之间并无直接合同约束,剧作者可以分配演员的角色,但在收入分配上要视其与演员的关系如何而定。② 到了 18 世纪晚期,专制政府的现代化、官僚化进程与皇室资助、保护的逐渐消融相互交织在一起,这也让戏剧作者看到了更多的希望。由于只有一家法兰西喜剧院,而希望将自己作品搬上法兰西喜剧院的新生代作者又太多,大量剧作者的作品手稿因此被剧院积压,他们一方面寻求通过出版作品,并将自己标榜为"爱国者"来获取公众的认可;另一方面剧作者希望通过立法,将自身戏剧作者的身份地位和报酬权得到进一步确认。

2. 戏剧作者协会 SAD 的组建过程③

戏剧立法协会的成立离不开一个灵魂人物,他就是皮埃尔·奥古斯汀·加隆·德·博马舍(Pierre-Augustin Caron de Beaumarchais)。相对而言,博马舍早已过了谋生活的写手阶段,已经跻身于社会精英之列。1767 年《欧也妮》(Eugénie)曾在法兰西喜剧院上演 23 场次。创作于 1773 年秋天至 1774 年春天的《备忘录》(mémoires judiciaires)更是一跃变为反莫普

---

① GREGORY S. BROWN, A Field of Honor: Writers, Court Culture, and Public Theater in French Literary Life from Racine to the Revolution[M]. New York: Columbia University Press, 2005:61-73.

② GREGORY S. BROWN, A Field of Honor: Writers, Court Culture, and Public Theater in French Literary Life from Racine to the Revolution[M]. New York: Columbia University Press, 2005:88-110.

③ 除有单独注释外,本部分内容均参考自:GREGORY S. BROWN, Literary Sociability and Literary Property in France, 1775—1793: Beaumarchais, the Société des Auteurs Dramatiques and the Comédie Française[M]. Aldershot England: Ashgate Publishing, Ltd., 2006:1-2,13-27.

(Maupeou)①运动的英雄,成了爱国者的化身。② 自 1775 年 2 月到 1776 年年底,他的作品《塞维勒的理发师》(Le Barbier de Séville)又获得了极大成功,在法兰西喜剧院上演了 32 场次,剧院总收入超过了 93000 里昂。由于法兰西剧院在与剧作者的谈判中一直处于强势地位,他们一直对新生代剧作家采取压榨的方式。他们一般都会以长期合作为诱饵,以承诺今后作品能够获得更多上演机会为由,让剧作者在报酬上再退让部分比例。即便是面对号称"法兰西思想之父"的伏尔泰(Voltaire),他们也采取这种做法。一般的新生代剧作者,都会迫于压力和对未来作品成功的寄望而选择屈服。实际上,博马舍在早期作品《欧也妮》上演时,也是采取了退让态度。但是,这一次博马舍选择了坚持,他要求必须按剧院的规定,将净收入 1/9 作为自己的报酬。但是,法兰西喜剧院院长在 1777 年 1 月 3 日通知他,其可获报酬的金额为 4056 里昂,仅相当于总收入的 4%。博马舍不予接受,并要求剧院公布详细账目清单。自认为属于作家身份,应遵循社会文明举止之理念,博马舍摒弃了蛮力对抗可能导致丑闻的方式来表达抗议。既要为自己的荣誉而战,又要展示自我约束的文明修养,博马舍的这一选择也导致了全新性文学组织的诞生,它就是戏剧立法协会。

然而,建立协会的策略并非来自博马舍一人之功。这一策略系由杜拉斯公爵(Duke de Dulas)率先提出,而杜拉斯公爵正是监管法兰西喜剧院的皇宫四名"第一先生"(First Gentleman)之一。杜拉斯公爵自 1777 年上任,是法兰西喜剧院的首要负责人。博马舍的诉求正好迎合了他的需求,他想借此实现拖延已久的剧院制度改革工作。1777 年 6 月 15 日,他主动给博马舍写了一封信。在信中,他建议博马舍召集部分最有修养的剧作者开个研讨会,就终结剧作者与剧院之间连年不断的冲突提出最佳解决方案。两天后,博马舍在与杜拉斯公爵会面时提出,他可以避免剧作者不同意见混杂的局面,取而代之的是剧作者统一、集体性的意见,并且他可以领导这个群体。关于这一组织的构思,就这样在强权皇室代言人与一位作家面对面的交流中诞生了。紧接着,博马舍几乎向所有作品在法兰西喜剧院演出且在

---

① 莫普(1714 年 2 月 25 日—1792 年 7 月 29 日),法国政治家,大法官。他曾支持一项财务改革以维系开明专制统治,但是因路易十六的取消而宣告失败。详细参见 http://en. wikipedia. org/wiki/Ren%C3%A9_Nicolas_Charles_Augustin_de_Maupeou.

② GREGORY S. BROWN, A Field of Honor: Writers, Court Culture, and Public Theater in French Literary Life from Racine to the Revolution[M]. New York: Columbia University Press, 2005:141-142.

世的作者发了信函。其中,有 21 人应邀于 1777 年 7 月 3 日来到了博马舍位于巴黎玛莱区圣殿老街(rue Vieille du Temple)的家中聚会。虽然会议的建议来自皇室,但是博马舍邀请人员都是根据自己意愿选择,而且没有经过皇室或市政机构的审核,具有完全的自愿和私人性。实际上,自 1770 年之后,社会上纷纷成立了各种各样的私人性社团和沙龙,但是要成立的戏剧立法协会与之不同,协会需要选举出代言人来争取集体利益。在 1777 年 9 月 21 日举行的第三次会议上,再次确认了协会的性质,有关措施和制度也正式成型。

3. 戏剧作者协会成立初期所做的工作及成效

在戏剧作者协会成立之后,博马舍就领导协会投入了为戏剧作者权益而斗争的工作之中,主要体现在如下两方面:

首先,为剧作者争取到更高比例的收益权。1777 年 7 月 3 日戏剧作者协会宣告成立后的第三个星期,博马舍就向杜拉斯公爵去信表示应广大戏剧作者之请求,他打算与四位"第一先生"商谈修改法兰西喜剧院规定事宜,他认为法兰西喜剧院不仅仅是演员的组织。在法兰西喜剧院成功的原因上,他质疑了表演胜过戏剧作品本身的观念。他希望杜拉斯公爵接受戏剧作者是理性人的观点,戏剧作者对法国戏剧舞台的贡献与演员相当,甚至超过了他们。杜拉斯公爵很快回应了戏剧作者协会的请求,他安排法兰西喜剧院法律顾问与戏剧作者协会委员进行当面会谈。戏剧作者协会委员索兰(Saurin)提议改革"第一先生"与法兰西喜剧院的关系,并扩大作者的权利范围,这一提议遭到了法兰西喜剧院和杜拉斯公爵的反对。同时,戏剧作者协会内部也有人对此提议不满,要求博马舍的行为应该更加激进些。在经过戏剧作者协会内部的反复争辩之后,1777 年 8 月 26 日,博马舍连同戏剧作者协会委员又对"第一先生"提交了改革的草案。[①] 就这样,在 1777 年 7 月至 1780 年年底约三年半的时间里,戏剧作者协会采取先建议后谈判,最后到皇室游说的方式来争取收益权。此外,博马舍针对戏剧作者协会内部思想不统一的情况,他经常发动辩论来进一步影响他人,以寻求维护权益更加有效的路径。辩论议题涵盖协会成员之间应当如何保持密切沟通,协会应当如何与其他公众文学作者、出版商、精英资助人和观众保持密切联系

---

① GREGORY S. BROWN, Literary Sociability and Literary Property in France, 1775—1793: Beaumarchais, the Société des Auteurs Dramatiques and the Comédie Française[M]. Aldershot England: Ashgate Publishing, Ltd., 2006:2.

等。通过戏剧作者协会的不懈努力,1780 年一项专门针对法兰西喜剧院的规则出台,该规则的主要目的是要求法兰西戏剧院应该在扣除杂费后将表演收入的 1/7 交予作者;关于演出收入的分配,最迟不应晚于下一场次演出前。①

其次,争取法律对剧作者著作权的确认,导致 1791 年《表演权法》和 1793 年《复制权法》的出台。在戏剧作者协会向法兰西喜剧院争取获得更大经济利益的过程中,也牵涉法兰西喜剧院另一项戏剧作品归属的规定。法兰西喜剧院规定,戏剧作品的作者在演出时仍属于剧作者本人,但是演出作品下线(fallen)以后,作品则归属于法兰西喜剧院所有。而作品下线的标准有两个,即夏季或冬季门票收入分别低于 1200 里昂或 1800 里昂的情形出现两次,剧院就会考虑将作品从演出名单上删除。而作品一旦下线归属于喜剧院,以后是否再上演都与作者无关,作者既无权获得经济收入,也无免费进场参观的特权,更无作者身份识别的信息。② 1777 年 8 月开始,博马舍就以戏剧作者协议的名义起草了题为《关于确认戏剧作品下线损失的相关难题》(The difficulty of establishing the cost of the fall of a play)的文章,该文章经反复修改后于 1780 年 7 月 20 日递交给了杜拉斯公爵。文章中他要求法兰西喜剧院应当既要确保剧作者的经济收益,也要确保剧作者的著作权身份,并对著作权的主张做了反复论证。③ 与 1777 年 8 月 30 日路易十六颁布的《图书贸易法令》(The Book-Trade)相比,《图书贸易法令》只赋予作者在世时对作品享有经济收益特权,除了散发仅仅皇权恩赐的光辉,并无对作者著作权的认定。④1791 年 1 月初,勒·沙普利尔(Le Chapelier)主持下的宪法大会认定,法兰西喜剧院保留作品的行为构成了"独占特权"

---

① MARISA,LINTON. Review on:Literary Sociability and Literary Property in France,1775-1793:Beaumarchais,the Société des Auteurs Dramatiques and the Comédie Française[J]. H-France Review,2008(8):131.

② GREGORY S. BROWN,Literary Sociability and Literary Property in France,1775—1793:Beaumarchais,the Société des Auteurs Dramatiques and the Comédie Française[M]. Aldershot England:Ashgate Publishing,Ltd. ,2006:36-37.

③ GREGORY S. BROWN,A Field of Honor:Writers,Court Culture,and Public Theater in French Literary Life from Racine to the Revolution[M]. New York:Columbia University Press,2005:224-229.

④ CARLA,HESSE. Publishing and Cultural Politics in Revolutionary Paris,1789—1810[M]. Berkeley:University of California Press,1991:41-42.

(exclusive privilège)，是专职的残余，与自由宪法不符。同时驳斥了演员要求获得作品永久所有权的主张，认为作家应有权"自由享受他们劳动的果实"。紧接着，1791 年 1 月 21 日举行的国民大会通过了《表演权法》。① 后来 1793 年 7 月又通过了《著作权法》，赋予了作者生前和其死后继承人 10 年内都享有专有复制权，该法也奠定了奠定法国著作权法的基础。②

（二）SACD 的正式成立及其贡献

戏剧作者协会 SAD 的发展并未如预期般顺利，经历了很大的波折起伏。戏剧作者协会先是于 1780 年年底解散，可是又分别于 1784 年和 1790—1793 年间重建，但是最终还是在 1793 年年底归于消亡。③ 其消亡的根源来自三个方面：一是协会内部成员之间自成立始就存在纷争，这为后来的解散埋下了伏笔。无论是在与法兰西喜剧院斗争的策略还是最终要争取的利益上都有较大分歧，这也是博马舍曾经花大力气在内部开展辩论的原因。可是，成效甚微。二是当时处于法国特定的历史剧烈动荡期，政治体系发生了急剧变化。④ 法国大革命于 1789 年正式爆发，历时 3 年后，君主制的旧制度被瓦解，资产阶级共和政体得以确立。这场彻底而范围广泛的新旧体制交替，不可能不对戏剧作者协会产生强烈影响。三是戏剧作者协会成立的直接目的不再存在。自 1680 年成立到 18 世纪 80 年代，法兰西喜剧院一直在法国的文化领域享有至高的地位。但是自 1789 年法国大革命爆发后，法兰西喜剧院成了专制和腐朽的文化象征，同时出版自由使得作者有

---

① GREGORY S. BROWN, A Field of Honor：Writers，Court Culture，and Public Theater in French Literary Life from Racine to the Revolution[M]. New York：Columbia University Press，2005：417-421.

② STINA，TEILMANN. British and French Copyright：A Historical Study of Aesthetic Implications（博士学位论文）[D]. Odense：University of Southern Denmark，2004.23.

③ GREGORY S. BROWN. Literary Sociability and Literary Property in France，1775—1793：Beaumarchais，the Société des Auteurs Dramatiques and the Comédie Française[M]. Aldershot England：Ashgate Publishing，Ltd.，2006：7.

④ MARISA，LINTON. Review on：Literary Sociability and Literary Property in France，1775-1793：Beaumarchais，the Société des Auteurs Dramatiques and the Comédie Française[J]. H-France Review，2008(8)：129.

了更多表达的机会和方式,因此法兰西喜剧院的地位开始衰落。① 直至1793 年 9 月 3 日,公共安全委员会将其最终关闭。② 而戏剧作者协会一开始组建的目的就是要向法兰西喜剧院争取权利,可是随着时间的推移,先是争取的必要性不足,后是抗争对象消亡,协会的动力自然也就缺失。

在 1791 年《表演权法》通过后不久,作曲家弗拉梅里(Framéry)组建了具有公证和代理性质的"中央作者局"(Central Authors Bureau),并且通过新闻广告邀请所有的剧作者来机构与他登记,不管作品是否已经上演,都可以授权弗拉梅里作为剧作者利益的代言人来与巴黎或其他省份的商业剧场谈判。博马舍在 1791 年 2 月 15 日成为第一个签约人,他通过书面协议授权"中央作者局"将其作品《费加罗的婚礼》(Mariage de Figaro)进行全国巡演。虽然这一期间戏剧作者协会又已重建,但是作者却纷纷加入了弗拉梅里的机构之下。这一代理机构后于 1823 年重组命名为戏剧作者作曲家协会,直至如今。③

可见,法国戏剧作者作曲家协会正式成立以前,先后经历了两个阶段:第一阶段是戏剧作者协会阶段(1777 年 7 月 3 日—1780 年年底,1784 年,1790—1793 年),此阶段由博马舍主导,主要功能是剧作者维权和参与著作权立法;第二阶段是中央作者局阶段(1791—1823 年),此阶段由弗拉梅里主导,主要功能是作为代理人管理作者的作品,谋求商业利益。而随着1823 年 SACD 主导的重组命名,现代意义上的著作权集体管理组织也得以正式建立。

SACD 自 1823 年正式成立到今天已经近 200 年,法国戏剧作者作曲家协会的发展过程中,经历了如下标志性事件:

(1)1841—1926 年,推动保护著作权国际化。自 19 世纪后,知名作家及其作品在国际的流动日益频繁,有鉴于此,法国著名作家和政治家拉马丁

---

① GREGORY,BROWN. A Field of Honor: Writers, Court Culture, and Public Theater in French Literary Life from Racine to the Revolution [M]. New York: Columbia University Press,2005:347.

② GREGORY,BROWN. A Field of Honor: Writers, Court Culture, and Public Theater in French Literary Life from Racine to the Revolution [M]. New York: Columbia University Press, 2005:418-419.

③ GREGORY,BROWN. A Field of Honor: Writers, Court Culture, and Public Theater in French Literary Life from Racine to the Revolution [M]. New York: Columbia University Press,2005:419-421.

(Lamartine)于 1841 年主张,除本国法律保护外,还应当建立国家间法律来加以保护。之后,维克多·雨果(Victor Hugo)承担国际文学与艺术协会(International Literary and Artistic Association)的筹建工作,并且召集了 1866 年伯尔尼大会。以法国著作权法为蓝本,[1]各国于 1886 年签署了著名的《保护伯尔尼公约》(*Berne Convention for the Protection of Literary and Artistic Works*)。以加强国际戏剧艺术作品权利的保护为初衷,国际作者作曲者协会联合会(the International Confederation of Societies of Authors and Composers,缩写为 ICSAC)于 1926 年在巴黎附近的塞纳河畔讷伊(Neuilly-sur-Seine)成立。[2] 不难揣测,它的成立必然有来自戏剧作者作曲者协会的重要推动,如今它已发展成为国际上重要的著作权保护组织。

(2)1957—1992 年,推动著作权国内立法。首先,推动制定 1957 年《文学和艺术产权法》。第二次世界大战结束后,如广播和电视等新公众传播媒介不断发展,导致录制品逐渐成为文化经济的重要组成部分。关于这些作品如何加以著作权保护的话题成为协会关注的焦点问题,1791 年《表演权法》已经不适应新作品传播和分配变化的需求。最终 1958 年 3 月 11 日《文学和艺术产权法》应运而生,该法确认了作者的精神权利和其他财产权利。其次,推动制定 1985 年《著作权及表演艺术者、录音录像制作者和视听传播企业权法》。该法在保护试听作品上又前进了一步,更为重要的是,建立了私人复制补偿制度。关于私人复制使用费的分配,著作权集体管理组织将 75% 分配给作者,剩下 25% 用来资助实时表演和培养艺术家。之后,1992 年 7 月 1 日《知识产权法典》则在 1957 年和 1985 年立法的基础上,进一步拓展了知识产权的空间。

(3)1994—2000 年,积极应对著作权全球化挑战。经过数年谈判,关贸总协定(GATT)最终于 1993 年 12 月 15 日签署,其中包括视听单元。但是,在法国的坚持下,"文化例外"原则(Cultural Exception)[3]得以保留。自

---

① 例如,法国率先于 1866 年规定作者经济权利延长到死后 50 年,而《伯尔尼公约》也予以全盘吸收。

② Brief History of CISAC[EB/OL]. http://www.cisac.org/CisacPortal/page.do? id=10,2013-07-02.

③ "文化例外"是一个政治概念,最早由法国人在 1993 年关贸总协定谈判中提出,这一原则要求将文化产品与一般性商品区别开来。其实质是保护本国的文化不被其他文化所侵袭。具体参见 http://en.wikipedia.org/wiki/Cultural_exception.

1994 年 4 月 15 日起,关贸总协定被世界贸易组织 WTO 取代,但是著作权的国际保护效力问题仍然是争议的焦点。欧盟于 1995 年 7 月 25 日采纳了《绿皮书》中关于信息社会著作权和邻接权的内容。1996 年 12 月 20 日,日内瓦外交会议承认了世界知识产权组织 WIPO 关于著作权和邻接权的约定。最后,1997 年,法国将作品的保护期限从作者死后 50 年调整为 70 年。

(4)2000 年至今,迎接数字化和多元文化时代的到来。在数字化时代的私人复制问题上,鉴于 21 世纪以来数字媒介的发展使得私人复制更加便捷,敦促法国于 2002 年 7 月 4 日颁布了新的法令,对高保真设备(Hi-Fi units)、附带硬件的解码器和录像机等私人复制的补偿进行规范。其后,协会又于 2007 年 3 月联合 50 家著作权集体管理组织商讨私人复制的防护工作。在保卫本土文化上,包括戏剧作者作曲者协会在内的多名专家于 2004 年 1 月 23 日将成立于 1997 年的"文化监督委员会"改名为"法国文化多元化同盟",在保持自身文化独立的同时,推动世界文化多元化。①

(三)以法国 SACD 为代表的著作权集体管理组织的演进评析

18 世纪法国启蒙思想家、哲学家霍尔巴赫曾经说过:"利益是人类行动的一切动力。"人类历史上出现的人为创造之规则与组织,基本都是出于利益分配的需要,包括著作权集体管理制度及其组织。

从最初的动机而言,著作权集体管理组织与工会并无太大差异,都是发挥着作者利益维权的功能,世界上第一家著作权集体管理组织法国 SACD 的诞生即是最好的印证。与强大的雇主相比,法兰西喜剧院的地位也毫不逊色。戏剧作者的地位则非常低下,与演员相比,自身并不能从法兰西喜剧院的丰厚收益中获得应有的份额。法国戏剧作者协会的成立,就是要改变戏剧作者与法兰西喜剧院之间利益分配不均衡的格局。而要彻底改变这一格局,就需要从更高的架构上改变规则,也就是需要从法律上确认作者的地位与权利,法国戏剧作者协会也践行了这一轨迹。与工会不同的是,著作权集体管理组织的发展并未仅仅停留于维权组织,后来转型成了商业组织。作曲家弗拉梅里组建的中央作者局开始具有代理机构的性质,肩负着管理作者作品的职责,通过授权许可来获得收益并将收益在作者之间进行分配,与现代著作权集体管理组织并无二异。

---

① De 1777 à nos jours[EB/OL]. http://www.sacd.fr/De-1777-a-nos-jours.32.0.html,2013-07-02.

二、当代著作权集体管理的发展态势

(一)典型国家的著作权集体管理组织不断壮大

伴随着著作权集体管理组织的发展,著作权集体管理已经逐渐成为著作权人行使权利的重要方式,这可以从以下典型国家的现状得到体现。

在法国,著作权集体管理制度起源于法国,著作权集体管理组织也异常发达。目前,SACD 作为世界上第一个著作权集体管理组织,主要管理表演艺术和视听作品。据 2009 年统计数据显示,该协会已有会员将近 5 万人,且仍以每年 1600 人的速度在增加;管理作品约 40 万部,年收取使用费超过 1.76 亿欧元(68%为视听作品,32%为表演艺术)。[①] 世界上第一家音乐作品著作权集体管理组织在 1850 年成立于法国,名为法国音乐家、作曲家与出版商协会(SACEM),据 2013 年统计数据显示,该协会共有成员约 15 万人,年收取使用费 8.1 亿欧元,仅 2013 年一年就有超过 105 万件品纳入协会管理。[②] 除这两家协会以外,法国还有包括作家协会(SGDL)等在内的约 20 余家著作权集体管理组织。

在美国,除美国作曲家、作家和出版商协会(ASCAP)、美国广播音乐协会(BMI)、版权清算中心(CCC)和视觉艺术作品协会(VAGA)等在内的数家本土著作权集体管理组织,还有包括欧洲戏剧作者作曲者协会(SESAC)、英国作者授权及收费协会(ALCS)等在内的国际或外国著作权集体管理组织在美国设立的分支机构。在数量上,美国著作权集体管理组织并不算很多,但是都较为庞大。美国作曲家、作家和出版商协会(ASCAP)成立于 1914 年,截至目前,共有会员 50 万余人,管理作品 900 余万件,[③]仅 2012 年收取作品使用费就达 9.42 亿美元。[④] 美国广播音乐协会(BMI)成立于 1939 年,目前共有会员 60 余万人,管理音乐作品 850 余万

---

① General Presentation of SACD[EB/OL]. http://www. sacd. fr/uploads/tx_sacdresources/presentation-generale-eng_02. pdf(p1),2013-08-01.

② SACEM Key Words[EB/OL]. http://www. sacem. fr/cms/site/en/home/about-sacem/sacem_key_words,2014-03-01.

③ ASCAP History[EB/OL]. http://www. ascap. com/100. aspx♯ascaptoday,2014-04-02.

④ 2012 Annual Report[EB/OL]. http://www. ascap. com/~/media/files/pdf/about/annual-reports/2012-annual-report. pdf(p4),2013-08-02.

件，①2012 年收取作品使用费约 8.99 亿美元。② 美国版权清算中心成立于
1978 年，主要从事文字作品复制权许可工作，2013 年收取使用费为 2.73 亿
美元。③

在北欧国家，北欧五国（瑞典、丹麦、挪威、芬兰、冰岛）虽然无论是国土
还是人口都属小国，但是著作权集体管理组织极为发达。主要体现在：一是
著作权集体管理组织表面上看似乎数量不多，但实际运转的集体管理组织
数量不仅不算少，并且客户非常之多。北欧国家的著作权集体管理组织普
遍采取"总—分"结构，即一个总的著作权集体管理组织之下还有多个子著
作权集体管理组织。以瑞典为例，瑞典的主要著作权管理组织为瑞典版权
组织（Copyswede），下有瑞典教育作者协会（SLFF）、瑞典艺术家和音乐节
权益组织（SAMI）、瑞典音乐家联盟（SMF）、瑞典表演权协会（STIM）、瑞典
作家联盟（SFF）、视觉艺术协会（BUS）等 13 家子集体管理组织。④ 二是著
作权集体管理组织成立时间较早。瑞典版权组织下属瑞典作家联盟和丹麦
著作权集体管理组织（KOPINOR）下属丹麦作家协会（DNF）都成立于
1893 年，⑤其他则多数成立于 20 世纪上半叶。三是运转良好。以成立于
1923 年的瑞典版权组织下属表演权协会为例，截至 2012 年年底，共有会员
约 7.13 万人，管理作品 120 余万部，收取使用费约 1.31 亿瑞典克朗。⑥

在中国大陆，新中国著作权立法较晚，导致著作权集体管理组织数量不
多，成立时间也都不长。目前共有五家著作权集体管理组织，按成立时间先
后排序分别是：中国音乐著作权协会（简称"音著协"）、中国音像著作权集体
管理协会（简称"音集协"）、中国文字著作权协会（简称"文著协"）、中国摄影
著作权协会（简称"摄著协"）和中国电影著作权协会（简称"影著协"）。

---

① About BMI[EB/OL]. http://www.bmi.com/about/#whoisbmi,2014-04-02.

② Annual Review of 2011-2012[EB/OL]. http://www.bmi.com/images/news/2012/AnnualReview_2011_2012.pdf(p2/14),2013-08-03.

③ CCC Annual Report 2013[EB/OL]. http://www.copyright.com/content/dam/cc3/marketing/documents/pdfs/annual-report.pdf(p3),2014-04-02.

④ Member Organizations[EB/OL]. http://www.copyswede.se/in-english/member-organizations/,2013-08-03.

⑤ 分别参见瑞典作家联盟（SFF）网址：http://www.forfattarforbundet.se/in-english/about-us/和丹麦作家协会（DNF）网址：http://www.forfatterforeningen.no/.

⑥ Annual Report of 2012[EB/OL]. http://www.stim.se/Documents/STIM_Inlaga_2012_EN_uppslag.pdf(p9/12),2013-08-03.

音著协成立于 1992 年 12 月 17 日,是由国家版权局和中国音乐家协会共同发起成立的目前中国大陆唯一的音乐著作权集体管理组织。[①] 而作为发起人之一的中国音乐家协会是中国共产党领导的、全国各民族音乐家组成的专业性人民团体,[②]其前身是成立于 1949 年 7 月的中华全国音乐工作者协会,经 1953 年 9 月 20—28 日中华全国音乐工作者协会全国委员会扩大会议决定改组为中国音乐家协会。[③] 截至 2009 年年底,拥有个人会员近 6000 人,出版商会员几十家,管理音乐作品 1400 多万首,协会总部工作人员已逾 50 人。[④]

音集协成立于 2008 年 5 月 28 日,是经国家版权局正式批准成立(国权〔2005〕30 号文)、民政部注册登记的我国唯一音像集体管理组织,依法对音像节目的著作权以及与著作权有关的权利实施集体管理。[⑤] 音集协系由中国音像协会发起设立的,[⑥]而中国音像协会经国家新闻出版署和民政部批准于 1994 年 4 月 29 日成立,2013 年 3 月更名为中国音像与数字出版协会。截至 2009 年 12 月 31 日,音集协共有会员 60 家,涉及权利人单位 112 家,取得授权歌曲 83686 首。[⑦]

文著协成立于 2008 年 10 月 24 日,是由中国作家协会、中国科学院、中国社会科学院、中华全国新闻工作者协会、北京大学、中国版权协会、国务院发展研究中心、中国工程院、中国文学艺术界联合会、中国科学技术协会、中国人民大学、中国版权保护中心等 12 家单位和陈建功等 500 多位我国各领域著名的著作权人共同发起的,协会是我国唯一的文字作品著作权集体管

---

① 音著协基本会情[EB/OL]. http://www. mcsc. com. cn/mcscInforList. php? partid=5,2014-03-01.

② 协议简介[EB/OL]. http://www. chnmusic. org/CmaInfo. html,2014-03-01.

③ 中国现代音乐百年大事记(二)(中国音乐报 2007 年 11 月 05 日)[EB/OL]. http://ent. sina. com. cn/y/2007-11-05/11281778020. shtml,2014-03-01.

④ 杨东错,朱严政. 著作权集体管理[M]. 北京:北京师范大学出版社,2010:14.

⑤ 协会简介[EB/OL]. http://www. cavca. org/gyxh. php,2014-03-01.

⑥ 聂士海. 音集协:在争议中前行[中国知识产权. 2009 年 12 月(总第 34 期)][EB/OL]. http://www. chinaipmagazine. com/journal-show. asp? id=469,2014-03-01.

⑦ 中国音像与数字出版协会[EB/OL]. http://www. chinaav. org/web/XH_GuanyuXiehui. aspx? artid=0000000030,2014-03-01.

理机构。①

摄著协成立于 2008 年 11 月 21 日,是经国家版权局批准由中国摄影家协会联合众多全国性摄影团体和一百余名著名摄影家发起的,是国内唯一的从事摄影著作权保护的非营利性社会组织。对摄影作品的复制权、发行权、展览权、放映权、广播权、信息网络传播权,以及其他适合集体管理的摄影著作权以及与摄影著作权有关的权利实施保护和管理。②

影著协成立于 2009 年 7 月,前身是 2005 年 8 月成立的中国电影版权保护协会,后于 2009 年 10 月经民政部审批,正式更名为中国电影著作权协会。是中国电影作品权利人唯一的著作权集体管理组织,会员包括中国电影产业主要制片单位。其主要任务是依据《中华人民共和国著作权法》和《著作权集体管理条例》,经权利人授权,集中行使权利人的有关权利,并以自己的名义与使用者签订著作权许可使用合同,向使用者收取使用费,向权利人转付使用费,进行涉及著作权及与著作权有关权利的诉讼、仲裁。③

在中国港台地区,台湾地区原有 9 家管理团体:社团法人台湾音乐著作权人联合总会、社团法人中华音乐著作权协会、社团法人台湾音乐著作权协会、社团法人"中华民国"录音著作权人协会、社团法人中华有声出版录音著作权管理协会、社团法人中华音乐视听著作中介协会、社团法人中外音乐中介协会、社团法人中华视听著作传播事业协会、社团法人中华语文著作权中介协会。其中,社团法人中外音乐中介协会、社团法人中华视听著作传播事业协会两个团体,因未能有效执行本职业务,已经由相关部门予以解散,目前台湾地区仅余 7 个团体执行业务。④ 台湾地区著作权集体管理组织并不能独占取得作品授权,目前实务上同时有多家著作权集体管理组织管理相同的著作类别及权利。⑤ 香港的著作权集体管理组织最早出现于 20 世纪

---

① 协会简介[EB/OL]. http://www.prccopyright.org.cn/staticnews/2010-01-28/100128145635437/1.html,2014-03-02.

② 关于协会[EB/OL]. http://www.cpanet.cn/templets/default/zhuzuoquan/about.html,2014-03-02.

③ 协会概述[EB/OL]. http://www.cfca-c.org/xhgs.php.2014-03-01.

④ 胡凯.著作权集体管理制度的完善:以台湾地区著作权集体管理制度为借鉴[EB/OL]. http://www.fj.xinhuanet.com/news/2011-07/29/content_23350196.htm,2013-08-04.

⑤ 萧国威.台湾著作权集体管理机制之研究:兼论各国著作权集体管理机制[D](博士论文).北京:中国政法大学,2011:49.

40 年代,均早于中国大陆和台湾地区。1946 年,英国机械复制权保护协会(PRS,香港称为"演奏权益社")在香港成立了专门保护其会员和海外协会会员的音乐版权组织,为它们征收演奏版税。到了 20 世纪 70 年代,香港本地的一些作曲家和音乐爱好者谋求建立符合自身利益的行业组织。1977 年,PRS 和这些香港作曲家达成协议,正式成立了香港作曲家及作词家协会(CASH)。在香港这个弹丸之地,CASH 一年的收益超过 1 亿港币。[①]

(二)国际化著作权集体管理组织者的出现

在国际化、全球化成为常态的今天,一国著作权人的作品快速传播于他国已然司空见惯。而如果著作权人已经加入国内某著作权集体管理组织,该著作权集体管理组织可以选择加入国际著作权集体管理组织,也可以选择与他国著作权集体管理组织签订互认协议,而一般著作权集体管理组织会两者同时选择。

据不完全统计,目前全球性国际著作权集体管理组织主要有如下 10 家:视听作品国际管理协会(AGICOA)、国际影画乐曲复制权协理联合会(BIEM)、国际基督教版权许可协会(CCLI)、国际作者作曲者协会联合会(CISAC)、国际复制权组织联合会(IFRRO)、国际唱片协会(IFPI)、电影许可协会(MPLC)、表演者集体许可协会委员会(SCAPR)、国际电影许可机构(IFAMLA)、教堂视频作品许可国际(CVLI)。我国音著协分别于 1994 年和 2007 年加入了国际作者作曲者协会联合会和国际影画乐曲复制权协理联合会,影著协加入了视听著作国际管理协会。如今,国际著作权集体管理组织在著作权领域发挥着越来越重要的作用,它可以为会员单位提供许可授权、市场数据、法律支持等多项服务,而使用人可以与国际著作权集体管理组织签订一份合同以取得所有不同国家会员单位作品的使用权。以视听作品国际管理协会为例,目前已有 48 家会员单位,遍布 38 个主要国家和地区。截至 2012 年年底,其共管理着 1.29 万著作权人的 122.3 万部影视作品,分发给会员单位作品使用费约 1.4 亿欧元。[②]

签署双边代表互认协议(reciprocal agreements),也是国与国著作权管理组织之间进行直接合作的重要体现。就国内而言,音著协目前已经与包括美国作曲家、作家和出版商协会(ASCAP)和法国音乐家、作曲家与出版

① 姚宇聪,叶新.香港著作权集体管理近况[J].出版参考,2007(16):27.

② Annual Report 2012 of AGICOA[EB/OL],http://www.agicoa.org/english/about/annual_report_12_uk.pdf(p7),2013-08-04.

商协会在内 51 个国家的著作权集体管理组织签订了互认协议，①文著协已经与美国版权清算中心和挪威影印复制权协会（KOPINOR）在内的 22 家国外著作权集体管理组织签订了互认协议。② 签订互认协会后，中国著作权集体管理组织就可以为他国著作权集体管理组织代收作品使用费，而他国著作权集体管理组织亦应为本国著作权集体管理组织代收作品使用费。以视频和音乐作品为例，2012 年，瑞典版权组织从国外著作权集体管理组织收取视频作品使用费超过 900 万瑞典克朗，而分发给他国著作权集体管理组织视频作品使用费逾 3675 万瑞典克朗③；丹麦音乐版权组织（KODA）从国外著作权集体管理组织收取音乐作品使用费 640 万欧元，而分发给他国著作权集体管理组织音乐作品使用费达 4580 万欧元。

第三节　著作权从个体管理到集体管理的必然性

正如西方近代理性主义哲学家巴鲁赫·斯宾诺莎（Baruch de Spinoza）所言："理性的本性不在于认为事物是偶然的，而在于认为事物是必然的。"④顺着理性道路，人们总是希望找出事物发生发展的必然性在哪里。必然性（necessity）是与偶然性（contingency）相辩证统一的概念，通常认为必然性是指一种确定、不可改变的联系。斯宾诺莎认为必然性包含两种，一种是内在必然性，另一种是外在必然性。"一物之所以称为必然的，不由于其本质使然，即由于其外因使然。因为凡物之存在不出于其本质及界说，必出于一个一定的致动因。"⑤著作权集体管理作为诞生于 18 世纪晚期法国的一项具体著作权制度，在 19 世纪就已经蔓延到所有西方发达国家，再后来基本为世界上多数国家所采纳。探究著作权集体管理的必然性，其实就是剖析其当初产生的内外原因何在。需要注意的是，在经过长达 200 多年

---

① 海外协会签约一览表［EB/OL］. http://www. mcsc. com. cn/mcscInforList. php? partid＝7,2013-08-04.

② 海外协会［EB/OL］. http://www. prccopyright. org. cn/staticnews/2010-01-28/100128151000609/1. html,2013-08-04.

③ Copyswede Distribution 2012［EB/OL］. http://t66131p8hc831dovf2vtvsy736. wpengine. netdna-cdn. com/wp-content/uploads/2012/02/CS_FORDELNING_2012_eng _150dpi. pdf(p6),2013-08-02.

④ ［荷兰］斯宾诺莎. 伦理学［M］. 贺麟,译,北京:商务印书馆,1983:83.

⑤ ［荷兰］斯宾诺莎. 伦理学［M］. 贺麟,译,北京:商务印书馆,1983:83.

后,直到现在著作权集体管理制度仍然有着较强的生命力。这也说明当初支撑其诞生的因素,或者绝大多数依然存在,或者即使弱化但并未完全消失。

一、著作权集体管理产生的外因必然性

(一)著作权法尚不健全

第一,作者权利缺乏法律上的确认和保障。虽然英国 1710 年《安妮女王法》(The Statute of Anne)被认为是世界上第一部版权法,但是实际上它并不是真正私法意义上的版权法,而是贸易规制法。《安妮女王法》是书商公会维持其对于图书贸易的垄断而推动制定的法律,关于作者对所出版的图书享有 14 年版权期限的规定,是为了防止过度的垄断给其他商人或公众带来损害从而招致社会不满。[①] 法国直到 1780 年才出台现代意义的图书贸易规制法。但是,法国戏剧作者与图书贸易规制法中的作者往往并不同一。法国戏剧作者一般是将剧本手稿直接交给法兰西喜剧院而不是出版,也很少有戏剧作者再取回作品,[②]为此剧院积压了大量作品,他们的戏剧作品也因未出版而不能得到有关图书贸易规制法的保护。此外,根据皇室发布的有关法令,允许法兰西喜剧院将下线作品据为己有。实际上,作者与作品之间的联系几乎仅限于作品上演期间。作者不能控制自己的作品,不仅造成作者精神上的损害,作者的经济收益也大受影响。所以,似乎博马舍发动设立戏剧作者协会的直接表象原因是法兰西喜剧院未按原来规定净收入 1/9 支付其报酬,但实质是戏剧作者与法兰西喜剧院多年紧张关系的必然结果,更深层次原因是法律上无戏剧作者对作品收益和精神权利保护的规定。在法律缺位的情况下,法兰西喜剧院得以依靠背后皇室的支持,对作者的权利进行大肆侵蚀。因此,博马舍在带领戏剧作者协会向皇室争取更高比例经济收益的同时,即开始争取作者的权利在法律上得到确认,而后一项工作才是根本和重点。

第二,社会著作权意识不足。世界上最早真正意义上的著作权法,正是

---

① 黄海峰.知识产权的话语与现实:版权、专利与商标史论[M].武汉:华中科技大学出版社,2011:26-27.

② GREGORY,BROWN. A Field of Honor: Writers, Court Culture, and Public Theater in French Literary Life from Racine to the Revolution[M], New York: Columbia University Press,2005:166-167.

在法国戏剧作者协会推动下制定的法国 1791 年《表演权法》和 1793 年《著作权法》。至此,作者的权利不再仅仅被视为一种依附于出版商、具有特定期限的皇室特权(royal previlege),而是具有私权性质的著作权(literary property),也是具有人格意义上的精神权利。在法国大革命后,法国的著作权法也开始流向了欧洲其他国家。① 正如同从自然法向实在法的转变需要抗争一样,再将法律从文本落实到现实生活也并非自然而然。作为新创设的权利,尤其是著作权多少有些从既有使用人身上"剥夺"下来的权利,无论是社会意识还是使用人的惯性思维都不是瞬息之间就可改变。在这种形势下,著作权人的利益维护依然不如想象中顺畅。而在这一点上,法国音乐家、作曲家与出版商协会缘何成立更具有说明性。在 19 世纪初,巴黎的艺术创作者都认为他们享有了从有关剧院和公共场所演出获得报酬的权利,信心就来自于 1793 年《著作权法》。② 但是,现实却并非如此。在距离法国 1791 年《表演权法》和 1793 年《著作权法》已经过去了约半个世纪后,1847 年的某个晚上,作曲家欧内斯特·布尔歇(Ernest Bourget)到巴黎一家名为"Les Ambassadeurs"的咖啡馆要了杯糖开水。但是在服务员拿出账单时他被激怒了,因为咖啡馆要求他支付额外的一笔费用,而产生这笔费用的原因却是他听了自己创作的乐曲。为此,他拒绝支付该费用,并提起了诉讼。③ 布尔歇向法庭主张,要么咖啡馆停止演奏他的作品,要么每一场次或每一曲目表演支付他 10 法郎。咖啡馆方反驳称:首先,表演已经经过警察局许可,警方代表了公共利益;其次,曲目是由演奏者自己挑选,与己无关;再次,并未造成作曲者任何损失,损失纯属想象,并且作曲者应该欢迎才是,因为演奏提高了他的知名度。此案初审经过两次开庭后仍支持了布尔歇的主张,咖啡馆不服上诉至巴黎上诉法院。巴黎上诉法院于 1848 年 4 月 26

---

① ALEXANDER, PEUKERT. Intellectual Property: The Global Spread of a Legal Concept(Goethe University, Faculty of Law, Research Paper No. 2/2013) [EB/OL]. http://publikationen. ub. uni-frankfurt. de/opus4/frontdoor/deliver/index/docId/28803/file/13_02_RPS_Peukert_IP_Legal_Transplant. pdf(p6-7),2013-08-05.

② STAFFAN, ALBINSSON. A costly glass of water: The Bourget v. Morel case in Parisian courts 1847—1849 [EB/OL]. http://www. serci. org/2013/A%20costly%20glass%20of%20water. pdf(p2),2013-08-09.

③ NATHALIE, PIASKOWSKI. Collective Management in France [A]. Danield Gervais. Collective Management of Copyright and Related Rights(2nd Edition) [C]. Alphen aan den Rijn, Netherlands: Kluwer Law International,2010:171.

日判决支持了初审法院意见,但是修改了赔偿金额,将其调整为 500 法郎。在诉讼完毕之后,布尔歇立即联合其他几位作曲家于 1850 年 3 月 18 日成立了互助性集体管理组织"音乐作者作曲家权利许可中央代理处"(Agence Centrale pour la Perception des Droits des Auteurs et Compositeurs de Musique),之后更名为法国音乐家、作曲家与出版商协会。协会发展迅速,1852 年时会员人数 350 名,1858 年便增长到 760 名。[1] 可见,在有关著作权法律施行后的开始一段时间,有关权利在实务中的确认并非一帆风顺,在争取权利和维护权利的过程中,广大著作权人也意识到团结的重要性,这些都为著作权集体管理组织的顺利建立和发展提供了外部条件。

(二)作者与商业使用人地位不对等

第一,在作品使用上,商业使用人处于强势。虽然在理论上而言,如果没有作者创作出作品,使用人,尤其是文化产业使用人会面临商业利益受损甚至倒闭的风险,但是现实中使用人往往表现较为强势,从而可以挤压作者的正当权益。但是,使用人的强势并非毫无来由,甚或说有着合乎理性的因素支撑。首先,使用人多为商业机构,而非个人。对于商业机构而言,其运转有众多专业人员掌控,内部有着严格的制度和分工机制。这种运转机制能够促使商业机构在对外谈判前对作者优劣势进行充分论证,并能娴熟运用周密的谈判策略来诱使作者步入己方设定的轨道。其次,商业使用人的股东能够起着后盾支持的作用。对于投资于商业使用人的股东而言,盈利是其必然追逐的商业目的。而为了达到这一目的,股东往往会对投资的商业使用人进行多渠道支持。以法兰西喜剧院为例,因为法国皇室是其背后的直接利益方和监管人,导致法兰西喜剧院可以有恃无恐制定对自己更加有利的规则,或者可以无视规则。再次,商业使用人往往实力较为雄厚。西方商业文明开展较早,也较为发达,因此商业使用人在人力、财力和物力上的基础也比较深厚。正是英国书商公会出于维护自身利益的需要,才促成了《安妮女王法》的出台,其影响力可见一斑。而尤其对于以写作为生的作者而言,作品能否被商业使用人相中的需求更为迫切,在作品使用上很难与商业使用人真正做到平等协商。

第二,作者个体弱势。作为个体的作者,在作品使用许可中明显处于弱

---

[1]　STAFFAN, ALBINSSON. A costly glass of water: The Bourget v. Morel case in Parisian courts 1847—1849 [EB/OL]. http://www.serci.org/2013/A%20costly%20glass%20of%20water.pdf(p3-5),2013-08-09.

势。相对于商业使用人而言,作者个体在合作中更多处于弱势地位,其原因在于:一是在作者个体较为分散的情况下,在作品使用的谈判上无法与组织严密的商业使用人处于同一水平线。无论是文学作品,还是戏剧类的作品,因其带有强烈的个人色彩,创作基本都为个人,即使有合作情况出现也至多是几人而已。这种强烈的个人色彩即为作者人格或精神的外化,创作者个体之间的创作思维必然存有差异,因而作品的作者也以个人居多。在作品使用的谈判中,以个体的思维显然难以有效对抗商业使用人的缜密决策。二是作者普遍感性思维发达,理性不足。作为文学或艺术作品的创作人,对事物的感性认识多于理性判断,因此,艺术家中性格古怪或举止异于常人的概率也偏多。作者个体这种理性思维的欠缺,也自然导致无法正常与商业使用人开展有效谈判。三是作者生存压力较大,欠缺与商业使用人平等谈判的物质资本。文艺复兴以来,专职于文化或艺术创作的人较多,但是在世时生活拮据者不在少数,生存有时甚至成了对作者最严峻的考验。作者个体的弱势不仅仅体现在不知名的新人身上,甚至已经享有很高社会地位的作者也不能幸免。在 18 世纪与法兰西喜剧院打交道的过程中,不仅是博马舍拿不到规定的剧院收入 1/9 比例的酬金,连更早知名且具有更高社会声望的伏尔泰也不例外。[①] 而在一定程度上,组织可以有效利用资源,而且越是在缺乏规则的情况下,组织的力量越是凸显。[②] 作者对扭转不利局面的迫切需求,在一定程度上催生了著作权集体管理组织的出现。

(三)信息沟通存在障碍

第一,作者推广作品和掌握作品侵权情况难度大。首先,在科技不发达的情况下,作者难以对自己的作品进行有效而快速的推广。对于已经创作出作品的作者而言,作品能否有效推向市场决定着作者能否快速获得经济收益和社会声誉。然而在早期科技不发达的情况下,作品只能依赖纸制品载体的呈现,这就限定了作品的传播速度和传播范围。即便如此,作品是否能够成为纸制品的出版物,也往往需要经过出版商的审核和把关,由出版商

---

① GREGORY S. BROWN. Literary Sociability and Literary Property in France,1775—1793:Beaumarchais,the Société des Auteurs Dramatiques and the Comédie Française[M]. Aldershot England:Ashgate Publishing,Ltd. ,2006:1-2.

② STEWART,CLEGG. Foundations of Organization Power:Presentation to the Nobel Symposium on the Foundations of Organizations[EB/OL]. http://www. hhs. se/DE/Documents/Nobelsymposium/Clegg. pdf(p3-4),2013-08-06.

对作品进行商业预测后决定是否给予出版。其次,作品对于自己作品的使用情况难以即时掌握。主要原因有三:其一,作为个体的作者,难以在较大范围内对作品的使用情况进行监控。作品的作者一般都是单个个体,这就决定了其活动范围必然不可能太大。以布尔歇维权案为例,如果不是恰巧走入那个咖啡馆,可能他本人仍不知何时才能知晓其作品在被无偿使用。何况那个咖啡馆是位于巴黎城内,对于整个国家甚或全世界范围而言,作者更不可能亲自走遍每个地方去查看自己的作品有无被侵权使用。其二,对于作家或艺术家而言,其时间和精力极为有限。无论是文学作品还是其他艺术作品,都需要作家或艺术家倾注大量的心血,越伟大的作品需要耗费时间精力往往也越多。这就导致作家或艺术家难以在创作的同时再分身或分心对以前作品使用情况进行时时跟踪。其三,科技发展的滞后导致作品使用信息传递较慢。在 18 世纪和 19 世纪,有关现代通信技术尚处于未被发明或刚起步阶段,除了与之有固定合作关系的商业使用人,作者往往无从知晓其作品在其他地方的使用情况。

　　第二,使用人难以与作者及时取得联系。在我们假定使用人为善意的情况下,使用人多会面临无法与作者及时取得联系以寻求合作的苦恼。其一,在以书信为主要沟通方式的时代,需要耗费时间较长。电报发明于1837 年,[①]其后电话于 1876 年 3 月问世,[②]而在这些发明真正转入商用并能够广泛普及于民众,又是若干年后的事了。因此,书信在日常沟通中依然占据着主导地位,而书信沟通显然不能和面对面或其他即时沟通方式相比拟。首先,书信传递所依赖的交通工具也依然落后,导致路途时间过长。蒸汽机车的问世时间为 1803 年,但是直到 1829 年速度才达到 46 公里/小时。而铁路的铺设需要耗费巨大的人力财力,因此火车运转范围也受限,有"西方伟大铁路"(the Great Western Railway)之称的伦敦至港口城市布里斯托尔之间的铁路于 1841 年铺设时,人们甚至赞叹其为"上帝的完美铁路"(God's Wonderful Railway)。[③] 其次,书信沟通往往效率较为低下,事项难

---

　　① Morse Code & The Telegraph[EB/OL]. http://www.history.com/topics/inventions/telegraph,2014-03-04.

　　② BROWN,TRAVIS. Historical First Patents:The First United States Patent for Many Everyday Things（插图版）[M]. Maryland:Scarecrow Press,1994:179.

　　③ Trains 1830 to 1900[EB/OL]. http://www.historylearningsite.co.uk/trains_1830_to_1900.htm,2013-08-09.

以尽快谈妥。合作的过程也是谈判、博弈的过程,出于各自利益考虑会在很多细节问题上进行讨价还价,反复在所难免。显然,书信方式无法有效解决双方希望尽快确定诸多细节的愿望。其二,获取作者个人联系信息有难度。拥有作者的联系方式,是使用人能够与作者进行沟通的前提条件。但是在网络未出现或普及的时代,获取作者信息的渠道要单一得多。以使用人拟将已发表文学作品搬上舞台为例,他需要先与作品的出版商取得联系并获得其同意,之后从出版商处获知作者联系信息再进行沟通,使用人很难直接与作者取得直接联系。

二、著作权集体管理产生的内因必然性

(一)增加作者获利空间

第一,著作权集体管理组织专业化管理能够提高作品经济收益。著作权集体管理组织虽然是作者之间成立的互助性组织,甚至多是非营利性质,但是既然肩负管理作者作品的职责,其对外必然有着逐利的动力,这也就决定了著作权集体管理组织在运作上应当采取专业化的模式。西方发达国家,著作权集体管理组织一般也都采取决策与执行、授权与监督分开的经营架构。以丹麦音乐版权组织为例,其《章程》第 20 条就规定了由协会理事会选定的总经理来负责协会的日常经营活动,但是总经理须接受财务审计,且该审计结果面对全体会员公开。[①] 专业化管理的优势在于带领协会在运转上趋向于公司化,从而提高作品使用的运转效率,提高作品的推广和收益水平。例如,法国音乐家、作曲家与出版商协会在 1850 年刚成立后,仅半年时间就收取作品使用费 6002 法郎,1851 年全年则达到 14408 法郎。收取作品使用费金额快速增长,到 1885 年突破了 100 万法郎,而 1910 年又增长到了 400 万法郎。[②]

第二,著作权集体管理可以实现作品管理与作品创作的分离。对于习惯感性思维而且时间精力有限的作者而言,将创作出的作品交由专人打理实现收益是最好的选择,这与现代艺人多有经纪人负责处理对外演出及合

---

① BY-LAWS of KODA[EB/OL]. http://www. koda. dk/fileadmin/user_upload/docs/KODA_Laws. pdf(p4),2013-08-09.

② STAFFAN,ALBINSSON. A costly glass of water:The Bourget v. Morel case in Parisian courts 1847—1849 [EB/OL]. http://www. serci. org/2013/A%20costly%20glass%20of%20water. pdf(p7),2013-08-10.

作事项同理。作者只需尽心继续创作出更好的作品,其他琐事不必再事必躬亲,更多优秀作品的产出及再投入市场,也会为作者带来更好的收益,从而实现良性循环。其根源也在于随着社会的发展,劳动分工越来越精细,每个人都有特定的角色分工,唯此才能实现效率最大化。作品委托著作权管理组织专业打理,作者本人对于著作权集体管理组织重大事项进行决策和监督,其实在某种意义上已经有了股东与公司的分工定位。作品是作者投入的资本,作者享有类似于股东的收益权、重大事项的决策权以及监督权。现代公司制实现了所有权与经营权的分离,而著作权集体管理则帮助作者实现了作品管理与作品创作的分离。

(二)减少使用人交易成本

对于使用人而言,在不侵权的前提下,作品交易成本越低越好。如果预期成本高于收益,恐怕任何商业主体都会对某交易行为选择放弃。在企业的运转中,自身本就需要承担税赋、人工等多项固定成本费用。在充分考虑上述成本的基础上,交易成本就成为商业主体研判交易能否成功的重要决策因素。在作品个体授权许可模式以外,著作权集体管理制度可以为使用人提供更便捷的作品授权许可渠道,从而降低使用人的交易成本。

交易成本(transaction cost)概念是由诺贝尔经济学奖得主罗纳德·哈利·科斯(Ronald Harry Coase)于 1937 年在他的论文《公司的本质》(Nature of Firm)中首次提出的。他认为在其他条件既定的情况下,在交易增长中能够减少组织成本和减缓成本增长的公司更易于做大。在价格调节机制之下,组织成本可以减少但是不能消亡,并应将包括谈判和缔约等合同成本考虑在内。[①] 而一般意义上的交易成本,不仅仅包括合同成本,还包括一切与交易相关的直接成本和间接成本,例如市场影响成本、时间成本、买卖差价率等。[②] 著作权集体管理也称之为著作权集中许可,其就是站在使用人角度而言的。著作权集中许可可以减少使用人的诸多交易成本:

一是搜寻成本。在作品著作权分属不同作者的情况下,使用人几乎每使用一个作品都需要分别取得作者的授权许可,这在交通和通信技术都不发达的情形下对使用人来说难度颇大。由于戏剧作品内容较为宏大,一个

---

① 　R. H. COASE. The Nature of the Firm[J]. Economica,1937(16):386-405.

② 　Transaction Costs[EB/OL]. http://www. riskglossary. com/link/transaction_costs. htm,2013-08-09.

作品可以独立构成演出场次，从而可以取得单一作者授权即可。但是，对于音乐作品而言，由于多数作品都较为短小，多曲目的混合才具有商业演出的可行性。如果每个音乐曲目分数不同作者，且都要取得作者的授权许可，搜寻难度之大更是可想而知。

二是合同成本。科斯将合同成本又拆分为谈判成本和缔约成本，而实际上谈判成本占据合同成本的主要部分。因为合同更多是将谈判结果固化下来的形式，而有关缔约内容却需要使用人与作者谈判来确定。在作品使用不能取得集中许可的情况下，使用人对每部作品的使用就需要取得不同著作权人的授权许可，反复和烦琐的谈判工作在所难免，其成本自然也是高昂的。在众多作者都委托著作权集体管理组织管理时，如果著作权集体管理组织的作品名录可以涵盖使用人的所有需求，则使用人只需要与著作权集体管理组织谈判确定价格、时间等内容即可，不必再分别与作者本人谈判来获得授权许可。

三是作品价格成本。在著作权集体管理制度下，作品使用费相较于个体授权价格更低，其原因在于：首先，在正常的商业行为中，商业主体会在销量较大的情况下考虑压低商品价格。即，相对于高价高利润但交易量较少的交易模式，如果适当降低价格能够促进交易量大增从而使得总体利润更高，商业主体更倾向于后者。同理，对于著作权集体管理组织而言，如果作品许可使用的申请量增加，其更愿意降低作品的价格来赢得更多使用人对作品的使用。其次，降低一揽子作品许可的费用符合使用人预期。与实体商品销售情形类似，对于交易量大的购买方在总价格上有所优惠是彼此双方都具有的正常商业心理。再次，特定历史因素使然。在早期著作权意识不足和通信、交通不便利的特定历史阶段，不仅作者个体发现作品侵权难度大，著作权集体管理组织对此有所改善但也会感乏力。相对于侵权情况下作品被无偿使用，降低作品使用费也好于无收益。最后，对于通过事后维权来获得作品补偿费而言，事前降低作品使用费属理性选择。以"补平"而非"惩罚"为理念的侵权补偿法律理念下，维权成本较高而所获补偿较少，因此，宁愿降低作品使用费也不事后再耗费人力财力和精力维权，显然具有现实合理性。

四是时间成本。时间成本属于间接成本或隐形成本，但是其对商业主体的影响却不逊于金钱成本。过多的时间成本对使用人会形成多项损失，其一是固定成本在支出但无任何收入。商业使用人这种无效益运转显然不仅仅是如何进一步增长的问题，而是存续压力都在倍增。其二是市场机会。

市场中多种商品是有时效性的,这一点在文化作品身上同样适用。如果某部作品将可能具有商业营利性或已经初步引起轰动,那么愈早推向市场或引入本地市场则盈利愈多,因为民众的追捧热度并不是持续不变的。取得授权许可的时间越长,则商业使用人的盈利空间越少。

（三）有益于社会进步

1. 有利于促进文化产业发展

在现代法治国家,对个体私权利益的保护也就是对社会整体利益的维护,没有个体私权的维系,社会整体利益也就无从谈起。即,个体利益与社会利益具有统一性,彼此并不冲突。著作权集体管理制度对作者具有激励作用,作者将更多精力用于创作也有利于社会文化发展。著作权集体管理为音乐和其他形式艺术作品提供自愿式的服务,通过此种管理,创作者因获得报酬而更乐于发挥自己的聪明才智,从而有利于文化产业的发展。[1] 因此,虽然著作权集体管理制度的初衷仅仅是用来维护著作权人利益,但是因为保护此种利益可以激发更大的社会效应,从而利于社会的发展。

2. 提高社会著作权意识

著作权集体管理组织为作者维权的活动,有利于提高社会著作权意识。权利确认其实就是利益的划分。著作权的确立必然会对使用人的影响设置障碍,而使用人的范围非常之广,甚至包括了普通民众。只有民众著作权意识的提高,才代表社会著作权文化的形成,进而利于著作权的保护。著作权集体管理制度下,著作权集体管理组织为制止会员作品被侵权使用,必然进行维权活动。其中,最有效的方式是作为信托组织或者作为代理机构对侵权人提起诉讼。这类诉讼不仅仅对于诉讼双方当事人具有直接的利益影响,往往还因为民众的关注而具有社会效应。这在著作权意识尚不充分的情形下,有利于整个社会提高著作权保护意识和水平。以我国音集协、音著协于 2007 年、2008 年密集起诉各地 KTV 为例,如果撇去收费标准是否合理、使用费分配等问题外,这些系列维权活动对于习惯于无偿使用音乐作品的 KTV、其他商业机构乃至社会大众都触动很大。其在一定程度上宣告消费音乐作品免费时代的终结和著作权时代的到来。

---

[1]　WIPO. Collective Management of Copyright and Related Rights［EB/OL］. http://www. wipo. int/export/sites/www/freepublications/zh/copyright/450/wipo_pub _l450cm. pdf(p9),2013-08-10.

3. 推动著作权立法

著作权集体管理组织作为作者的代言组织，其维权的最高和最有效方式就是能够推动或参与立法，在法律上确认著作权人的权利形式和权能。法国戏剧作者协会成立之初的主要工作即是推动将著作权从皇室私权转变为个人私权，并以法律形式加以确认，著作权也因此正式得以创设。在著作权已经确立的前提下，如何进一步增加著作权权能内容又成为著作权集体管理组织推动立法的主要工作。以补偿金制度为例，其最早由德国 1965 年《著作权法》确立，而推动力就来自于著作权集体管理组织"德国音乐作品演出权与机械复制权协会"（GEMA）。先是 1955 年 GEMA 诉 Grundig Reporter 案中，德国最高法院认为，1901 年《著作权法》并没有预见到后来的家庭录制科技发展，在将旧法适用于新科技时，自然会有不足，而法律适用的解释上，应偏重于著作权人之保护，不能因为著作权人难以对个人私下的重制行为主张权利，就认为他们没有禁止他人个人私下复制行为的权利。法院进一步认为，这些个人私下的重制行为，纵使没有营利性质，著作权人也应获得合理的报酬。最后，德国最高法院禁止录制设备继续销售。在其后的 1965 年 GEMA 诉 Personalausweise 案中，最高法院认为录制设备制造商，纵使只是提供录制设备，而并不知道消费者是否有利用录制设备进行侵害著作权的行为，仍应负侵害责任，因为录制设备制造商对于消费者个人普遍的私下复制行为获有显著利益。为了响应并解决个人私下的复制问题，1965 年的德国《著作权法》规定，录音及录像设备的制造商，应对著作权人支付补偿金。1985 年修正的德国《著作权法》，则将这项私人复制补偿金制度复制延伸于空白录音录像带及复印机。①

三、小结

著作权从个体管理到集体管理具有必然性，其根本原因还是在于此种模式更有利于维护著作权人的利益。当然，著作权集体管理并非对于使用人而言就是百害之物。在著作权法确认了著作权人的地位和相关权利后，

---

① 章忠信. 著作权补偿金制度之初探（发表于 2004 年 11 月 26 日"数字空间：资安、犯罪与法律社会"学术研究暨实务研讨会）[EB/OL]. http://www.copyrightnote.org/paper/pa0037.doc(p4-5)，2013-08-10. 另：章忠信原文称"私人复制"为"私人重制"，本书为顺应大陆习惯予以调整。

著作权集体管理对于使用人也颇为有益。同时,这种利益均衡的制度设计对于社会整体同样具有进步意义。但是,后两种价值是著作权集体管理制度的附属品,著作权集体管理制度产生的根源还是在于较好弥补了著作权个体管理的不足,是著作权人理性选择的产物。

第二章 延伸性著作权集体管理的个体性

著作权从个体管理到集体管理有着必然性,其正当性是建立在著作权人弥补个体管理不足的意愿基础之上。而延伸性著作权集体管理是对完全个人意愿的突破,除非著作权人声明禁止,否则著作权集体管理组织与使用人签订的使用协议自然延伸到非会员著作权人。这一制度设计源于丹麦、瑞典、挪威、芬兰和冰岛五个北欧国家20世纪60年代的著作权立法,也在相对较长的时间内仅仅存在于这五个国家,直到进入21世纪才为其他几个国家所借鉴。

北欧国家以其独特的北欧模式(The Nordic Model),即斯堪的纳维亚社会民主主义模式闻名于世,而延伸性著作权集体管理诞生于此,前者对后者的产生影响如何?延伸性著作权集体管理作为北欧五国立法合作的产物,它们之间的共性和个性又有哪些?本章将探寻延伸性著作权集体管理缘何在北欧国家出现,并进一步分析延伸性著作权集体管理在北欧五国立法上的同异之处。

第一节 延伸性著作权集体管理诞生的社会环境:北欧国家的特质

一、政治:融合资本主义与社会主义的中间路线

(一)中间路线的社会民主主义

北欧模式也称为斯堪的纳维亚社会民主主义模式(Nordic Social Democracy)，①主张走资本主义与国家社会主义之间的"中间路线"（Middle Way)②。可以说社会民主主义在北欧有着异乎寻常的影响力，无论是对政治、社会，还是文化等而言。

社会民主主义发端于 19 世纪末期，当时的一些社会主义者发现传统马克思主义关于资本主义自然崩溃的政治变化并未出现，进而转向认为必须通过人为积极行动来获取。这部分社会主义者又分为两支：一支以列宁为代表成了革命急先锋，他们认为他们被迫要通过采取政治军事（politico-military）行动来加快历史进程；另一支则预期通过采取更为美好理念的集体努力（collective efforts）来实现社会主义。③ 在上述所谓的"修正主义"（revisionist）阵营，分别有两位代表人物：一位是乔治·索雷尔（Georges Sorel)，他认为必须通过暴动和罢工形式来实现下层阶级的翻身。④ 另一位是爱德华·伯恩斯坦（Eduard Bernstein)，他主张采取合作、民主、渐进的方式来实现社会主义，他的主张后来成了社会民主主义的核心思想。⑤

伯恩斯坦的社会民主主义思想之所以后来于两次世界大战期间在欧洲大陆得到追捧，并成为指导社会民主运动的重要理论，有着其历史原因。第一次世界大战以后，阶级斗争理念面临非常大的压力。同时，席卷欧洲大陆的民主主义运动给社会主义者提供了前所未有参与到资产阶级政府的机会。这为塑造甚至主导民主管理提供了契机。虽然现实提供了和平取得政权的机会，但是仅依靠工人很难获得选举多数，要获得政治权力必须付出与

———————

　　① NIK，BRANDAL．ØIVIND，BRATBERG&DAG，EINAR，THORSEN．The Nordic Model of Social Democracy［M］．Hampshire：Palgrave Macmillan，2013：2．

　　② "中间路线"一词是由美国一位名叫马奎斯·W．切尔西（Marquis W．Childs）的记者在其 1936 年出版的名为《瑞典：中间路线》（Sweden：The Middle Way）一书中首次使用。

　　③ SHERI，BERMAN．Understanding Social Democracy［EB/OL］．http：//www8．georgetown．edu/centers/cdacs/bermanpaper．pdf（p7-8)，2014-01-02．

　　④ ZEEV，STERNHELL．MARIO，SZNAJDER&MAIA，ASHERI．The Birth of Fascist Ideology：From Cultural Rebellion to Political Revolution［M］．Princeton，New Jersey，USA：Princeton University Press，1994：78-90．

　　⑤ PAMELA D．TOLER．Eduard Bernstein and Marxist Revisionism［EB/OL］．http：//www．netplaces．com/understanding-socialism/chapter-10/eduard-bernstein-and-marxist-revisionism．htm，2014-01-02．

其他无产者联合的代价。① 伯恩斯坦的理念正好契合上述需求,故而开始正式登上历史舞台,发挥其重大作用。

在政治理念上,社会民主主义者主张:一是国家能够且应该在不破坏的前提下,对经济采取管制。② 出于对 20 世纪 30 年代经济大萧条(Great Depression)市场破坏力的恐惧,实施所谓的介于无干涉主义的自由主义(laissez-faire liberalism)和苏维埃共产主义(Soviet communism)的"第三道路",信奉政治力量必须能够战胜经济力量。③ 二是寻求合作,政党从工人政党转变为人民(people)政党。他们认识到,对于民众而言,共同利益比阶级斗争更具有吸引力,为了获得政权,促使政党进行转型。④ 三是个人自由需要以公民自由权为基础,个人必须被赋予表决和言论自由的权利。⑤并且,这些权利的行使应在基本教育、健康和财产得到保障的基础上才能充分行使。需要特别提及的是,虽然社会民主主义将提高个人自由作为政治目标,但是,也指出个人自由并不是无限的,绝对自由将导致强者对弱者的欺凌;同时,集体维权也是追求个人自由的一种方式,⑥因此,还必须要彼此团结,只有团结也能实现自由与平等。⑦

(二)社会民主主义在北欧

作为一种政治理念,社会民主主义必须通过信奉该思想的政党控制政权来践行。在北欧,社会民主党自成立起就开始谋求通过选举方式在国家

---

① SHERI,BERMAN. Understanding Social Democracy [EB/OL]. http://www8. georgetown. edu/centers/cdacs/bermanpaper. pdf(p10),2014-01-02.

② SHERI,BERMAN. The Primacy of Politics:Social Democracy and the Making of Europe's Twentieth Century[M]. Cambridge:Cambridge University Press,2006:16-17.

③ SHERI,BERMAN. Understanding Social Democracy [EB/OL]. http://www8. georgetown. edu/centers/cdacs/bermanpaper. pdf(p11-12),2014-01-02.

④ SHERI,BERMAN. Understanding Social Democracy [EB/OL]. http://www8. georgetown. edu/centers/cdacs/bermanpaper. pdf(p12-13),2014-01-02.

⑤ NIK, BRANDAL. ØIVIND, BRATBERG&DAG, EINAR, THORSEN. The Nordic Model of Social Democracy[M]. Hampshire:Palgrave Macmillan,2013:4.

⑥ NIK, BRANDAL. ØIVIND, BRATBERG&DAG, EINAR, THORSEN. The Nordic Model of Social Democracy[M]. Hampshire:Palgrave Macmillan,2013:4.

⑦ INGVAR, CARLSSON&ANNE-MARIE, LINDGREN. What is Social Democracy? [EB/OL]. http://www. socialdemokraterna. se/upload/Internationellt/ Other%20Languages/WhatisSocialDemocracy. pdf(p32-33),2007-02/2014-01-11.

治理中发挥决定性作用。

1. 社会民主主义政党

北欧五国中,瑞典、挪威、丹麦均实行君主立宪政体,芬兰和冰岛两国实行共和体制,但是五国议会均为一院制,[①]议会是国家最高权力机关和立法机关。从选举上看,北欧国家在 20 世纪基本上都实现了普选,将政治权力扩大到整体成年的公民。[②] 秉承社会民主主义理念的政党名称上几乎全部称为"社会民主党"(Social Democratic Party,或 Social Democrats),只有挪威例外,而是有着与英国一样的名字"工党"(Labour Party)[③]。北欧五国有一个明显的共同特征,那就是社会民主党在政治上长期居主导地位。[④] 各国社会民主党概况如下:

瑞典社会民主党:成立于 1899 年,1917 年第一次组建政府,通过与自由党联合,实现了国家民主化的正式确立。[⑤] 在 1932—1976 年间几乎无中断获得议会多数席位(1936 年过渡政府的 109 天除外),1985 年和 1988 年再次获得多数席位,1982 年、1994 年、1998 年、2002 年组成了少数党政府。[⑥] 1932—2013 年的 81 年间,共有 65 年处于掌权状态。[⑦]

① 任军峰. 超越左与右?——北欧五国政党政治比较研究[M]. 上海:上海三联书店,2012:3.

② 刘琳等. 没有"主义"的北欧[M]. 深圳:海天出版社,2010:183.

③ 参见挪威工党网站,网址:http://arbeiderpartiet. no/Om-AP. 2014-01-09.

④ 任军峰. 超越左与右?——北欧五国政党政治比较研究[M]. 上海:上海三联书店,2012:7.

⑤ The Swedish Social Democratic Party:An introduction[EB/OL]. http://www. socialdemokraterna. se/upload/Internationellt/Other% 20Languages/The _ Swedish _ Social_Democratic_Party_an_introduction. pdf(p3),2014-01-10.

⑥ History of Swedish elections[EB/OL]. http://sweden. se/society/the-swedish-system-of-government/, 2014-01-20.

⑦ The Swedish Social Democratic Party:An introduction[EB/OL]. http://www. socialdemokraterna. se/upload/Internationellt/Other% 20Languages/The _ Swedish _ Social_Democratic_Party_an_introduction. pdf(p3),2014-01-10.

瑞典社会民主党 1917—2010 年议会得票率一览表（见下图 2-1）：

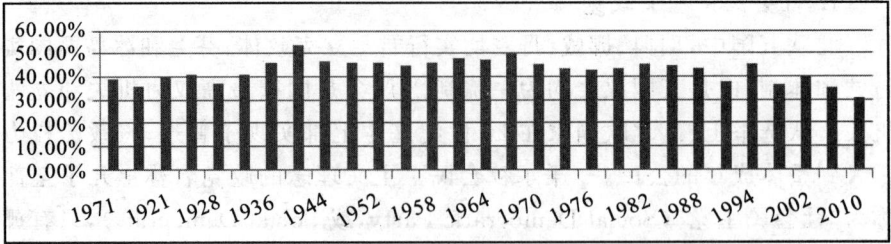

图 2-1

整理自：http://en. wikipedia. org/wiki/Swedish_Social_Democratic_Party

挪威工党：成立于 1887 年，1903 年开始首次获得议会多数席位，自 1927 年始一直是挪威最大的政党。1928 年第一次组建工党政府，1935—1965 年（1940—1945 年流亡期间除外）、1971—1972 年、1973—1981 年、1986—1989 年、1990—1997 年、2000—2001 年、2005—2013 年共计 44 载都处于其执政期间。[①]

挪威工党 1894—2013 年议会得票率一览表（见下图 2-2）：

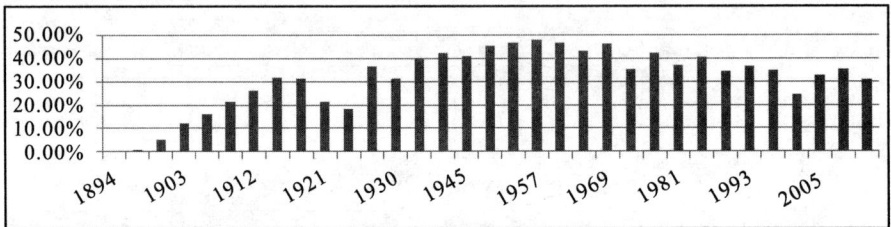

图 2-2

整理自：http://en. wikipedia. org/wiki/Labour_Party_(Norway)

芬兰社会民主党：成立于 1899 年，是芬兰三大政党之一，一直以来是联合政府的固定合作者。曾在 1907 年组建国家议会和 1917 年争取国家独立过程中发挥了重要作用，并是 1995 年国家加入欧盟和 2002 年加入欧元区的坚定拥护者。近些年，除 2007—2011 年外，一直执掌国家政权。[②]

---

① Information in English ［EB/OL］. http://arbeiderpartiet. no/Om-AP/Information-in-English? 2014-01-02.

② 参见：http://www. sdp. fi/en/history. 2014-01-04.

芬兰社会民主党 1907—2011 年议会得票率一览表(见下图 2-3):

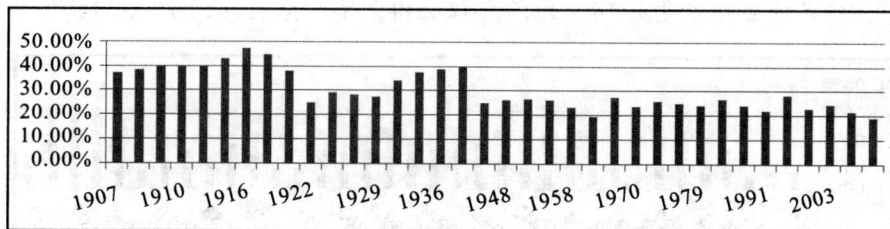

图 2-3

整理自:http://en. wikipedia. org/wiki/Social_Democratic_Party_of_Finland

丹麦社会民主党:成立于 1871 年,1884 年首次开始参加议会竞选,自 1924 年以 36.6 的高票率成为丹麦第一大政党,其第一大政党状态一直维持到 2001 年。对于丹麦社会民主党而言,掌权已成常态化,自从 1924 年以来已经超过有 54 年组建政府,因此对于丹麦社会几乎所有领域都具有非常大的影响力。[①]

丹麦社会民主党 1884—2011 年议会得票率一览表(见下图 2-4):

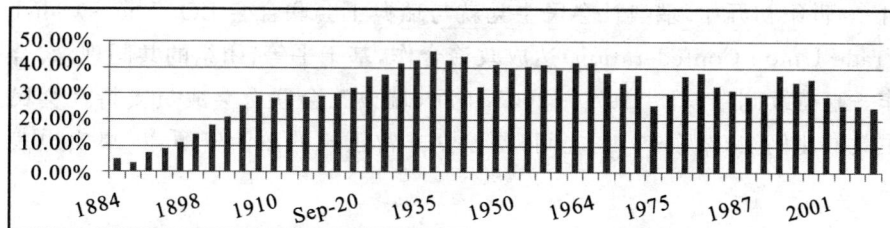

图 2-4

整理自:http://en. wikipedia. org/wiki/Social_Democrats_(Denmark)

冰岛社会民主党:成立于 1916 年,后于 1999 年与女性阵线党 (Women's List,成立于 1983 年)、人民党(People's Alliance,成立于 1956 年)组成社会民主主义联盟。社会民主主义联盟成员遍布全国,冰岛所有地

---

① 参见:http://socialdemokraterne. dk/default. aspx? site = english&func = article. view&id = 736576&menuID = 736577&menuAction = select&topmenuID = 736541. 2014-02-01.

方政府几乎大半都由其掌控。①

冰岛社会民主党 1916—2013 年议会得票率一览表(见下图 2-5):

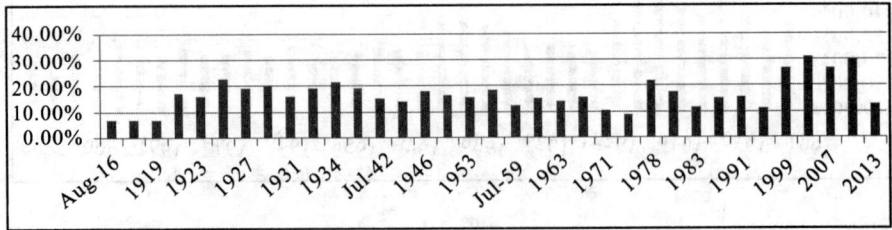

图 2-5

备注:2000 年以后为社会民主联合党。

整理自:http://en. wikipedia. org/wiki/Social_Democratic_Party_(Iceland)和 http://en. wikipedia. org/wiki/Social_Democratic_Alliance

2. 社会民主主义在瑞典:以典型个案为例

第一,注重合作方式来获得选举支持。伯恩斯坦合作理念在斯堪的纳维亚国家,尤其在瑞典得到社会民主党政党彻底的接受并实际的运行。② 自 20 世纪初开始,瑞典社会民主党就与瑞典工会联合会 LO(The Swedish Trade Union Confederation)达成政治合作,基于平等、团结的共同理念,合作一直持续到今天。③ 1970—2003 年间,瑞典工会联合会成员支持社会民主党的比例在 52%~71%之间,是该党非常正规的政治资源。④ 事实也表

---

① Flokkur jöfnuðar og réttlætis〔EB/OL〕. http://www. samfylkingin. is/Flokkurinn. 2014-01-27.

② SHERI,BERMAN. Understanding Social Democracy〔EB/OL〕. http://www8. georgetown. edu/centers/cdacs/bermanpaper. pdf(p13),2014-01-02.

③ Political cooperation〔EB/OL〕. http://www. lo. se/english/political_cooperation,2013-05-06/2014-02-01.

④ ELIN, HAUGSGJERD, ALLERN. NICHOLAS, AYLOTT&FLEMMING, JJJL,CHRISTIANSEN. Scenes From A Marriage:Social Democrats and Trade Unions in Scandinavia〔EB/OL〕. http://www. cvap. polsci. ku. dk/publikationer/arbejdspapirer/working_paper_1/allern_et. al. _-_scenes_from_a_marriage__social_democrats_and_trade_unions_in_scandinavia. pdf/(p17),2010-02/2014-01-03.

明，政治合作出现危机时，社会民主党选举结果就会下滑。① 同时，与农民结盟也在夺得议会主要席位中发挥了重要作用，这些努力都帮助社会民主党转变为一个真正的"人民政党"（people's party）。②

第二，在社会发展问题上，积极推行"中间路线"。瑞典社会民主党认为市场缺陷的根源在于对资本利益的追逐在各种生产中居于主导地位，导致了市场的失衡，不能反映真实的市场需求。③ 因此，应当采取凯恩斯主义（Keynesianism），④必须用计划来约束市场的破坏力。同时，针对资本主义不断扩大经济社会化成分的现实，社会主义也要逐步扩大经济中的私有成分，实行"混合经济"。⑤

第三，在民主问题上，主张"自由、平等、团结"的个人价值观和福利政策的必要保障。早期资本主义的个人价值观是"自由、平等、博爱"，用"团结"取代"博爱"有其特定缘由，因为瑞典社会民主党认为"团结"才能推动共同目标的实现，"团结"不仅仅是"集体自我利益"（collective self-interest），还是勇于承受的彼此责任。⑥ 自由、平等和团结的三者关系是：自由是平等的基础、平等是团结的基础，而团结又是自由和平等的基础，⑦三者共同构成了民主的核心。为实现真正的民主，必须为每个人提供必要的教育、医疗和物质保障。为满足上述需要，应适用一定税收为基础的利益分配政策，"福

---

① The Swedish Social Democratic Party：An introduction[EB/OL]. http://www. socialdemokraterna. se/upload/Internationellt/Other％ 20Languages/The ＿ Swedish ＿ Social_Democratic_Party_an_introduction. pdf(p7)，2014-01-10.

② SHERI，BERMAN. Understanding Social Democracy [EB/OL]. http://www8. georgetown. edu/centers/cdacs/bermanpaper. pdf(p14)，2014-01-02.

③ INGVAR，CARLSSON&·ANNE-MARIE，LINDGREN. What is Social Democracy？［EB/OL］. http://www. socialdemokraterna. se/upload/Internationellt/ Other％20Languages/WhatisSocialDemocracy. pdf(pp. 72-73). 2007-02/2014-01-11.

④ SHERI，BERMAN. Understanding Social Democracy［EB/OL］. http://www8. georgetown. edu/centers/cdacs/bermanpaper. pdf(p. 17)，2014-01-02.

⑤ 任军峰. 超越左与右？——北欧五国政党政治比较研究[M]. 上海：上海三联书店，2012：88.

⑥ INGVAR，CARLSSON&·ANNE-MARIE，LINDGREN. What is Social Democracy？［EB/OL］. http://www. socialdemokraterna. se/upload/Internationellt/ Other％20Languages/WhatisSocialDemocracy. pdf(pp. 30-32)，2007-02/2014-01-11.

⑦ INGVAR，CARLSSON&·ANNE-MARIE，LINDGREN. What is Social Democracy？［EB/OL］. http://www. socialdemokraterna. se/upload/Internationellt/ Other％20Languages/WhatisSocialDemocracy. pdf(p33)，2007-02/2014-01-11.

利国家"(welfare state)既有利于人民所需,更能促进实现真正的民主。①

（三）小结：北欧国家的政治特质对于延伸性著作权集体管理机制设计的影响

社会民主主义作为对社会主义的修正,就是在注重集体利益的社会主义和注重个体利益的资本主义之间寻求融合的一种政治理念,政治理念的实现必须通过法律的形式,社会民主主义亦然。践行社会民主主义的社会民主党自 20 世纪以来就在北欧国家政治生态中长期居于主导地位,其自然将这种善于折中的理念引入法律制度之中。而由于政党需要竞选获得民众支持,其政治诉求及法律规制必然不会偏离大众的普遍意愿,这也为法律制度的正当性奠定了坚实基础。

在政治上,社会民主主义作为介于资本主义与社会主义两者的"中间路线",融"资"与"社"的不同特质于一身。延伸性著作权集体管理则是介于法定许可(强制许可)与传统协议许可之间的混合体(hybrid),②两者何其相似! 奉行走不同于完全资本主义或社会主义"中间路线"的政治路线,延伸至著作权领域则创设了半自愿半强制的特殊形式著作权集体管理制度,也即延伸性著作权集体管理制度。重视市场,但是需用计划来约束;追求自由,但又信奉公共团结(communal solidarity)和集体利益(collective good)③;谋求集体意志的外延覆盖(指著作权集体管理组织与使用人协议对外部人具有延伸效应),但又尊重私权的意思自治(指一般情况下赋予外部人的退出权)。"公"(集体)与"私"(个人)不是绝对的分开与对立,延伸性著作权集体管理可以说是"中间路线"在著作权法中微妙而又具体的体现。

二、文化：实用主义、协商与透明公开

（一）实用主义奠定了延伸性著作权集体管理的实用基础

实用主义(Pragmatism)是经"发现"(found)而不是"创造"(create)的

---

① INGVAR, CARLSSON&ANNE-MARIE, LINDGREN. What is Social Democracy? ［EB/OL］. http://www. socialdemokraterna. se/upload/Internationellt/Other％20Languages/WhatisSocialDemocracy. pdf(pp. 77-78),2007-02/2014-01-11.

② THOMAS, RIIS&JENS, SCHOVSBO. Extended Collective Licenses and the Nordic Experience—It's a Hybrid but is It a Volvo or a Lemon? ［J］, Columbia Journal of Law & the Arts, Summer, 2010(33):472.

③ SHERI,BERMAN. The Primacy of Politics: Social Democracy and the Making of Europe's Twentieth Century[M]. Cambridge: Cambridge University Press,2006:16.

一个哲学分支，①最早由美国人皮尔斯（C. S. Peirce）于 19 世纪 70 年代提出，将之进一步发展并推广的是美国人詹姆士（James）、杜威（Dewey）和英国人席勒（F. C. S. Schiller）。② 实用主义其实只是旧思想的重新命名而已。德国康德（Kant）的理论自觉性（theoretical consciousness）对实用主义有着决定性影响，法国笛卡尔（Descartes）的理性主义（Intellectualism）和德国哲学家洛采（Lotze）的价值论（value instead of validity）也对实用主义的创建有着或多或少的影响。③

实用主义是以行动为导向的哲学，它主要探究行动与事实、实践与真理之间的联系。④ 根据杜威的观点，实用主义的原则是：只有现实拥有实际特征。⑤ 简单来说，一个理念或者建议正确与否要看它运行效果如何，如果具有实际良好效果的将予以接纳，否则就会被排斥、丢弃。⑥ 在方法论上，主张实践结果是检验假说的标准；⑦在真理观上，主张经证明正确的才是真理；⑧在经验论上，主张实用主义即是实证主义。⑨

---

①　EMIL VIŠŇOVSKY. Introductory：Situating Pragmatism Today（Pragmatism and Modern Philosophy）［J］. European Journal of Pragmatism and American Philosophy，2013(1)：7.

②　ALBERT，ATKIN. Charles Sanders Peirce：Pragmatism［EB/OL］. http://www. iep. utm. edu/peircepr/，2014-02-05.

③　ALBERT，ATKIN. Pragmatism［EB/OL］. http://www. newadvent. org/cathen/12333b. htm，2014-02-01.

④　VESA，PEKKA，TAATILA ＆ KATARIINA，RAIJ. Philosophical Review of Pragmatism as a Basis for Learning by Developing Pedagogy［J］. Educational Philosophy and Theory，2012(8)：833.

⑤　JOHN，DEWEY. Philosophy and Civilization［M］. New York：Milton，Balch＆Company，1931：31.

⑥　DOUGLAS，MCDERMIND. Pragmatism［EB/OL］. http://www. iep. utm. edu/pragmati/，2014-01-02.

⑦　CHRISTOPHER，HOOKWAY. Pragmatism［EB/OL］. http://plato. stanford. edu/entries/pragmatism/，2008-08-16/2014-01-03.

⑧　WILLIAM，JAMES. Lecture II：What Pragmatism Means［EB/OL］. https://www. marxists. org/reference/subject/philosophy/works/us/james. htm，2014-01-30.

⑨　CHRISTOPHER，HOOKWAY. Pragmatism［EB/OL］. http://plato. stanford. edu/entries/pragmatism/，2008-08-16/2014-01-03.

20 世纪初，随着实用主义被从美国舶来到欧洲大陆，这一理念招致极大热议。[1] 实用主义在北欧各国也得到了充分体现，但这并不是他们接受了这一理念之后才开始秉承应用，而是斯堪的纳维亚的人本身就具有实用主义文化这一基因。这种体现展现在多个方面：

一是从主要执政力量社会民主党自身来看，他们并不是马克思主义的原教旨主义者，而应该说是修正主义者。作为 19 世纪末 20 世纪初逐步登上历史舞台的社会民主党人来说，总是在不断调整发展其理念和路径。虽然社会民主党维护马克思主义的基本原理，但并不会将导师的言论奉为一成不变的真理，尤其是那些与不断变化的历史条件已经格格不入的论述。而且，他们认为根据新的发展情况对马克思理论进行修正是完全符合马克思主义基本精神的。[2]

二是从国家内外政策来看，以实用主义为导向谋求社会发展和国家利益。虽然并不总是由社会民主党执政，但是在发展政策上，其他政党也都坚持"中间路线"，不搞绝对的自由或计划经济，善于结合两种制度长处。在外部政策上，以合作和非对抗为主流，尽量减少国家损失。例如，瑞典在两次世界大战中都坚持中立，甚至为减少战争可能，竟然在"二战"中允许德军过境。[3] 正如切尔西所说："瑞典人是彻底的实用主义者，他们只对社会秩序的实际效能感兴趣。"[4]

三是以"实用、简约"为符号，北欧设计风格独树一帜。正如《极地之光：瑞典·设计经济学》作者马克斯所言："一个社会过着怎样的生活，就会产生如何的设计。"[5] 而生活与文化就如同一个硬币的两面，两者无法分割。北欧人实用主义的文化也深深体现在其设计、生产产品之中，现在，北欧风格

---

[1]　SAMI，PIHLSTROM. Nordic Pragmatism[EB/OL]. http://lnx. journalofprag-matism. eu/wp-content/uploads/2010/07/10-nordic-pragmatism. pdf(p1). 2014-01-05.

[2]　TIM，TILTON. The Political Theory of Sweden Social Democracy：Through the Welfare State to Socialism[M]. Oxford：Clarendon Press，1991：29.

[3]　Swedish Neutrality[EB/OL]. http://www. globalsecurity. org/military/world/europe/se-neutrality. htm. 2014-01-12.

[4]　MARQUIS W. CHILDS. Sweden：The Middle Way[M]. London：Faber & Fabter，1936：213-214.

[5]　张恺殷. 瑞典：乌托邦导向的设计概念，创造梦想与回归人性的国度[EB/OL]. http://www. mottimes. com/cht/article_detail. php? type＝2&serial＝219，2013-12-29.

已经成了简约实用的代名词,这一点无论是在家居,还是成衣,甚至建筑①风格上都得到了充分体现。

延伸性著作权集体管理正是以实用主义为理念支撑的制度设计,无概念和原则禁忌的北欧国家以解决问题为导向,将延伸性著作权集体管理制度创制出来。因此,延伸性著作权集体管理制度自身即是实用主义的产物,也因此带着实用主义的标签。

(二)协商文化浸润了延伸性著作权集体管理的生存土壤

在协商(Negotiation)过程中,理论架构(theoretical structure)是动态的,参与各方需要不断改变自己的观点来回应他方的压力和建议,因此没有任何人、任何事物可以保持一成不变。② 通过协商解决分歧与纠纷,沟通是必不可少的环节,求同存异是达成共识的基础。而前提是双方法律地位的平等,以及避免暴力冲突和信守契约精神的存在,否则协商没有任何意义,甚至只是另一场你死我活的"鸿门宴"。协商文化的存在不止于国家内部各阶层,甚至也体现于国家与国家之间。

在中世纪期间至19世纪,北欧五国之间经常纠缠交错,间或也发生一些规模不大的战争。但是,到了19世纪初以后,各国在走上各自独立的道路上彼此没有发生任何战争。以五国中建国最晚的冰岛为例,自建国起至1262年300年间保持独立状态,直到1262年冰岛和挪威签订协议归属挪威王国管理。1319年冰岛和挪威、瑞典因王室变化原因,与挪威联合并入瑞典,③后又因丹麦、挪威、瑞典(连同芬兰)三国于1397年结成卡尔马联盟(the Kalmar Union)而共同附属于丹麦王国。1874年,冰岛取得立法权,又于1918年通过《联合法案》(*Act of Union*)成为丹麦具有无限自主权的国家(但是在名义上仍然效忠丹麦国王)。1944年6月17日冰岛议会在全民

---

① 这一点甚至都体现在墓地设计上。林地公墓(Skogskyrkogården)这座位于斯德哥尔摩南部的一处墓地,竟因其实用设计风格设计而被评为联合国自然历史文化遗产。

② ANNE ERIKSEN & JÓN VIDAR SIGURDSSON. Negotiating Pasts in the Nordic Countries:Interdisciplinary Studies in History and Memory[M]. Lund,Sweden:Nordic Academic Press,2010:15.

③ ANNE ERIKSEN & JÓN VIDAR SIGURDSSON. Negotiating Pasts in the Nordic Countries:Interdisciplinary Studies in History and Memory[M]. Lund,Sweden:Nordic Academic Press,2010:59.

公投之后宣称冰岛为独立共和国。[①] 而且,冰岛至今无常备军,目前是通过协议将军事防务委托给挪威、丹麦和其他北约国家。[②] 可见,协商文化早已经根植于北欧国家,协商成为处理彼此之间矛盾的常态化方式。

协商文化不仅存在于北欧国与国之间的关系中,国内表现更是明显。具体表现在:

一是各阶层之间通过协商和合作实现共赢。北欧国家在从半封建的农业社会转变为富裕的福利国家过程中,城市上层社会、工人、农民之间既未发生如英国和法国那样的资产阶级革命,也未发生如俄罗斯般的农民共产主义革命。[③] 可以说,这些都超乎一般人想象之外,其内在合理性就在于北欧国家颇为擅长协商文化。"社会的进步只能通过各个团体、各个阶级之间的合作来进行。"[④]和平协商解决分歧,提倡各阶级、各团体之间的合作团结,[⑤]是协商文化在北欧国家日常社会生活的体现。

二是政党之间是彼此协商而不是你死我活的竞争,执政理念并无本质区别。经济生活中的自由和平等不能通过强者的专横和任意的决定来实现,而是只能通过以团结互助的方式促成基本决定过程来实现。[⑥] 因此,虽然需要通过争取选票来获得政权,但是政党之间常常进行协商与合作,议会内充满了各个党派之间频繁的谈判、妥协,反对党与执政党之间的界限并不像两党制国家那样清晰可辨,[⑦]协商与合作反倒构成了北欧国家政治舞台的常态。

协商文化巩固了著作权集体管理组织的正当性基础。著作权人与著作

---

① Iceland[EB/OL]. http://www. infoplease. com/country/iceland. html,2014-01-19.

② Military of Iceland[EB/OL]. https://www. princeton. edu/~achaney/tmve/wiki100k/docs/Military_of_Iceland. html,2014-01-07.

③ MATTI, ALESTALO. SVENE. O. HORT&STEIN, KUHNLE. The Nordic Model:Conditions,Origins, Outcomes, Lessons[EB/OL]. http://www. hertie-school. org/fileadmin/images/Downloads/working_papers/41. pdf(p4-5),2014-1-21.

④ 张契尼,潘琪昌. 当代西欧社会民主党[M]. 北京:东方出版社,1987:179.

⑤ 任军峰. 超越左与右?——北欧五国政党政治比较研究[M]. 上海:上海三联书店,2012:88.

⑥ [德]托马斯·迈尔. 社会民主主义的转型:走向21世纪的社会民主党[M]. 殷叙彝,译,北京:北京大学出版社,2001:11.

⑦ 任军峰. 超越左与右?——北欧五国政党政治比较研究[M]. 上海:上海三联书店,2012:63.

权集体管理组织之间、著作权集体管理组织与使用人之间进行充分有效的协商,使得著作权集体管理组织能够更充分代表著作权人利益。

(三)透明与公开文化影响延伸性著作权集体管理制度的运行

透明与公开(Transparency)是对所有社会组织而言,尤其是政府。正如美国第四任总统詹姆斯·麦迪逊(James Madison)于 1822 年 8 月 4 日给巴里(W. T. Barry)的信中所言:"受民众拥护的政府如果没有通畅的信息公开或者获取信息方式,将是一场闹剧或悲剧发生的开始,甚或两者都是。知识必须永远控制无知,每个人都是他们自己的管理者,必须赋予自己知识的力量。"①这段名言,后来也成了美国国会众议院政府改革委员会《依〈信息自由法〉和〈1974 年隐私权法〉申请政府信息公开之公民指南》(第二次报告)中介绍部分的首句。② 可见,透明与公开文化对于整个社会与国家的健康发展具有不可限量的重要作用。

透明与公开的形成有一定的先决条件,那就是民主,否则透明与公开文化将无从谈起。在民主方面,北欧国家起步较早。冰岛议会(Altingi)成立于公元 930 年,是世界上公认运行最早的议会。③瑞典在公元 1766 年就发布了《出版自由法》(Freedom of the Press Act),是世界上有关信息自由最早的立法。④ 此外,作为最直接的民主形式全民公投(Referendum),也是具有鲜明北欧特色的民主制度。对于公投结果,政府一般都会尊重其结果并采取相应措施。一旦公投结果与政府决策相违,甚至还可能导致政府辞职。⑤ 挪威 1919 年、1926 年以及芬兰 1931 年分别举行了禁酒公投、1994 年芬兰还就是否加入欧盟进行公投。⑥ 近期比较有名的是,冰岛就是否偿还因储蓄与投资保证基金银行(Depositors' and Investors' Guarantee Fund)

---

① James Madison to W. T. Barry[EB/OL]. http://press-pubs. uchicago. edu/founders/documents/v1ch18s35. html,2014-01-20.

② Committee on Government Reform. A Citizen's Guide on Using The Freedom of Information Act and The Privacy Act of 1974 to Request Government Records[EB/OL]. http://www. fas. org/sgp/foia/citizen. html,2014-01-21.

③ A short history of Altingi—The Oldest Parliament in The World[EB/OL]. http://peterevansthoughts. wordpress. com/2013/01/16/the-worlds-oldest-parliament/,2014-01-27.

④ http://www. ucl. ac. uk/constitution- unit/research/foi/countries/sweden,2014-01-30.

⑤ 刘琳等. 没有"主义"的北欧[M]. 深圳:海天出版社,2010:204.

⑥ 刘琳等. 没有"主义"的北欧[M]. 深圳:海天出版社,2010:204.

在国际金融危机期间破产而导致英国和荷兰储户的损失而进行全民公投，公投分别于 2010 年和 2011 年两次举行，都否决了该项总额高达 50 多亿美元的索赔要求。① 而透明与公开文化的结果也是显而易见的，那就是廉洁。根据透明国际组织（Transparency International）每年发布的"全球清廉指数"报告显示，北欧国家排名一直都非常靠前。② 以 2013 年报告为例，丹麦、芬兰、瑞典、挪威、冰岛得分分列全球第 1、3、3、5、12 名。③

透明与公开文化体现在很多方面，特别是以下方面：

一是公务信息高度、主动公开。诚信、透明是北欧国家引以为傲的政府特点，政府必须接受严格的监督，政客如果弃自行车而乘坐豪华轿车就会被问责。④ 按照北欧国家的法律规定，"公开信息是每个公务员的责任。"而且这种信息公开是主动的，不是在公民要求之后的。⑤ 以瑞典为例，只要不涉及国家安全等核心机密，公众和媒体可以随意查询任何官方记录，⑥而这一原则的确立，可以追溯到 1766 年。⑦ 如果你有兴趣，可以在有关网站上找到官员们公务宴请的费用和出差的报销清单。⑧

二是个人纳税和收入信息全部公开。这一点在非北欧国家简直不可想象，因为一般认为收入属于个人隐私。以挪威为例，在公开透明的精神之

---

① Iceland's Example to the World［EB/OL］. http://www. hermes-press. com/iceland_index. htm. 2014-02-01.

② Norway Falls Behind Sweden and Denmark in Transparency Index［EB/OL］. http://www. tnp. no/norway/panorama/3415-norway-falls-behind-sweden-and-denmark-in-transparency-index，2012-12-06/2014-01-20.

③ 芬兰与瑞典并列第 3 名，无第 4 名存在。参见 Corruption Perceptions Index 2013［EB/OL］. http://cpi. transparency. org/cpi2013/results/，2014-01-20.

④ The Secret of Their Success：The Nordic Countries Are Probably The Best-governed in The World［EB/OL］. http://www. economist. com/news/special-report/21570835-nordic-countries-are-probably-best-governed-world-secret-their，2014-01-22.

⑤ 叶淑兰. 北欧：这里没有穷人［M］. 广州：南方日报出版社，2011：164.

⑥ Openness and Transparency—Vital Parts of Swedish Democracy［EB/OL］. http://sweden. se/society/openness-shapes-swedish-society/，2014-01-10.

⑦ MARIE，CHÊNE. What Makes New Zealand，Denmark，Finland，Sweden And Others "Clear" Than Most Countries? ［EB/OL］. http://blog. transparency. org/2011/12/07/what-makes-new-zealand-denmark-finland-sweden-and-others-%E2%80%9Ccleaner%E2%80%9D-than-most-countries/，2011-12-07/2014-01-19.

⑧ 叶淑兰. 北欧：这里没有穷人［M］. 广州：南方日报出版社，2011：160.

下,个人可以通过报纸、广播和其他媒体创建的网站查询邻居的收入情况。挪威财务部长的解释是:"公开税务账目非常重要,它不只是提供了收入信息和纳税情况,而且这也是公众研讨的前提条件。"①

社会大环境的公开透明使得著作权集体管理组织自然不能置身事外,透明与公开文化的浸染为著作权集体管理组织的高效运转奠定了基础,也规避了内部人控制的风险。

(四)小结:北欧文化对于延伸性著作权集体管理制度的出现和存在具有决定意义

任何法律制度都是其共同文化不可分割的一部分,它同样对共同文化的历史产生着作用。② 文化作为群体性的潜在行为准则,对于法律制度的创设和执行都有着深远的影响。实用主义文化使得立法者对于理论性的原则无内心深处的遵从感,更多从是否能够解决实际问题出发创设制度,而可以无视法律的内在体系性和逻辑性。延伸性著作权集体管理制度作为违背私法自治原则的一项著作权具体制度性规定,为北欧国家所创设与这种重实用轻理论的文化密不可分。发达的协商文化强化了著作权集体管理组织的代表性,而又能够不是彻底站在使用人的对立面,能够较好协调著作权人与使用人的关系。透明、公开文化能够促使包括著作权集体管理组织在内的一切会员性组织经济高效运转,切实维护好会员著作权人的利益。

因此,北欧国家实用、协商、透明与公开文化对于延伸性著作权集体管理制度的诞生和运行产生着深远的影响。在文化上,基于实用主义,具体制度上无公、私法的禁忌,可以根据需要设立法律制度;基于协商理念,个人利益诉求往往融于集体诉求之中,赋予了集体管理组织全面代言的合法和合理地位;基于透明与公开精神,集体管理组织可以严控腐败发生的可能,实现集体管理组织高效运转。离开这些特定文化土壤,延伸性著作权集体管理制度也必然无法真正有效运转。

---

① DAVID,BRANCACCIO. In Norway,A Different View of Transparency[EB/OL]. http://www. marketplace. org/topics/wealth-poverty/pay-check/norway-different-view-transparency,2012-08-20/2014-01-17.

② [德]伯恩·魏德士. 法理学[M]. 丁小春,吴越,译,北京:法律出版社,2003:208.

三、社会：同质性

北欧五国均处于欧洲最西北端，其中，瑞典和挪威分处于斯堪的纳维亚半岛的东西两侧。芬兰东与俄罗斯相邻，西北部与瑞典和挪威接壤。丹麦则地处德国与瑞典南北之间，冰岛为岛国，地处挪威西面的大西洋之中。严谨意义上的斯堪的纳维亚（Nordic）仅指瑞典、挪威和丹麦三个君主立宪制国家，泛称则再将芬兰和冰岛两个共和国纳入进来。同质性（Homogeneous）社会是相对于异质性（Heterogeneous）社会而言的，目前公认的世界上最大的异质性国家是美国，相对于异质化社会而言，同质化社会的民族、语言、宗教信仰等较为单一。

北欧国家都属于同质性社会，虽然个别国家移民有所增加，也形成一定挑战，但并未影响其同质性社会根本。① 北欧五国同质化表现如下：

（一）从地域和民族构成来看，五国都属于小国，民族较为单一（见表 2-1）

其一，北欧五国总体面积偏小，人口较少。北欧五国总计人口约 2500多万，土地面积约 130 万平方公里。其中，面积最大、人口最多的是瑞典，面积约 45 万平方公里（相当于我国甘肃省面积）②，人口 933 万人；面积最小的是丹麦，只有 4.3 万平方公里（相当于我国重庆市的一半）③；人口最少的是冰岛，只有 33 万人。北欧五国的国土面积加起来也仅相当于西藏自治区，④人口也仅比北京市 2013 年常住人口多 19%。⑤

其二，北欧五国内部民族极为集中，其他民族和移民非常少，民族构成总体单一。瑞典人口中，90% 为瑞典人，芬兰人、南斯拉夫人、希腊人和土耳

---

① 挪威较为突出，其他四国弱。随着越来越多的穆斯林移民进入挪威，挪威形成了一定社会分化，布雷维克（Anders Behring Breivik）2011 年制造的奥斯陆爆炸和枪击事件为这一矛盾的一个侧面反映。参见 SYLVIA，POGGIOLI. Immigration，Integration Draw Attention In Norway[EB/OL]. http://www. npr. org/2011/07/29/138801001/immigration-integration-draw-attention-in-norway，2011-07-29/2014-01-15.

② 甘肃省行政区划面积 45.37 万平方公里。参见甘肃省政府网站：http://www. gansu. gov. cn/col/col19/index. html，2014-01-09.

③ 重庆行政区划面积 8.24 万平方公里。参见重庆市政府网站：http://www. cq. gov. cn/cqgk/82835. shtml，2014-01-09.

④ 西藏自治区行政区划面积 122.84 万平方公里。参见西藏自治区政府网站：http://www. xizang. gov. cn/xzqh/51610. jhtml，2014-01-09.

⑤ 北京常住人口 2114.8 万人[N].新京报，2014-01-24(A01).

其人的移民及其后裔(依从多到少排列)和北部萨米人等构成了剩余10%的人口。[①] 挪威人口中,96%为挪威人,北部萨米人约3万人。[②] 丹麦人口中,95%为丹麦人,剩下5%则为移民。芬兰人口中,芬兰人占93.4%,瑞典人占5.6%,剩下俄罗斯人、爱沙尼亚人、吉卜赛人和萨米人仅占1%。冰岛人口中,基本全部为本民族人,没有少数民族,也很少有外国侨民。[③]

表 2-1　北欧五国土地面积、人口和民族构成一览表

类别 国家	国土面积 (万平方公里)	人口 (万人)	民族构成
瑞典	45	933	瑞典人占90%
			芬兰等移民、后裔和萨米人占10%
挪威	38.5	505	挪威人占96%
			萨米人等占4%
丹麦	4.3	545	丹麦人占95%
			移民占5%
芬兰	30.5	527	芬兰人占93.4%
			瑞典人占5.6%,俄罗斯人等占1%
冰岛	10.3	33	冰岛人占100%

(二)语言和宗教较为集中

其一,从语言上看,国内主要语言集中,国与国之间沟通障碍也较小。

---

① 瑞典国家概况[EB/OL]. http://www.fmprc.gov.cn/mfa_chn/gjhdq_603914/gj_603916/oz_606480/1206_607304/,2014-02-03.

② 挪威国家概况[EB/OL]. http://www.chinese-embassy.no/chn/nwgk/,2010-05-13/2014-02-04.

③ 任军峰.超越左与右?——北欧五国政党政治比较研究[M].上海:上海三联书店,2012:3.

以上有关北欧五国基本数据如无特别标识,分别来自:瑞典国家官网:http://www.sweden.cn/about/quickfacts/(数据为2009年);丹麦国家官网:http://denmark.dk/zh-cn/quick-facts-cn/(数据2011年);挪威国家统计局官网:http://www.ssb.no/a/english/minifakta/ki/(数据为2013年);哥伦比亚百科全书(芬兰资料):http://www.infoplease.com/country/finland.html? pageno=3(人口数据为2013年,其他数据为2006年);冰岛国家统计局官网:http://www.statice.is/pages/(数据位2013年)。

瑞典的官方语言为瑞典语,也认可部分少数民族语言,包括:萨米语(拉普兰语)、芬兰语、托尔讷河谷芬兰语、意第绪语、罗姆语等。挪威的官方语言为挪威语(包括巴克摩挪威语和新挪威语),萨米语在少数几个市政区也具有与挪威语同等的地位。丹麦的官方语言为丹麦语。芬兰的官方语言有两个,第一个为芬兰语,第二个为瑞典语,还有少部分拉普兰语和俄语。冰岛的官方语言为冰岛语。语言上,丹麦、挪威、瑞典三国语言基本相通,三国交往不存在语言障碍,都属于斯堪的纳维亚(Scandinavian)语系;芬兰语属于东欧(Eastern European)语系,冰岛语虽然属于印欧(Indo-European)语系〔印欧语系又可归入大的北日耳曼(North Germanic)语系〕,但实际上与挪威语非常接近。① 北欧五国语言并非完全一样,但差异并没有想象的大,就如同美国人与苏格兰人的交流,并不是非常困难之事。②

其二,五国宗教信仰较为集中,以路德新教(Lutheranism)为主。在公元 10—12 世纪,北欧五国开始信奉天主教,但是 16 世纪的路德教改革运动赢得了最为广泛的支持,人民丢弃了关于天主教(Catholicism)的习惯和记忆。③ 北欧五国居民信奉路德新教的比例非常高,瑞典④、挪威⑤和丹麦都达到了 90%,芬兰为 82.5%,冰岛为 76%。其中,芬兰人中还有 1.1%信奉正教(Orthodox Church),1.1%信奉其他基督教派,0.1%信奉其他宗教,无宗教信仰人士占了 15.1%;冰岛人中还有 3%罗马天主教(Roman Catholic),3%信奉自由教会(Free Lutheran),2%信奉独立联合教会(Independent Congregation),6%信奉其他宗教,无宗教信仰人士占了 5%。总体上,路德新教占据主导地位,成为民众的普遍宗教信仰。甚至有学者认

---

① The Icelandic language〔EB/OL〕. http://www. iceland. is/the-big-picture/people-society/language/,2014-01-24.

② TERRI,MAPES. The Similarities of the Scandinavian Languages:Are The Scandinavian Languages Almost The Same,or Dissimilar?〔EB/OL〕. http://goscandinavia. about. com/od/languagehelp/qt/Similarities-Of-The-Scandinavian-Languages. htm,2014-01-31.

③ Norse Relgion〔EB/OL〕. http://www. bellaterreno. com/art/norse/norsereligion. aspx,2014-01-26.

④ 瑞典国家概况〔EB/OL〕. http://www. fmprc. gov. cn/mfa_chn/gjhdq_603914/gj_603916/oz_606480/1206_607304/. 2013-11/2014-01-23.

⑤ 挪威国家概况〔EB/OL〕. http://www. chinese-embassy. no/chn/nwgk/,2010-05-13/2014-01-17.

为在北欧模式的诞生过程中,路德新教发挥着深层次的重要价值。①②

(三)无明显阶层(阶级)差异,性别绝对平等

同质化既包括种族、语言等民众自然性的一面,也包括民众之间社会化结构的一面,即阶层(阶级)划分和男女两性权益比较等。

北欧国家已经基本消灭了社会各阶层(阶级)之间的明显差异,逐步实现了社会无阶层(阶级)化。北欧的社会民主党为了减少占有财富的不均衡,提高社会团结度,通过共同责任(common responsibility)式的社会政策,同时在付出方和享受方之间进行再度分配,③导致传统的阶层(阶级)失去意义。首先,阶级失去了继承性。阶级不再首先表现为集体的命运,而是越来越表现为个人的经历,更具有了个人特征。其次,阶级不再是个人的"终身经历",在一生中,个人有了更多的职业经历。④ 国外很多学者都认为北欧国家已经实现了无阶层(阶级)化,即便还称不上无阶层(阶级)社会,但是的确实现了阶层(阶级)的平等。⑤

北欧国家不仅男女之间平等,且对同性恋无任何歧视。男女平等主要表现在权利分配、关怀和影响力上,因此,男女在生活的所有领域都应该有平等的权利、义务和机会,整个社会也不应该有基于性别差异的歧视。⑥ 世界经济论坛(World Economic Forum)每年发布《全球性别差异报告》

---

① Norse Relgion [EB/OL]. http://www. bellaterreno. com/art/norse/norsereligion. aspx,2014-01-26.

② 以下有关北欧五国语言和宗教信息如无特别标识,分别来自:瑞典国家官网:http://www. sweden. cn/about/quickfacts/(数据为 2009 年);丹麦国家官网:http://denmark. dk/zh-cn/quick-facts-cn/(数据 2011 年);挪威国家统计局官网:http://www. ssb. no/a/english/minifakta/ki/(数据为 2013 年);哥伦比亚百科全书(芬兰资料):http://www. infoplease. com/country/finland. html? pageno=3(数据为 2006 年);冰岛国家统计局官网:http://www. statice. is/pages/(数据位 2013 年).

③ G. ESPING-ANDERSON. (ed.) Politics Against Markets:The Social Democratic Road to Power[M]. Princeton, New Jersey:Princeton University Press. 1988:120-121.

④ 安东尼·吉登斯. 超越左与右:激进政治的未来[M]. 李惠斌,杨雪冬,译,北京:社会科学文献出版社,2009:147-148.

⑤ The Nordic Approach to General Welfare[EB/OL]. http://www. nnn. se/intro/approach. htm,2014-01-21.

⑥ Gender Equality in the Nordic countries[EB/OL]. http://www. norden. org/en/about-nordic-co-operation/areas-of-co-operation/gender-equality/gender-equality-in-the-nordic-countries,2014-02-02.

(Global Gender Gap Report),北欧国家一直表现抢眼。在 2010 年发布的报告中,除丹麦外,其他北欧四国已经消除了 80% 以上的性别差异。① 同样,对待同性恋问题上,北欧国家亦是走在世界前列。目前,北欧五国都已经通过立法承认同性婚姻,②而且早在 1989 年丹麦就已经同意同性注册伴侣关系。③ 在冰岛现任女总理约翰娜·西于尔扎多蒂(Johanna Sigurdardottir)身上,可以说集中体现了北欧国家男女平等且对同性恋无任何歧视的社会现状。约翰娜于 2009 年 4 月当选为冰岛女总理,也因而成为世界上第一个公开同性恋身份的政府首脑,④其于 2013 年 4 月携夫人的访华行程曾引起中国国内的热议。⑤

(四)小结:北欧社会的同质性为延伸性著作权集体管理制度提供了肥沃的土壤

"社会不是以法律为基本的,那是法学家的幻想。相反,法律应以社会为基础。"⑥北欧国家的同质性社会也为延伸性著作权集体管理制度的诞生提供了肥沃的土壤。

首先,著作权人与作品使用人之间并非总是泾渭分明。由于国小人少,个人的身份往往并非固定不可变更。在全民素养较高,作品创作门槛趋于消失的时代,此时自己作品的著作权人,彼时即可转变为他人作品的使用人。延伸性著作权集体管理可以最大化方便作品使用人,而由于使用人与著作权人的重合,对著作权人亦有裨益。

---

① SAADIA,ZAHIDISENIOR. What Makes the Nordic Countries Gender Equality Winners? [EB/OL]. http://www. huffingtonpost. com/saadia-zahidi/what-makes-the-nordic-cou_b_4159555. html,2013-10-24/2014-02-09.

② EIMEAR, BROWN. Same-Sex Marriage: Some Approaches from Other Countries[EB/OL]. https://www. constitution. ie/AttachmentDownload. ashx? mid = 735e57a4-29a4-e211-a5a0-005056a32ee4(p2),2014-02-01.

③ Lov om Registreret Partnerskb 7. Juni 1989[EB/OL]. http://danmarkshistorien. dk/leksikon-og-kilder/vis/materiale/lov-om-registreret-partnerskab-7-juni-1989/. 2014-02-21.

④ DWYER,ARCE. Iceland Parliament Approves Same-sex Marriage Legislation [EB/OL]. http://jurist. org/paperchase/2010/06/iceland-parliament-approves-same-sex-marriage-legislation. php,2010-06-11/2014-02-05.

⑤ 薛雷,岳菲菲. 冰岛总理夫妇的中国行[EB/OL]. http://bjyouth. ynet. com/3. 1/1304/30/7982718. html,2013-04-30/2014-02-07.

⑥ 中共中央马克思恩格斯列宁斯大林著作编译局. 马克思恩格斯全集(第 6 卷)[M]. 北京:人民出版社,1961:291-292.

其次,几乎无阶层的分化,使得阶层利益趋同化,民众很少有差异化很大的不同利益诉求。延伸性著作权集体管理制度使得著作权集体管理组织与使用人签订的使用协议可以延伸适用于非会员著作权人,由于同质化的社会基础,著作权人与使用人并非处于绝对的利益对立地位,而是能够有效弥补彼此可能分化的利益冲突,因此并不会因是否属于会员而对著作权人有重大利益影响。

再次,北欧国家的小国寡民状态,地区和种族差异较小,有利于包括延伸性著作权集体管理制度在内的法律、政令的顺利贯彻执行。

最后,北欧五国在国家与国民之间有着紧密而积极的合一性关系,而且这一状态具有较长的历史根源。① 因此,任何一项政策与制度的实施障碍性较小,延伸性著作权集体管理制度自然也受益于此。

第二节 延伸性著作权集体管理诞生的整体特性: 北欧国家长期融合与合作

本节要解答为何所有北欧五国全部、无一例外地接受延伸性著作权集体管理制度的疑问。北欧五国融合、合作历史悠久,加之具有大致相同的经历、相近的语言和文化,此外还在许多行政管理等问题上习惯采取合作的方式,②甚至后来还有一体化的目标追求,促使五国在很多问题上形成了团体意志。法律是北欧长期合作中的主要内容,法律上的合作融于北欧国家大的合作背景之下,又有着自己的发展脉络。

一、国与国之间不断融合是整体接受延伸性著作权集体管理制度的深厚基础

北欧五国先后经历无国界一体、你中有我、紧密一体化三个不同阶段,国家之间一直处于少战争、多和平的紧密状态,这是在世界史上比较罕见的

---

① MATTI, ALESTALO. SVEN E. O. HORT&STEIN, KUHNLE. The Nordic Model: Conditions, Origins, Outcomes, Lessons[EB/OL]. http://www. hertie-school. org/fileadmin/images/Downloads/working_papers/41. pdf(p2),2014-01-29.

② Scandinavian Law〔EB/OL〕. http://www. scandinavianlaw. se/index. php? page=Scandinavian-Law,2014-02-07.

现象。在政治上，丹麦、瑞典、挪威三个王国因王室婚姻关系而紧紧交织在一起。[1] 互为国王的情况时有发生，这也说明，北欧三国事实上并不符合西欧意义上的严格的民族国家的定义。[2] 从远古一直到富有传奇色彩的维京时代(Viking Age，793—1066 年)[3]，北欧地区均处于无国家状态。在维京时代，北欧海盗们扮演着强盗与商人的双重角色，从北向南席卷了大半个欧洲，在后期这些海盗在欧洲多个地方逐步安顿下来，北欧地区才有国家之分。因此，在包含维京时代在内的以前漫长时间里，北欧国家之间并无国界概念。在国家分立后直至现代，北欧国家之间依然处于独特的融合状态。

（一）你中有我：1900 年以前北欧历史

直到 11 世纪末，斯堪的纳维亚地区才形成三个王国：丹麦、挪威和瑞典。[4] 可是，12 世纪中期以前，如今的芬兰地区仍然是真空地带。1323 年，居上风的瑞典和诺夫哥罗德(Novgorod)签订了和平协议，约定芬兰东部归属诺夫哥罗德，而西部和南部则划入瑞典。[5] 在保持了约 300 年的独立状态后，冰岛于 1262 年和平并入挪威。[6] 在第一次世界大战以前，北欧五国先后有两个标志性的同盟关系，将五国带回到了类似维京时代的一体状态。

1. 卡尔马同盟(Kalmar Union，1397—1536)

在北欧的发展历史上，丹麦、瑞典和挪威狭义的斯堪的纳维亚国家相对强大，而芬兰和冰岛长期处于附属状态。而有意思的是，在政治上，丹麦、瑞

---

① The Middle Ages：Three kingdoms and A Union（approx. 1050—1500）[EB/OL]. http://www. norden. org/en/the-nordic-region/history-of-the-nordic-region/the-middle-ages-three-kingdoms-and-a-union-approx. -105020131500，2014-02-08.

② 孙琇. 北欧皇室：冰火传奇[M]. 北京：中国青年出版社，2013：19.

③ K. KRIS, HIRST. Viking History：Guide to the Imperialism of the Ancient Norse[EB/OL]. http://archaeology. about. com/od/vterms/qt/viking_age. htm，2014-02-08.

④ The Nordic Region—part of Europe since the Viking era [EB/OL]. http://www. norden. org/en/the-nordic-region/history-of-the-nordic-region/the-nordic-region-2013-part-of-europe-since-the-viking-era. 2014-02-01.

⑤ SEPPO, ZETTERBERG. Main Outlines of Finnish History[EB/OL]. http://finland. fi/Public/default. aspx? contentid＝160058&nodeid＝41806&culture＝en-US. 2014-02-09.

⑥ History of Iceland[EB/OL], http://www. iceland. is/the-big-picture/people-society/history/. 2014-02-05.

典、挪威三个王国因王室婚姻关系而紧紧交织在一起。① 互为国王的情况时有发生,这也说明,北欧三国事实上并不符合西欧意义上的严格的民族国家的定义。② 卡尔马同盟就是因王室主导,而将五国又凝聚在一起的巅峰事件。卡尔马同盟的建立,离不开一个灵魂人物,她就是玛格丽特(Margaret),是她将丹麦、瑞典(含芬兰)、挪威(含冰岛)三国紧密连接在一起的纽带。

丹麦在与汉萨同盟(Hanseatic League)③的战争中,先胜利后失败,被迫于1370年签订了《施特拉尔松德条约》(Treaty of Stralsund),除赋予汉萨同盟在波罗的海的商贸特权外,还拥有对丹麦王位候选人的否决权。④在1375年的继承中,瓦尔德马尔四世(Valdemar IV)的小女儿玛格丽特(Margaret)战胜了她的姐姐和姐夫梅克伦堡亨利公爵(Duke Henry of Mecklenburg),将她仅5岁的儿子奥拉夫(Olav)成功地推选为丹麦国王。⑤

挪威国王哈康四世(Haakon IV)统一全国后,于1264年与冰岛签订盟约,成立了挪威冰岛联盟。约定在不改变原有法律及族长地位的条件下,冰岛从属于挪威国王。⑥ 1299年继位的哈康五世(Haakon V)与瑞典王室联姻,将女儿嫁给了瑞典国王的弟弟埃里克·马格努松公爵(Duke Eric Magnusson)。后来,哈康五世的外孙马格努松七世(Magnus VII)在1319年先

① The Middle Ages:Three kingdoms and A Union (approx. 1050—1500) [EB/OL]. http://www. norden. org/en/the-nordic-region/history-of-the-nordic-region/the-middle-ages-three-kingdoms-and-a-union-approx. -105020131500. 2014-02-08.

② 孙琇. 北欧皇室:冰火传奇[M]. 北京:中国青年出版社,2013:19.

③ 汉萨同盟(Hanseatic League)是产生于维京时代的商业网络组织,负责运输货物的货船(longboat)首领充当了商人角色。几个世纪以前就在地中海地区开始兴起的欧洲长途贸易,于12—13世纪延伸到了北欧地区。组建汉萨同盟的德国商人充当了中间人的角色,地处波罗的海的吕贝克(Lübeck)成了北欧地区主要的商业和政治中心。参见:The Middle Ages:Three kingdoms and A Union (approx. 1050—1500) [EB/OL]. http://www. norden. org/en/the-nordic-region/history-of-the-nordic-region/the-middle-ages-three-kingdoms-and-a-union-approx. -105020131500. 2014-02-08.

④ STEARNS,PETER N. (ed.) The Encyclopedia of World History:Ancient, Medieval, and Modern, Chronologically Arranged (6nd Edition) [M]. Boston: Houghton Mifflin Harcourt. 2001:265.

⑤ Margaret I of Denmark [EB/OL]. http://www. princeton. edu/~ achaney/tmve/wiki100k/docs/Margaret_I_of_Denmark. html. 2014-02-12.

⑥ 刘立群. 列国志:冰岛[M]. 北京:社会科学文献出版社,2007:76.

后继承了挪威和瑞典的王位,于是挪威和瑞典进入了"共主"(personal union)①时代。哈康六世(Haakon VI)于 1343 年从马格努松七世手中继承了挪威王位,迎娶了丹麦国王瓦尔德马尔四世的小女儿玛格丽特。②

瑞典国王瓦尔德马尔·比格尔松(Valdemar Birgersson)在杀害了包括埃里克·马格努松公爵在内的两个亲兄弟被罢黜后,被迫于 1319 年让位给儿子马格努松·埃里克松(Magnus Eriksson),即马格努松四世(Magnus IV)。③④ 在马格努松四世时期,瑞典取得了对芬兰的控制权。在马格努松四世授意下,他的儿子挪威国王哈康六世于 1363 年迎娶了丹麦瓦尔德马尔四世的小女儿玛格丽特。⑤ 哈康六世先是于 1343—1380 年统治挪威,又于 1362—1364 年统治瑞典,⑥但是后来,汉萨同盟的首领小阿尔布莱克特(Albrekt Younger)夺得了政权,从而进入了梅克伦堡王朝时期。⑦

截至 1375 年,丹麦与挪威(含冰岛),已经因王室婚姻关系无法明显分清国家界限,而瑞典(含芬兰)显然是落入旁人之手,被他人篡权。历史的焦点全部集中到了玛格丽特身上,而现状也为三国下一步结盟奠定了深厚基础。

在 1375 年成功将儿子奥拉夫立为丹麦国王后,玛格丽特又于 1380 年在其丈夫挪威国王哈康六世去世后让奥拉夫继承了挪威的王位。可是,1387 年,年仅 17 岁的奥拉夫早逝,丹麦贵族和教会为了不让丹麦王权落入有德国血统的阿尔布莱克特(即瑞典现任国王,玛格丽特的姐姐和姐夫梅克伦堡亨利公爵之子)手里,决定推举玛格丽特为丹麦的全权统治和监护人。挪威于 1388 年又拥立玛格丽特为统治者并授予终身统治权。玛格丽特在名义上成为丹麦和挪威的共同君主。⑧ 1389 年,在福雪平(Falköping)战役

---

① 共主,是指两个或两个以上主权国家通过法律形式共同尊崇同一人为他们的国家首领,而结成的一种特殊关系。参见 http://simple. wikipedia. org/wiki/Personal_union. 2014-02-10.

② 田德文. 列国志:挪威[M]. 北京:社会科学文献出版社,2007:53.

③ 孙琇. 北欧皇室:冰火传奇[M]. 北京:中国青年出版社,2013:58-63.

④ 因为与挪威是"共主"关系,马格努松四世同时兼任挪威国王,在挪威则被称为马格努松七世,在上文中有提及。

⑤ [英]尼尔·肯特. 瑞典史[M]. 吴英,译,北京:中国大百科全书出版社,2010:28-30.

⑥ 孙琇. 北欧皇室:冰火传奇[M]. 北京:中国青年出版社,2013:34.

⑦ [英]尼尔·肯特. 瑞典史[M]. 吴英,译,北京:中国大百科全书出版社,2010:9.

⑧ 孙琇. 北欧皇室:冰火传奇[M]. 北京:中国青年出版社,2013:123.

中,她的军队取得了对阿尔布莱克特的胜利,并且成功地将后者俘获,①为此,瑞典也像丹麦和挪威学习,如法炮制地授权玛格丽特提名未来的国王。②

在玛格丽特的推动下,玛格丽特的养子埃里克(Eric)先是于1392年被挪威选为国王,后于1396年被瑞典和丹麦选为国王。紧接着在1397年6月17日在卡尔马(Kalmar)为这位年仅14岁的埃里克国王举行了加冕典礼,也宣示着政治联合体卡尔马同盟正式成立。③卡尔马条约规定3个王国共同拥戴一位君主,建立永久的联盟。同时,3个国家各自保持王国地位,内政也各自独立,地方的法律继续有效;只是在外交、军事和国防事务上,由共同推举的国王统摄大局。④尽管其中每一个国家的法律都截然不同,但在一个国家被判有罪的人,在其他两个国家也被视为有罪。⑤在文化上,卡尔马同盟进一步促进了北欧五国的融合,对于文化共识与传承发挥了重要作用。在北欧特定身份认同上,强化了北欧地区各国人民对区域共同体的身份认同,这种身份认同感有利于将来的合作与沟通。甚至时至今日,北欧国家很多合作的架构设计上,都可以找到卡尔马同盟的影子。

虽然在名义上埃里克是3个国家共同的国王,但是,实际上权力仍然掌握在玛格丽特手里,直到她1412年去世。⑥该同盟一直持续到1523年古斯塔·瓦萨(Gustav Vasa)当选为瑞典国王后,同盟才正式解散。⑦

---

① [英]尼尔·肯特.瑞典史[M].吴英,译,北京:中国大百科全书出版社,2010:30.
② [英]大卫·科尔比.芬兰史[M].纪胜利,等译,北京:商务印书馆,2013:9.
③ BO,ERIKSSON. Drottning Margareta-kvinnan bakom Kalmarunionen[EB/OL]. http://www. so-rummet. se/fakta-artiklar/drottning-margareta-kvinnan-bakom-kalmarunionen,2012-11-14/2014-02-13.
④ 孙琇. 北欧皇室:冰火传奇[M].北京:中国青年出版社,2013:35-36.
⑤ [英]尼尔·肯特.瑞典史[M].吴英,译,北京:中国大百科全书出版社,2010:31.
⑥ BO,ERIKSSON. Drottning Margareta-kvinnan bakom Kalmarunionen[EB/OL]. http://www. so-rummet. se/fakta-artiklar/drottning-margareta-kvinnan-bakom-kalmarunionen,2012-11-14/2014-02-13.
⑦ BO,ERIKSSON. Drottning Margareta-kvinnan bakom Kalmarunionen[EB/OL]. http://www. so-rummet. se/fakta-artiklar/drottning-margareta-kvinnan-bakom-kalmarunionen,2012-11-14/2014-02-13.

2. 斯堪的纳维亚货币同盟（Scandinavian Monetary Union，1873—1914）

斯堪的纳维亚货币同盟包括了现如今的丹麦、瑞典、挪威和冰岛四国。[①] 斯堪的纳维亚货币同盟一直持续了约 30 年时间，甚至挪威 1905 年脱离瑞典的独立事件也未对同盟产生破坏影响，反而是 1914 年第一次世界大战爆发导致的一系列社会动荡才迫使这一同盟逐步退出了历史舞台。

斯堪的纳维亚货币同盟产生的原因有三：一是在一定意义上，可以将斯堪的纳维亚货币同盟看成是推动统一的斯堪的纳维亚国家运动的一个成果。[②] 斯堪的纳维亚主义起源于 1829 年，认为源于共同的语言、政治、文化背景，主张北欧国家应建立一个统一国家。[③] 因此，在拥护斯堪的纳维亚主义统一的人看来，货币是建立统一国家必不可少的组成部分，同时统一的货币也对政治的统一提供了便利。二是北欧国家之间的贸易往来非常庞大，且呈增长趋势，原有货币体系造成了大量损失，并导致货币制度失灵。[④] 例如，在瑞典南部，丹麦货币非常盛行。但是由于国家间货币的复杂性和名称与重量的不兼容，导致在往来货币循环过程中，银行积压了大量他国货币。[⑤] 三是皮亚诺（Parieu）计划和法国坚持反黄金本位的失败，对斯堪的纳维亚货币同盟的创建也有一定刺激作用。法国政治家皮亚诺主张在国际通行货币的基础上，建立欧洲甚至全世界"文明国家"（civilized countries）的

---

① 当时冰岛附属于丹麦王国。而原本附属于瑞典的芬兰，因瑞典在与俄国的战斗中失败，被迫与俄国于 1809 年 9 月 17 日签订了《哈米纳协议》（Treaty of Fredrikshamn)将芬兰割让俄国，芬兰自此成为俄国的大公国，一直到 1917 年才摆脱俄国独立。详见：大卫·科尔比. 芬兰史[M]. 纪胜利，等译，北京：商务印书馆，2013：58-63.

② KRIM，TALIA. The Scandinavian Currency Union，1873—1924：Studies in Monetary Integration and Disintegration（博士学位论文）[D]. Stockholm：Stockholm School of Economics. 2004：46.

③ Scandinavianism [EB/OL]. http://www. scania. org/facts/poster/eng/ppic15. htm. 2014＝02-11.

④ KRIM，TALIA. The Scandinavian Currency Union，1873—1924：Studies in Monetary Integration and Disintegration（博士学位论文）[D]. Stockholm：Stockholm School of Economics. 2004：88.

⑤ XAVIER de VANSSAY. Monetary Unions in Historical and Comparative Perspective [EB/OL]. http://www. umar. gov. si/fileadmin/user_upload/konference/08/08_xv1. pdf(p16). 2014-02-21.

货币同盟。但是在 1867 年国际会议上遭到了英国和普鲁士央行的反对,这一计划也因此失败。

斯堪的纳维亚货币同盟经历了从民间推动到官方立法的一个过程。在民间推动的过程中,斯堪的纳维亚经济学家会议发挥了至关重要的作用。会议通常由知名学者、议会议员和工商界管理者参加。虽然会议并无官方权力,但是会议对参会各方的国家政治舞台产生了重大影响。①

1863 年召开的第一届斯堪的纳维亚经济学家会议,货币问题是议题之一。② 可见,货币问题一开始就是各国关注的焦点。之后,第二届经济学家会议于 1866 年 6 月 26 日在斯德哥尔摩召开,瑞典王子奥斯卡(Oscar)出席会议,进一步提高了会议的政治影响力。会议支持采取黄金作为新的货币体系,并希望采纳法国的铜锌锡合金作为国际记账单位。但是因为绝大多数参会代表反对,建立斯堪的纳维亚海关同盟的建议未获通过。③ 第三届经济学家会议于 1872 年夏天在哥本哈根举行,会议的唯一主题就是货币问题。与会方一致认同了金本位的优越性,只是在统一的国际记账单位出现了分歧。虽然瑞典的沃伦伯格(A. O. Wallenberg)与挪威的布洛赫(Broch)教授认为国际铸币既有优势也可行,但是遭到了丹麦中央银行行长米德·莱西(Mortiz Levy)的反对。④ 作为折中,会议最后作出结论意见:各国应尽快采纳金本位和十进位体系(decimal system),由丹麦、瑞典和挪威三国代表组成斯堪的纳维亚委员会,共同研讨建立斯堪的纳维亚货币的可能性。⑤ 作为对第三届经济学家会议急迫要求的回应,1872 年委员会组建成立。委员会对比了当时几种最小难度的贸易体系,于 1873 年形成最终报告:三国

---

① 类似会议在北欧五国的共同立法进程中同样存在,且同样发挥着重要作用。

② KRIM,TALIA. The Scandinavian Currency Union,1873—1924:Studies in Monetary Integration and Disintegration(博士学位论文)[D]. Stockholm:Stockholm School of Economics. 2004:56.

③ KRIM,TALIA. The Scandinavian Currency Union,1873—1924:Studies in Monetary Integration and Disintegration(博士学位论文)[D]. Stockholm:Stockholm School of Economics. 2004:56.

④ KRIM,TALIA. The Scandinavian Currency Union,1873—1924:Studies in Monetary Integration and Disintegration(博士学位论文)[D]. Stockholm:Stockholm School of Economics. 2004:72.

⑤ Skandinaviske Naturforskeres Mde. (ed.) Forhandlinger Ved De Skandinaviske Naturforskeres Mde[M]. Chareston:Nabu Press,2010:86.

应采纳金本位；创制新的国际记账单位克朗（Krona），1 克朗可分为 100 øre；这一新的货币应在三国具有法定货币地位；三国央行有义务接纳无限量的克朗和铸造的 øre 硬币，且须按面值。① 之后，丹麦和瑞典议会审议顺利，但是挪威议会却以少数多票予以否决。因此，丹麦和瑞典于 1873 年率先达成协议，可是挪威权衡之后在时隔两年后，也就是 1875 年又参与了进来。②

在实践中，三国央行保留完全的自主权，每家央行发行的金属硬币都是法定货币，在同盟体内按面值流通，且允许每家央行可以按面值开汇票。汇率比对中，以新的共同货币单位 100 克朗（øre）取代了 rigsdaler，而 rigsdaler 已经在三个斯堪的纳维亚国家通行，且有着固定汇率：1 挪威 speciedaler＝2 丹麦 rigsdaler＝4 瑞典 rigsdaler。③ 后来，由于 1914 年第一次世界大战爆发，导致民众发生了黄金挤兑风波，各家央行损失惨重，宣告金本位失败。先是瑞典央行于 1916 年 8 月 8 日宣布退出按面值交换黄金的机制，后来丹麦和挪威跟进。斯堪的纳维亚货币同盟逐渐退出了历史舞台。④ 当然，也有学者认为，斯堪的纳维亚货币同盟的衰败不仅仅是第一次

---

① KRIM，TALIA. The Scandinavian Currency Union，1873—1924：Studies in Monetary Integration and Disintegration（博士学位论文）[D]. Stockholm：Stockholm School of Economics. 2004：74-76.

② TERRI，MAPES. Currencies in Scandinavia：Which are the currencies used in Scandinavia？[EB/OL]. http://goscandinavia. about. com/od/moneytips/a/Currencies-In-Scandinavia. htm. 2013-11-20/2014-02-09.

③ BRAHIM，RAZGALLAH. Was the Scandinavian Monetary Union an Optimum Currency Area? A Generalised urchasing-Power Parity Approach[EB/OL]. http://economics. soc. uoc. gr/macro/11conf/docs/paper_SMU_razgallah. pdf，2014-02-23.

④ KRIM，TALIA. The Scandinavian Currency Union，1873—1924：Studies in Monetary Integration and Disintegration（博士学位论文）[D]. Stockholm：Stockholm School of Economics. 2004：174-175.

世界大战造成通胀的结果，也源于名义锚（nominal anchor）①模式的松散。②

斯堪的纳维亚货币同盟自 1873 年建立到 1914 年以前，都运转良好。学者德科（DeCeco，M.）甚至认为它是"当时欧洲货币同盟中最成功的一个"。③而且，也对北欧各国产生了很大影响。虽然如今货币同盟已经不复存在，但是各国货币的名称仍然都坚持了克朗的称呼，哪怕是建国时间最短的冰岛。

（二）紧密化、规范化：1900—1970 年历史④

在社会发展的过程中，同步伐的民主化进程为北欧国家进一步紧密化合作创造了又一个基础条件。挪威、丹麦和瑞典议会制政体分别于 1884 年、1901 年、1918 年建立。男女均等的普选权（universal suffrage）来得稍晚一些，芬兰是 1906 年建立，瑞典是 1921 年。所有国家都以多党制的议会体系为基础，政治体系也变得非常相似。⑤北欧国家也进入了新的合作阶段，即正常化、规范化。

1. 社会民主党跨国合作

作为脱胎于社会主义，且在 1900 年以后逐步掌握北欧各国政权的政党，北欧国家的社会民主党信奉马克思"全世界所有无产者，联合起来！"⑥

---

①　在名义锚模式下，政府以一定限度政府自治权为代价来保持经济的稳定性。例如，一国政府以他国货币为基准，减少了汇率的不确定性，但是政府也因此丧失了一些抗击通胀的能力或者改变货币供应的能力。参见 http://financial-dictionary. thefreedictionary. com/Nominal＋Anchor. 2014-02-07.

②　BRAHIM，RAZGALLAH. Was the Scandinavian Monetary Union an Optimum Currency Area? A Generalised urchasing-Power Parity Approach［EB/OL］. http://economics. soc. uoc. gr/macro/11conf/docs/paper_SMU_razgallah. pdf，2014-02-23.

③　DE，CECCO，MARCELLO. European Monetary and Financial Cooperation Before the First World War［J］，Rivista di Storia Economica，1992，9：67.

④　考虑到延伸性著作权集体管理制度出现于 20 世纪 60 年代，而本节采取宏观和历史的方法来梳理延伸性著作权集体管理制度何以在北欧国家全部出现，所以 1970 年以后北欧国家合作情况就不再赘述。而实际上，1970 年以后北欧国家合作更趋紧密。

⑤　Industrialisation，Democratisation And Nationalisation（approx. 1810—1920）［EB/OL］. http://www. norden. org/en/the-nordic-region/history-of-the-nordic-region/industrialisation-democratisation-and-nationalisation-approx. -181020131920，2014-02-10.

⑥　KARL，MARX＆FRIEDRICH，VON，ENGELS. Manifesto of the Communist Party［EB/OL］. http://www. marxists. org/archive/marx/works/1848/communist-manifesto/index. htm，2014-02-01.

的精神。自成立时起,不仅在国家内部保持与工人组织密切合作联系,而且也将这种密切联系推到了北欧国家之间。以挪威独立事件为例,瑞典社会民主党和挪威工党通过通力合作,在避免两国战争上作出了重要贡献。

1886 年,斯堪的纳维亚劳工运动协调委员会(Co-ordination Committee for the Scandinavian Labour Movement)在瑞典哥本哈根举行,会议的成果之一就是将三个斯堪的纳维亚国家的劳工运动合作固定下来。① 因第一次世界大战被迫中止后,在丹麦社会民主党主席和丹麦首相索瓦尔德·斯陶宁(Thorvald Stauning)的倡导下,1932 年 8 月 10 日重建并正式更名为北欧社会民主党工人运动联合会(Joint Committee of the Nordic Social Democratic Labour Movement,简称 SAMAK)。② 这一社会民主党合作组织致力于持续推动北欧模式,时至今日仍正常运转,且发挥着重要作用。③ 社会民主党在北欧国家之间的密切联系不仅仅体现在利用工人运动的影响在一国内部争取更大权益,还体现在甚至影响两国关系。

自 1814 年瑞典—挪威同盟成立后,挪威处于附属国的地位虽然享有较高自主权,但是无外交和最高政治决策权。19 世纪中期开始,挪威争取民族独立的意愿日渐强烈,开始了一系列抗争,由于在最关键的外交权方面无法达成一致,1895—1905 年双方进入了武装冲突一触即发的状态。④ 时任瑞典社会民主党主要组织人的亚尔马·布兰廷(Hjalmar Branting)⑤强烈反对对挪威动武。1905 年 2 月,瑞典社会民主党召开全党大会,会议也邀请了挪威工党代表。在两国问题上,挪威劳动党支持解散瑞典—挪威同盟。瑞典社会民主党人卡塔·达尔斯特伦(Kata Dahlström)发表了强调挪威独立权的经典演讲:"同盟仍将继续,连接两国工人的桥梁永远不会倒塌。"大会发表声明,支持挪威自决(self-determination),如果支持领土扩张的人主张用战争解决同盟分歧,瑞典社会民主党和挪威工党将采取一致行动来阻

① GERD, CALLESEN. Aspects of Internationalism at the Turn of the 19th/20th Century [EB/OL]. http://www. arbark. se/pdf_wrd/Callesen_int. pdf,2014-02-06.

② MARTIN, GRASS. The Strongest Bridge Between the Nordic Peoples: Scandinavian Archives and Collections [EB/OL]. http://www. arbark. se/wib/scandinavian-archives-and-collections. pdf(p3). 2014-02-05.

③ 参见该组织网站:http://samak-nordicmodel. org/.

④ 田德文. 列国志:挪威[M]. 北京:社会科学文献出版社,2007:62-63.

⑤ 布兰廷后来分别于 1920 年、1922—1923 年和 1924—1925 年任瑞典首相,是社会民主党出身任首相职务第一人,1921 年获得诺贝尔和平奖。

止这样背叛人民的行为。①

瑞典的贵族和军队高层坚持采取军事行动,希望借此教训挪威。瑞典社会民主党为此采取了拒绝服兵役和大规模罢工的形式,举行了多次全国会议和示威游行来维护和平。此时,布兰廷构思出了极其著名的口号"放开挪威,国王!"(Hands off Norway, King!)这一口号被瑞典和挪威的报纸广泛印刷,并刊载于10万多份的小册子中,效果非常震撼。有2万党员的斯科讷(Skåne)支部向挪威工党表达了"最热烈程度支持挪威人民争取独立的抗争"。并在报纸上宣传"瑞典工人将愿意与挪威联合起来,粉碎瑞典的独裁者",也不愿意维护瑞典上层社会的利益。抗议活动在一座又一座的城市展开,要求必须承诺停止发兵,否则警告将会引发国内革命。②

受迫于瑞典和挪威的国内形势,形势开始转好。在6月7日挪威议会宣布取消了瑞典奥斯卡二世(Oscar Ⅱ)兼任的挪威王位后,③6月20日,奥斯卡二世在特别会议上发表演讲,他认为瑞典应该严禁用武力实现不公正,这也被认为是战争不会一触即发的暗示。④ 8月13日,挪威举行全民公投,几乎全票赞成解除与瑞典的同盟。⑤ 瑞典和挪威双方于9月召开卡尔施塔德会议(the Karlstad Convention),11月1日挪威实现完全独立。⑥ 通过与挪威工党合作,瑞典社会民主党发动的劳工运动配合了挪威的独立抗争,成功地阻止了因挪威独立而行将发生的两国战争,从而改写了两国历史。

---

① JONATHAN, CLYNE. Kerstin Alfredsson and Lena Höijer, Norway-Sweden 1905:How the Labour Movement Prevented War[EB/OL]. https://www. marxists. org/history/international/social-democracy/sweden/war-1905. htm♯2,2014-02-13.

② JONATHAN, CLYNE. Kerstin Alfredsson and Lena Höijer, Norway-Sweden 1905:How the Labour Movement Prevented War[EB/OL]. https://www. marxists. org/history/international/social-democracy/sweden/war-1905. htm♯2,2014-02-13.

③ [英]尼尔·肯特. 瑞典史[M]. 吴英,译, 北京:中国大百科全书出版社,2010:170.

④ JONATHAN, CLYNE. Kerstin Alfredsson and Lena Höijer, Norway-Sweden 1905:How the Labour Movement Prevented War[EB/OL]. https://www. marxists. org/history/international/social-democracy/sweden/war-1905. htm♯2,2014-02-13.

⑤ Kvinneaksjon for unionsoppløsning[EB/OL]. http://www. arkivverket. no/manedens/aug2005/kvinneaksjon. html. 2014-02-11.

⑥ [英]尼尔·肯特. 瑞典史[M]. 吴英,译, 北京:中国大百科全书出版社,2010:170.

2. 北欧理事会(the Nordic Council)①进一步推动官方合作正常化

自 19 世纪晚期到第二次世界大战期间,北欧国家之间的交流与合作非常紧密,但大多是民间和半官方性质,已经越来越不能满足合作一体化需求,官方性质机构应运而生,这一机构就是北欧理事会。

建立于 1952 年的北欧理事会脱胎于北欧国会联盟(Nordic Inter-parliamentary Association),而北欧国会联盟由来自丹麦、瑞典和挪威的国会议员于 1907 年成立。因为参会人员都是来自各国不同领域的部长级别高官,北欧国会联盟在当时具有非常大的影响力。② 在第二次世界大战结束后,丹麦首相汉斯·海德托福特(Hans Hedtoft)在 1951 年 8 月 13 日举行的北欧国会联盟会议上建议成立一个固定磋商机构,这样北欧国家的议员们可以定期见面研讨。这一建议获得了丹麦、冰岛、挪威和瑞典四国的支持,四方在 1952 年签署了有关协议。1953 年 2 月 13 日,第一届北欧理事会在丹麦国会厅举行,提出北欧理事会理念的丹麦前任首相汉斯·海德托福特被选为第一届主席。受苏联影响,芬兰当时未参与进来,直到 1955 年斯大林去世后与苏联关系有所缓和时才加入北欧理事会。虽然在 1953—1955 年年间,芬兰并不是正式成员,但是只要芬兰政府和议会的代表愿意参加,北欧理事会依然准许。

北欧理事会是北欧地区官方性质的国会间合作组织,理事会由来自丹麦、芬兰、冰岛、挪威、瑞典 5 个国家和法罗群岛(丹麦)、格陵兰(丹麦)、奥兰群岛(芬兰)3 个自治区的 87 名国会成员代表组成。成员代表由上述国家和地区的保守党(Conservative Group)、中间党(Centre Group)、社会民主党(The Social Democratic Group)、左翼社会主义绿色党(Left-wing Socialist Green Group)、北欧自由党(Nordic Freedom)等指派,不再进行直接选举。北欧理事会日常工作由各专业委员会(包括文化教育和培训、居民

---

① 北欧理事会是为各国国会议员提供合作桥梁,而为政府间官员提供合作桥梁的是北欧部长理事会(Nordic Council of Ministers)。北欧部长理事会是北欧各国政府间进行合作的论坛,也在促进北欧各国合作中发挥着重要作用。虽然各国首相对北欧合作负全责,但是实际工作则下放到了行政部长身上。北欧部长理事会可以追溯到 1961 年成立的北欧部长发展委员会,聚焦于经济领域的合作,可是真正的建立是在 1971 年。彼时北欧部长理事会尚未正式成立,故本书不予介绍。有关北欧部长理事会具体信息,参见 http://www.norden.org/en/nordic-council-of-ministers.

② NANNA,KILDAL&STEIN,KUHNLE. Normative Foundations of the Welfare State:The Nordic Experience Oxon[M]. UK:Taylor & Francis,2005:72.

和消费者权益保护、环境和自然资源、商业和工业、福利、控制、选举等 7 个委员会)和政党团体负责。北欧理事会由秘书处(Secretariat)进行日常管理,同时在北欧各国议会也设有国别秘书处。由主席团(Presidium)负责运行,每年召集两次会议,分例行会议和专题会议两种。①

北欧理事会的目标是促进北欧地区立法事项的合作,它为北欧部长理事会提供建议事项,并呼吁北欧国家政府予以推进。在每年的例行会议上,部长理事会和各国政府要向理事会报告这些建议的落实措施和落实情况。② 所以,北欧理事会所做决议虽然不具有法定约束力,但对各国立法事项和有关问题决策影响颇深,在北欧合作过程中扮演着十分重要的角色。

北欧理事会成立后,推动北欧一体化进程明显提速。仅从 1953—1970 年的 17 年间,先后完成了如下重要事项:③ 一是建立了北欧劳工联合市场(The joint Nordic labour market)。北欧劳工联合市场于 1954 年 7 月 2 日正式生效,成为后来欧盟引以为傲的劳动力自由流动特色体系的先驱。而这一事项对于芬兰具有特别重要的意义,因为芬兰仍然受战争破坏和对苏联的巨额战争赔款而伤痕累累,劳动力的自由流动有利于经济快速恢复。二是建立了北欧护照联盟(Nordic Passport Union)。在 1952 年实现免护照自由通行(passport-free travel)的基础上,1958 年将其升级为北欧护照联盟,使得北欧居民到邻国旅游异常便利,这也成了现在《申根协定》(Schengen agreement)的先驱。④ 三是北欧社会保障公约(Nordic Convention on Social Security)实施。有关在北欧国家建立共同社会福利的议题正式于 1947 年在斯德哥尔摩北欧社会政治会议(Nordic Social Political Meeting)上由瑞典社会事务部长古斯塔夫·莫拉(Gustav Möller)

---

① About the Nordic Council [EB/OL]. http://www. norden. org/en/nordic-council/the-nordic-council. 2014-02-12.

② Finnish Delegation to the Nordic Council[EB/OL]. http://web. eduskunta. fi/Resource. phx/parliament/internationalorgans/finnishdelegationtothenordiccouncil. htx, 2014-02-20.

③ 主要整理自网站:http://www. norden. org/en/nordic-council.

④ 《申根协定》最早于 1985 年 6 月 14 日由法、德、荷、比和卢森堡五国在卢森堡小镇申根签订。协定规定:其成员国对短期停留外国人统一颁发申根签证,申请人一旦获得某个国家的签证,便可在签证有效期和停留期内在所有成员国内自由旅行。截至 2011 年申根成员国共 26 个。

提出,最后各方在 1955 年达成了北欧社会保障公约,[①]并付诸实施。四是推动北欧国家签署了《赫尔辛基条约》(Helsinki Treaty)[②]。《赫尔辛基条约》这一具有北欧"宪法"性质的文件,于 1962 年 3 月 23 日由各方签署,条约赋予了北欧理事会可以就有关北欧合作原则发表意见的权利。

二、紧密而有力的法律合作是延伸性著作权集体管理制度诞生的直接推动力

从横向看,法律合作属于北欧国家融合与合作历史的一个重要组成部分,从纵向看,北欧国家之间的法律合作又有着自己的发展历程。正是在这一法律合作发展的推动下,才促进了北欧国家著作权法产生的一致性,延伸性著作权集体管理制度作为著作权法中的一个具体制度才得以集体性呈现。

北欧国家有着共同割舍不开的历史、文化和几乎同步的民主化进程,这些是促进法律合作的重要影响因素。此外,还有两点重要因素:一是非常相近的语言。北欧各国虽然各有自己独立的语言体系,但是由于彼此沟通并不存在障碍,丹麦、挪威和瑞典的语言如此接近,他们可以彼此理解,不存在障碍。瑞典语是芬兰的官方语言,并且可以正常理解,并多半时间在芬兰法律界实践,尽管芬兰语是主要语言。同样,丹麦语可以在冰岛通畅理解。这是法律事项合作成功的主要前提因素之一。[③] 二是独特的国家关系。在1872—1970 年间,丹麦、瑞典一直保持独立国家状态。芬兰在 1809 年以前数解与瑞典属共主同盟关系,在 1809—1918 年间隶属于俄国,为俄国的大公国(Grand-Duchy),1918 年以后独立。但是芬兰隶属于俄国期间享有高度自治,保持自己的法律体系,且与瑞典的密切法律合作传统基本保留,无太多中断。挪威先是 1814 年以前与丹麦结盟为共主关系,后又在 1814—

---

① NANNA,KILDAL&STEIN,KUHNLE. Normative Foundations of the Welfare State:The Nordic Experience Oxon[M]. UK:Taylor & Francis,2005:86-87.

② 《赫尔辛基条约》在 1962 年由五国签署后,后又经过 1971 年 2 月 13 日、1974年 3 月 11 日、1983 年 6 月 15 日、1985 年 5 月 6 日、1991 年 8 月 21 日、1993 年 3 月 18日和 1995 年 9 月 29 日七次修订,目前一共 70 条,涵盖法律、文化、社会、经济、交通和交流、环境等方面的合作要求,并对合作方式和北欧理事会、北欧理事会部长会议具体机构组成和职责进行了规定。

③ ULF,BERNITZ. What is Scandinavian Law? Concept,Characteristics,Future[J]. Scandinavian Studies in Law,2007,50:16.

1905 年于瑞典为松散的共主联盟关系,最后于 1905 年完全独立,但是与丹麦同盟时就已经形成了高度统一的文化和法律一致性。冰岛自卡尔马同盟随挪威并入丹麦以后一直到 1944 年独立,好几个世纪一直受丹麦法律和制度管理,现代冰岛法律与丹麦有着惊人的一致。①

（一）法律合作的历史

北欧国家法律合作的历史最早可以追溯到 1872 年。第一届北欧法学家集会(Nordic Jurist's rendez-vous)于 1872 年召开,它开创了这一至今仍活跃的合作传统。法学家集会每年三次,这里聚集了北欧各国的知名法学家,在涉及共同利益事项的问题上进行沟通研讨,属于政府间合作(intergovernmental co-operation)框架之外的合作方式。在最初的几次会议之后,就特定议题的合作大会就在丹麦、挪威和瑞典立法机构之间举行。法学家集会的最初目标也比较简单,主要是交换理念、提高立法水平和促进贸易和谐化。这一合作具有非常大的现实意义,在 19 世纪剩下的 20 多年里,在汇票、支票、商标和海商等法律方面,丹麦、挪威和瑞典的立法在上述私法领域几乎一致。②

20 世纪初到第二次世界大战的几十年里,有关商品买卖、委托贸易、商务代理、商务旅行和合同等方面的法律纠纷出现。特别是合同法(Contracts Act),堪称早期斯堪的纳维亚国家立法合作的经典成果。它起草于 20 世纪的第一个 10 年,1915 年在瑞典、丹麦和挪威生效,10 年后芬兰加入。该法适用于所有北欧国家,内容非常一致。③ 第一次世界大战后合作更加深入,芬兰和冰岛也纷纷加入。这段时间,合作不仅在财产法,包括合同保险和债务证券等方面进一步拓展,还拓展到了非财产法领域,包括家庭法、破产法等。20 世纪 30 年代的北欧有关条约,也都分别对上述这些领域予以了体现。

第二次世界大战结束以后,北欧立法合作重新开启。在战后时期,或多

---

① ULF, BERNITZ. What is Scandinavian Law? Concept, Characteristics, Future [J]. Scandinavian Studies in Law,2007,50:16.

② BÅRD,SVERRE,TUSETH. Nordic Legal Cooperation and Its Impact on Legal Research [EB/OL]. http://www. aallnet. org/sections/fcil/grants-awards/FCIL-Schaffer-Grant/Docs-Vault/Tuseth-Nordic-Legal-Cooperation-and-Its-Impact-on-Legal-Research. pdf(p4),2013-07-15/2014-02-12.

③ ULF,BERNITZ. What is Scandinavian Law? Concept, Characteristics, Future [J]. Scandinavian Studies in Law,2007,50:20.

或少源于北欧国家合作的原因,各国立法大量出现。多个领域立法合作导致各国新立法的同一程度(the degree of identity)显著提高,几个国家的法律,如商品销售法、海商法、知识产权法基本一致。同时在民事侵权法等其他领域,合作也都处于非常紧密的状态。①

(二)法律合作的模式

除了北欧法学家集会这一最初创立的合作方式,在立法方面,按照历史发展的先后进程来看,一直到1970年,还包括如下几种方式:②

一是共同协作的各国独立委员会(Committees in the various countries)模式。这一模式最早出现于19世纪70年代,任务是在给定领域(如汇票法)完成起草立法建议。委员会有义务协调彼此观点,但是不起草联合建议。例如,丹麦和瑞典为在《财产买卖和互易法》(Acts on the Sale and Barter of Property)和《合同法》领域实现同步化和一致化,于1901年建立了委员会来起草合作性质的建议。后来《货物买卖法》(Sale of Goods Act)在1905—1907年间由瑞典、丹麦和挪威三国合作制订实施,三国相关法律基本一致,这一合作历史上的巨大成就具有很大示范效应。③

二是单一联合会(single joint committee)模式。有时,根据特定合作事项和领域的需要,在北欧国家一致同意的前提下建立由每个国家代表参加的单一联合会。其中,需要特别提及也是最具代表性的就是北欧著作权委员会(Nordic Committee on Copy),该委员会于1939年建立并正式运行。

三是直接交流(direct interchange)模式。这一模式更为普遍和非正式,因此存在也较久,即不同国家的公职人员在立法事项上进行不同频率和不同密切程度的直接沟通。这些沟通覆盖了立法的不同方面,从立法的全部计划,到起草文本的具体细节。在沟通和讨论形式上也会根据事项不同而有所不同,至于相对简单的事项,很多时候可能通过电话或书信即可。

四是政治层面(political level)合作模式。即在定期合作会议上,由各国司法部长就合作议题进行研讨。这一模式最早出现于1946年,先是由来

---

① SEVERIN,BLOMSTRAND. Nordic Co-operation on Legislation in the Field of Private Law[J]. Scandinavian Studies in Law,2000,39:59.

② SEVERIN,BLOMSTRAND. Nordic Co-operation on Legislation in the Field of Private Law[J]. Scandinavian Studies in Law,2000,39:61.

③ ULF,BERNITZ. What is Scandinavian Law? Concept, Characteristics, Future [J]. Scandinavian Studies in Law,2007,50:21.

自丹麦、挪威和瑞典的司法部长共同构建这一模式，芬兰和冰岛一段时间后也参加了进来。随着发展，每个国家派出两个代表组成的委员会也同时建立。后来委员会的主要任务是：持续监督立法，确保合作机会物尽其用，法律的一致性得到实现和保持。之后，这一协调的责任于1959年从该委员会转移到了每个司法部长的身上。

五是《赫尔辛基条约》合作模式。《赫尔辛基条约》的主要目的包括提高和强化北欧国家和人民在文化、法律和社会哲学方面的紧密联系，扩展北欧国家合作领域；实现北欧国家在尽可能多方面的管理一致性。因此，在合作事项第一部分，《赫尔辛基条约》就规定了六条法律合作方面的具体要求，推动北欧法律一体化。[①]

上述这些合作要求，连同其他领域的合作，要求北欧理事会、北欧部长理事会、首相会议、外交部长会议、其他部长级会议和特定合作性机构肩负起落实的责任（第40条）。这一法律合作模式，对各国立法合作和将合作成果尽快转化为国内立法施加了压力，也提供了动力，从而为北欧国家法律制度的一致性奠定了坚实基础。

（三）合作成果的落实方式

一是签署北欧国家之间的地区性国际条约。在北欧国家法学家和各国女权运动的推动下，20世纪20年代对婚姻家庭法进行了改革，[②]合作的成果在20世纪30年代以《婚姻家庭法条约》（Treaties on Family Law）的形式予以了体现。

二是先非正式国际协议后国内细化落实。这是一种更加通行的方式，是为了避免因国际条约而受到严格束缚。取而代之的是，就某法案达成通

[①] 第2条：任一北欧国家所起草的法律和法规，其他国家公民必须享有本国公民同等的地位，除宪法规定的公民权利、其他必要国际义务、特殊合理原因外，这一条适用于本协议具有司法效力的所有合作领域；第3条：各缔约国应竭力为任一北欧国家的公民在他国获取公民身份提供便利；第4条：各缔约国应继续在法律领域加大合作，努力在私法领域实现最大限度的一致性；第5条：各缔约国应当在刑事犯罪和违法惩罚领域寻求建立统一的法规，一国认为是刑事犯罪的行为，只要环境许可也可在其他国家进行侦查和起诉；第6条：除上述提及的领域，各缔约国亦应在其他有关领域实现立法的协调一致；第7条：各缔约方应努力保障，其他北欧国家法庭或其他类型公共机关所做的决定在本国领域内获得贯彻实施。

[②] NANNA，KILDAL&STEIN，KUHNLE. Normative Foundations of the Welfare State：The Nordic Experience Oxon[M]. UK：Taylor & Francis，2005：70.

用语言(a common wording)表述的稍微非正式协议,在没有国际义务需要承担的前提下,再在每个国家贯彻。这种方式更加灵活,缺点是使得一国的政府或者议会可以偏离协议约定语言(agreed wordings),或者避免了承担协议的全部义务。

三是签署框架协议。即由国家缔结框架协议,框架协议约定了将框架协议内容和措辞落实到国内法的义务。例子之一就是《1977年北欧国家关于在私法领域承认和执行外国判决的合约》(the Nordic Treaty of 1977 on the Recognition and Enforcement of Foreign Decisions in the field of Private Law)。[①]

(四)延伸性著作权集体管理制度的统一出现

北欧国家法律合作的黄金时代是1950—1970年。这段时间,一批高质量和先进性的立法成果在很多重要法律领域出现,包括侵权法、公司法和几乎所有的知识产权法。[②] 作为同一程度非常高的合作成果,各国的知识产权法在内容上也基本一致。[③] 著作权法作为重要成果之一,也出现于此阶段。

无论是古代、近代,还是在现代史上,瑞典和丹麦在北欧地区都扮演着非常重要的角色。从国与国之间共主同盟中霸主地位的确立,到国与国合作领头羊身份的归属,瑞典和丹麦都走在其他北欧国家的前面。在涵盖延伸性著作权集体管理制度的著作权法立法上,瑞典则又起到了领军作用。在北欧国家致力于制定统一著作权法的立法合作过程中,瑞典1956年关于著作权法的准备材料实际上充当了为其他国家国内立法提供素材来源的地位,起到了示范模板的价值。[④] 作为著作权立法合作的重要成果,延伸性著

---

① SEVERIN,BLOMSTRAND. Nordic Co-operation on Legislation in the Field of Private Law[J]. Scandinavian Studies in Law,2000,39:60-61.

② ULF,BERNITZ. What is Scandinavian Law? Concept, Characteristics, Future [J]. Scandinavian Studies in Law,2007,50:24-25.

③ SEVERIN,BLOMSTRAND. Nordic Co-operation on Legislation in the Field of Private Law[J]. Scandinavian Studies in Law,2000,39:60.

④ TUOMAS, PÖYSTI. Scandinavian Idea of Informational Fairness in Law—Encounters of Scandinavian and European Freedom of Information and Copyright Law [J]. Scandinavian Studies in Law, 2007,50:223.

作权集体管理制度得以于 20 世纪 60 年代在北欧国家设立。[①]

在具体时间上,北欧五国著作权法基本都在 20 世纪 60 年代初完成了法典化。其中,因为瑞典起步较早,成文化的著作权法也最早,瑞典《著作权法》于 1960 年以 729 号令形式颁布。丹麦、挪威和芬兰三国稍迟一些,在一年后的 1961 年颁布实施了各自的《著作权法》。最晚的是冰岛,其《著作权法》是 1972 年 5 月 29 日以 73 号令形式颁布。精确来说,延伸性著作权集体管理制度并非在 20 世纪 60 年代出现于全部北欧国家,20 世纪 70 年代北欧五国方才全部建立了这一制度。

第三节　延伸性著作权集体管理
在北欧国家的共性与个性

瑞典《著作权法》最新修订于 2011 年 4 月 1 日,也是迄今为止北欧五国有关著作权法领域的最新版本。按时间先后顺序,挪威、丹麦、冰岛、芬兰四国《著作权法》最新修订的时间分别为 2006 年 12 月 22 日、2010 年 2 月 27 日、2010 年 4 月 21 日、2010 年 4 月 30 日。除挪威外,其他四国都在 2010-11 年进行集中修订。本节,我们将以北欧五国《著作权法》中延伸性著作权集体管理的最新规定,对延伸性著作权集体管理在北欧五国的共性与个性进行梳理。

一、北欧五国延伸性著作权集体管理的法律规定

(一)瑞典《著作权法》关于延伸性著作权集体管理的规定

瑞典《著作权法》专门设置了独立的第三章对延伸性著作权集体管理进行规定,也是北欧五国中规定最为全面的国家。

第一,适用延伸性著作权集体管理的一般性规定,主要体现在该法第 42a 条,具体包括:

(1)当代表某领域相当数量作者的集体管理组织已经就作品特定使用方式签订完毕使用协议,那么延伸性著作权集体管理可适用于第 42b-g 条所指向的作品使用方式。延伸性著作权集体管理授予了使用者在协议范围内使用作品的权利,即使集体管理组织并未代表上述作品的作者。

---

① JAN,ROSEN. Administrative Institutions in Copyright Notes on the Nordic Countries[J]. Scandinavian Studies in Law,2002,42:165.

（2）根据第 42c 条的规定使用作品，集体管理组织必须与使用人签订协议，且使用人必须以组织的形式将作品用于教育活动。

（3）根据第 42e 条的规定使用作品，作者有权获得补偿。

（4）根据第 42b 条、第 42c 条、第 42d 条、第 42f 条或者第 42g 条的规定使用作品，如下内容均可适用：作品使用的条件根据使用协议设定；就协议约定的补偿和集体管理组织支付的其他必要收益，作者与集体管理组织会员享有同等地位；自作品被他人使用之日起 3 年内，作者一直享有要求补偿的权利，对此不得存有歧视，但是只可直接向集体管理组织提出补偿的请求。

（5）如果反对使用者按照第 42f 条使用作品，有关补偿请求只可由签约集体管理组织提出，且所有此类请求须同时一并提出。

第二，规定适用延伸性著作权集体管理的特别情形或条件，主要体现在该法第 42b 条、第 42c 条、第 42d 条、第 42e 条、第 42f 条、第 42g 条，具体包括：

第 42b 条（公共机构、企业和其他组织复制作品的规定）：

（1）国会、负责制定决策的市政议会、政府和市政机构以及企业和其他机构，基于满足活动范围内的信息需要，可以对已经发表的文学作品和美术作品进行影印复制。此时，第 42a 条的规定对该情况适用。

（2）如果作者已经向签约方发出了禁止复制的通知，则本条第 1 款不再适用。

第 42c 条（在教育活动范围内复制作品的规定）：

（1）基于教育目的可以对已经发表的作品进行复制，此时，适用第 42a 条延伸性著作权集体管理的规定。复制品只可用于使用协议约定的教育活动，这一协议构成了适用延伸性著作权集体管理的基础。

（2）如果作者已经向任一签约方发出了禁止复制的通知，则本条第 1 款不再适用。

第 42d 条（档案馆和图书馆基于一定可能性向公众传播作品的规定）：

（1）根据第 16 条第 3 款［政府和市政档案馆、由公共机构运行的科学和研究图书馆、公共图书馆］、第 4 款［政府在特定情况下可以指定其他档案馆和图书馆享有复制权］，档案馆和图书馆可以按照第 42a 条延伸性著作权集体管理的规定获准进行如下行为：

一是出于安全考虑不能提供原件的情况下，除计算机程序外可以将单一文章或少部分作品复制后交予借阅者；二是根据第 16 条第 1 款第 2 项

[出于安全考虑但又能满足借阅者对单一文章、作品摘录或寻找素材的需求]将复制品分发给借阅者,而不是第16条第2款[出于向公众提供复制品目的而在其他情况和传播作品时,是否具有延伸性集体管理效应要受第42d条约束]。

(2)如果作者已经向任一签约方发出了禁止公众传播或者分发的通知,则本条第1款不再适用。

第42e条(关于广播和电视传播的规定):

(1)基于政府决策,广播和电视组织有权在特定情况下传播已经发表的文学、音乐和美术作品,此时,适用第42a条延伸性著作权集体管理的规定。

(2)本条第1款不再适用于舞台作品,也不适用于其他作品而作者已经向集体管理组织发出了禁止通知或有其他特殊原因可以推测作者会反对传播的情形。根据第42f条的规定,本条第1款也不适用于上述作品的再传播。

(3)就通过卫星传送而言,延伸性著作权集体管理仅适用于广播和电视组织同时通过地面发射器传播的情形。

第42f条(广播或电视作品再传播的规定):

(1)任何人都有权同时在不改变作品形式的情况下,将无线广播或电视传播作品的一部分通过无线或有线的方式传播或再传播给公众,假定第42a条关于延伸性著作权集体管理的规定适用于此。

(2)本条第1款不适用于再传播权属于初次传播行为广播和电视组织的情形。

第42g条(广播或电视作品再使用的规定):

(1)在第42a条延伸性著作权集体管理适用的情况下,广播或电视组织可以向公众传播已经发表的作品,前提条件是作品构成了广播或电视组织自身产品的一部分,或者是组织已经在2005年7月1日以前传播过的作品。广播或电视组织出于传播的必要目的,也可以对上述作品进行复制。

(2)如果作者已经向任一签约方发出了禁止传播或者再复制的通知,或有其他特殊原因可以推测作者会反对作品此种使用时,则本条第1款将不再适用。

(二)丹麦《著作权法》关于延伸性著作权集体管理的规定

丹麦《著作权法》在第50条至第51条规定了延伸性著作权集体管理的条款。

第一,适用延伸性著作权集体管理的一般性规定,体现于该法第50条,

具体包括:

(1)如果使用人已经与丹麦国内特定类型作品相当数量作者组成的集体管理组织签订了使用协议,那么延伸性著作权集体管理可以适用于第 13 条[用于教育活动的复制]、第 14 条[商业企业等内部使用目的的复制]、第 16b 条[公众类图书馆数字化复制]、第 17 条第 4 款[政府等非营利组织聋哑人士对广播或电视作品的录制]、第 24a 条[已公开艺术作品的复制]、第 30 条[DR 等国有广播或电视公司对已发表作品的传播]、第 30a 条[DR 等国有广播或电视公司对作品的复制]和第 35 条[广播或电视作品的再传播]情形。

(2)在特定领域内,使用人与丹麦领土内某特定类型作品相当数量作者组成的集体管理组织签订了使用协议,则延伸性著作权集体管理适用于此种情形。但是,如果作者已经向任一签约方发出禁止使用其作品的通知,则不能适用延伸性著作权集体管理。

(3)延伸性著作权集体管理实质是赋予了使用人使用非集体管理组织会员作品的权利,但使用人仅可依据与集体管理组织达成许可协议约定的方式和条件进行使用。

(4)著作权人组织签署前述第(1)款、第(2)款所指的协议时,必须得到文化部部长就在特定领域内签署协议的许可。文化部部长可以在特定领域内将准许决定授予一个联合集体管理组织,这一联合集体管理组织由符合第(1)款、第(2)款要求的数个组织所组成。

(5)对于前述第(4)款,文化部部长应就著作权集体管理组织取得准许的程序制定细则。

第二,规定适用延伸性著作权集体管理的情形或条件,体现于该法第 51 条。具体包括:

(1)依据第 50 条规定使用作品,著作权人集体管理组织关于会员补偿分配的规则同样适用于非会员。

(2)非会员作者享有单独报酬请求权,这一请求权既非来源于集体管理组织与使用人的协议,也不是来源于集体管理组织补偿分配的规则。但是,报酬请求权只能直接向集体管理组织提出。如果双方不能就补偿额度达成一致,任何一方均有权将争议提交本法第 47 条规定的版权许可仲裁庭。

(3)按照第 50 条第(4)款获得准许的集体管理组织,根据第 35 条[广播或电视作品的再传播]规定要求补偿时,补偿请求应同时向使用者提出。

(4)根据第 49 条[非商业目的为盲人录制文学作品、教育用途汇编作品、向公众传播录音制品]要求补偿时,应当比照本条第(1)款、第(2)款的规定。

第三,规定延伸性著作权集体管理的纠纷解决机制,体现于该法第 52 条,具体包括:

(1)如果未能达成本法第 13 条第(1)款、第 14 条、第 16b 条、第 17 条第(4)款、第 24a 条和第 30a 条项下协议,任何一方当事人都可以提出调停申请。

(2)如果一方停止谈判或者拒绝谈判,或者谈判明显不能达成任何结果,任何一方都可以提出调停申请,且申请须向文化部部长提出。

(3)调解结果由文化部部长任命的调解员做出。调解协议应尽可能以当事人提出的解决建议为基础。调解员也可以建议当事人选择仲裁方式解决争议,并会参与其中,担任仲裁员。

(4)调解员可以提出争议解决的方案,并可要求将该方案递交当事人,由有决定权机构在规定的时间内做出是否采纳的决策。调解员应将调解结果告知文化部部长。

(5)调解员可以决定具有延伸性著作权集体管理效果的使用协议在其期满或在调解过程中期满之后仍然有效。但是,协议延长的期限不得超出如下时间点两周:当事人最后达成一致调解意见或进一步申请仲裁意见,或者调解员已经被通知不可能达成上述意见。

(6)正在担任和曾经担任调解员身份的人员,未经授权不得披露或利用在调解过程中所获得的知识。

(7)文化部部长可以制定与调解员调解工作有关的费用细则。

(三)挪威《著作权法》关于延伸性著作权集体管理的规定

挪威《著作权法》第 36 条、第 37 条、第 38 条、第 38a 条对延伸性著作权集体管理进行了规定。

第一,适用延伸性著作权集体管理的情形或条件,体现于该法第 36 条:

(1)根据第 13b 条[复制作品应用于教育活动]、第 14 条[个人机构和商业企业等在自身活动范围内复制已发表作品]、第 16a 条[档案馆、图书馆和博物馆复制已发表作品]、第 17b 条[为残障人士复制已发表电影、图片或广播节目]、第 30 条[NRK 和其他国王指定广播机构传播已发表作品]、第 32 条[NRK 和其他广播机构传播新节目或可私人定制服务作品]、第 34 条[广播电视作品的再传播],使用人与第 38a 条[具有延伸性效果的集体管理组织条件]规定的集体管理组织已经签订了使用协议后,有权按照协议约定的相同领域和方式对非集体管理组织会员的作品进行使用，即使用协议产生了延伸效力。本条仅适用于与协议条文一致的使用。本条对于广播组织拥有的自身广播权利不适用。

（2）就第34条作品的再传播而言，本条第1款第一句和第二句所指的协议协商，或者与广播组织就协议进行的协商在被拒绝或者协商开始后6个月内未达成一致意见，任何一方都可以请求获许使用，再传播的条件由第35条第2款[国王发布关于委员会的规则]设定。本条第1款的规定同样适用于上述情况。

第二，规定了平等补偿和著作权集体管理组织特别条款，体现于该法第37条和第38a条：

第37条：（1）根据第36条使用作品，不管协议如何约定，委员会或者集体管理组织因上述使用接受补偿后在决定收取和分发补偿时应当将非会员著作权人包括在内。在分享主要来自于补偿的基金和收益方面，非会员著作权人享有与会员著作权人同等的权利。

（2）除本条第1款规定外，非会员著作权人只要能够证明他的作品被使用，根据第36条亦应将补偿支付给他。关于获得补偿的请求应当自作品被使用3年期满内提出，且须直接向根据第36条收取补偿的集体管理组织提出。任何一方均有请求按照国王制定的补偿额度获得补偿。

第38a条：（1）第36条第1款所指的使用协议，应由代表丹麦领土内某领域作品相当比例作者的集体管理组织签订，且该集体管理组织由文化部部长认可。对于特定领域内作品的使用，国王可以选择支持著作权人组织的联合形式。

（2）国王可以就集体管理组织和收取补偿并拟分发的基金监管方面，制定更详尽的规定。

第三，规定了纠纷解决机制，体现于该法第38条：

（1）如果第13b条、第14条、第16a条、第17b条、第30条和第32条所指的协议并未签署，任何一方都可根据国王制定的条例提请调停。此时视为双方对第35条第1款[国王制定不支付补偿不得使用的条例]所规定的复制许可和条件都予以认可。这一决定与第36条第1款所指的协议具有相同效力。

（2）第13b条、第14条、第16a条、第17b条、第30条和第32条所指的协议各方对协议在理解上存在分歧时，理应由第35条第1款所指的条例来解决。

（3）如果使用人未能与广播组织就第13b条、第14条、第17b条涵盖的广播节目签订许可协议，应适用本条第1款第1句和第2句的规定。如果关于协议的理解出现分歧，则应适用本条第2款的规定。

（四）芬兰《著作权法》关于延伸性著作权集体管理的规定

相对于瑞典、丹麦、挪威的多条款内容，芬兰《著作权法》只在第26条对延伸性著作权集体管理进行了规定。但该条共有5款，该5款分别从一般性规定（第1款）、著作权集体管理组织监管规定（第2款、第3款、第4款）、个体赔偿权（第5款）等方面对延伸性著作权集体管理进行了规定：

（1）本法关于延伸性著作权集体管理的规定应当适用于使用人与集体管理组织达成了一致协议的情形，该集体管理组织应获教育部部长的许可，并在某领域代表了芬兰领土内作品庞大数量的作者。因延伸性著作权集体管理而获准的许可，可以使用相同领域内非集体管理组织会员的作品，但内容仍由原协议决定。

（2）教育部长应当限定集体管理组织的授权期限，最长不超过5年。将要获得准许资格的集体管理组织必须满足财务和运行的先决条件，以及具有管理事务的能力。每年，集体管理组织都要向教育部部长提交报告来表明它已经采取了有效措施来满足准许的决策要求。在只有通过数个作者集体管理组织联合形式才具代表性的情况下，集体管理组织必须能够代表不同领域作品相当比例的作者，在这些领域中，作品按规定可以适用延伸性著作权集体管理。当几个集体管理组织获准为既定用途作品提供许可，有关准许有必要同时发出，且措辞内容应保持一致。对于集体管理组织整体而言，关于准许的决定应当包含指导延伸许可方面实务性的内容。

（3）在有关争议未经生效判决解决以前，教育部部长针对有关申请应暂停作出决定。如果集体管理组织犯有严重或次数较多的违规，或者疏于职守导致违背准许决定及其内容要求，且经警告后仍未在运行中进行整改，那么准许决定也可能被撤销。

（4）本条第（1）款所指的集体管理组织，可以就其收取的作品复制、广播或传播补偿费如何在其所代表的作者之间进行分配，或者基于作者共同利益目的对如何使用上述补偿费制订规则，该规则同样适用于非会员作者。

（5）即使本条第（4）款①所指的规则未就会员作者的单独补偿权作出规定，但是非会员作者应有权主张单独补偿。补偿费由本条第（1）款所指的集体管理组织支付。如果作者在作品被复制、广播或传播行为发生3个公历年度内不能提供有效证明，单独补偿权则因期满而失效。

（五）冰岛《著作权法》关于延伸性著作权集体管理的规定

冰岛《著作权法》也仅用第15a条一条对延伸性著作权集体管理进行了规定，相对于北欧其他四国，内容最为粗糙。该条共4款，分别从一般性规定（第1款）、著作权集体管理组织约束性规定（第2款、第3款）、补充性规定（第4款）对延伸性著作权集体管理进行了规定：

（1）代表大部分冰岛作家权益的集体管理组织，同时取得教育科学文化部部长认可后，基于商业目的，任何人不仅可因与其签订协议从而取得影印或类似方式复制作品的许可，而且也有权采取同样的方式复制作品而无须每次都征得作者的明示同意，即使该作者并非集体管理组织的会员。任一作者也都可以通过书面声明的形式，禁止根据本款复制其作品。

（2）本条第（1）款所指的著作权集体管理组织，应当遵循与教育科学文化部长商定的法规，且遵从教育科学文化部长的准许决定。作为使用协议的签署方，集体管理组织有权收取全部的复制费用，包括会员和非会员作者。集体管理组织制订的规则应当包括版权使用费的分配，规则应当赋予非会员在补偿费方面享有与会员同样的权利。

（3）本条第（1）款所指的著作权集体管理组织，负有接受非会员著作权人要求支付复制补偿权的义务，并且这些补偿请求也只可向集体管理组织提起。本款所指的请求权，在获许的复制行为发生4年后将因期满而失效。有关请求权争议应由第57条［裁决委员会的构成］所指的裁决委员会处理。

（4）教育科学文化部部长应当制定更加具体的细则来落实本条。特别是，细则可以进一步拓展本条的适用范围，将已发表的用于数据库的计算机可读复制品纳入进来。

二、延伸性著作权集体管理在北欧五国的共性与个性

根据上述北欧五国最新《著作权法》关于延伸性著作权集体管理制度的

---

① 英文原文指向是第（3）款，但是第（3）款并未就集体管理组织补偿费分配和使用作出任何规定，因此此处实际指向应为第（4）款。

立法内容,我们可以从实证角度归纳出该制度在五国的共性与个性。

(一)北欧五国延伸性著作权集体管理的共性

第一,适用延伸性著作权集体管理的前提条件相近。具体体现为:

其一,存在具有代表大量著作权人的集体管理组织。这一条件实际包含了两层含义,一是集体管理组织必须能够"代表"著作权人。曾任 WIPO 副总干事、现任匈牙利著作权委员会主席的米哈伊·菲彻尔(Mihály Ficsor)认为"集体管理组织必须源自于自愿的基础之上",[①]这也恰好是对"代表"的最佳诠释。集体管理组织合法性的基础在于其成立系由著作权人出于维护共同利益的意愿组建,而组建后的著作权人是基于自愿加入成为其中的一员。虽然随着集体管理组织逐渐从成员亲力亲为到逐渐转向专业化运作,集体管理组织有了自身的独立性,但是集体管理组织系因维护著作权人利益而设的初衷与精神不变,其自始至终是接受著作权人委托从事维护著作权人权益之事项。二是集体管理组织必须能够代表"特定领域大量"的著作权人,这是对领域和数量的要求。[②] 首先,集体管理组织只能代表特定领域的作者,而不是所有领域。当然,并不一定仅限于某一个领域。如芬兰版权管理协会(Kopiosto)就是由 45 个文化和传媒方面的机构组成的伞状组织(umbrella organisation),代表着艺术家、作家和出版商等几个领域著作权的权利。[③] 其次,数量上有一定要求,必须是可以代表大量著作权人,而不是少量即可。瑞典和丹麦《著作权法》上用的是"a substantial number of",挪威是"a substantial part of",芬兰是"numerous of",冰岛是

---

① MIHÁLY FICSOR. Extended Collective Licensing Arrangements And Their Practicability For Dealing With Orphan Works[EB/OL],http://www.cepic.org/sites/cepic/assets/Extented_Collective_Licensing_Arrangements_0.pdf(p5),2009-06-05/2013-11-10.

② Anna Vuopala 认为不许可集体管理组织具有国际代表性{参见 ANNA,VUOPALA. Extended Collective Licensing—A solution for facilitating licensing of works through Europeana,including orphans? [EB/OL],http://www.copyrightsociety.fi/ci/Extended_Collective_Licensing.pdf(p14)},但是以芬兰《著作权法》第 26 条第 1 款关于集体管理组织的规定为例,其原文为"which represents,in a given field,numerous authors of works used in Finland",也就是说作品用于芬兰国土以内的作者,集体管理组织都可以代表,而不以作者国籍为限。这实际赋予了集体管理组织一定的国际代表权利。

③ Kopiosto in Brief[EB/OL]. http://www.kopiosto.fi/kopiosto/kopiosto_in_brief/en_GB/kopiosto_in_brief/,2014-02-01.

"a significant portion of",可见数量要求都相对较高。

其二,集体管理组织与使用人之间存在使用协议。即"代表"著作权人利益的集体管理组织与使用人签订了确实能够"代表"著作权人利益的使用协议。使用人和集体管理组织之间应当有充分的谈判过程,是以自由协商为基础的集体使用协议。[①] 协议中应包括使用人可以使用的作品类型、使用方式、期限、费用等内容,集体管理组织作为维护著作权人权益的代言人,在谈判中尽可能争取著作权人的利益最大化。

第二,使用人与集体管理组织签订的使用协议具有延伸效力。在延伸性著作权集体管理制度中,延伸所指的对象实则为使用协议,这也可以从延伸性著作权集体管理的英文字面含义中探知。延伸性著作权集体管理的英文为"extended collective license",按字面翻译过来是"延伸性集体许可"。其中,"license"意为"许可",但此许可不同于公共行政管理事务中的许可,而是使用人与集体管理组织之间达成的"使用许可协议";"collective"意为"集体性的、共同的",是指集体管理组织作为拥有众多著作权人会员的机构,所签署协议可以覆盖所有会员,因而具有了集体的色彩。所以,延伸性著作权集体管理实际是将已经存在的"集体许可协议"(collective license)进一步延伸(extend),使之可以延伸适用于第三方非会员著作权人。

根据合同的相对性原则,协议体现了双方当事人的共同意志,理应只能约束双方当事人,而不能约束第三方。集体管理组织作为会员著作权人集体利益的机构,其签署的使用协议自然也对会员著作权人发生效力,但是非会员著作权人既未加入集体管理组织也未授权集体管理组织代为行使权利,缘何使用协议也对非会员著作权人生效?这显然不能为基本法理和逻辑所理解和解释。对意思自治空间的挤压只能来源于法律的强制性规定,正因为如此,五国《著作权法》都以法律的形式确立了延伸性著作权集体管理制度,并通常要求集体管理组织具有较高的代表性和强制得到国内政府的认可,这实则是在弱化对非会员著作权人的抵触,从情感上加强这一制度的合理性。

第三,使用人被许可使用的方式都包括复制。复制权可以说是著作权

---

① JOHAN,AXHAMN&LUCIE,GUIBAULT. Cross-border Extended Collective Licensing:A Solution to Online Dissemination of Europe's Cultural Heritage?[EB/OL],http://www.ivir.nl/publicaties/guibault/ECL_Europeana_final_report092011.pdf(p vii),2011-08/2014-01-09.

人财产权利中最基本和最重要的一项权能。著作权的英文单词"copyright"也充分说明了这一点,复制权甚至是著作权得以诞生的根源。在延伸性著作权集体管理制度中,复制也是使用人最重要的使用方式。北欧五国《著作权法》中,都明确规定了何种情况下使用人可以被集体管理组织授权而不必经非集体管理组织会员同意而以复制方式使用作品的情形。

瑞典《著作权法》分别在第 42b 条、第 42c 条、第 42d 条规定了市政和企业等机构、教育机构、档案馆和图书馆以复制方式使用作品的权利;丹麦《著作权法》分别在第 13 条、第 14 条、第 16b 条、第 17 条第 4 款、第 24a 条、第 30a 条规定了教育机构、商业企业等机构为内部使用目的、公众类图书馆机构、政府等非营利组织为聋哑人士目的、对象为已公开艺术作品、DR 等国有广播或电视公司的复制权利;挪威《著作权法》第 13b 条、第 14 条、第 16a 条、第 17b 条分别规定了教育机构、个人机构和商业企业等在自身活动范围内、档案馆和图书馆以及博物馆、为残障人士目的等可以复制有关作品的权利。芬兰《著作权法》第 26 条第(4)款规定"集体管理组织可以就其收取的作品复制、广播或传播补偿费如何在其所代表的作者之间进行分配,或者基于作者共同利益目的对如何使用上述补偿费制订规则,该规则同样适用于非会员作者",其中也包含了复制这一使用方式;冰岛《著作权法》第 15a 条则只规定了使用人复制使用作品的权利。

第四,在补偿费的分配上,非会员著作权人与会员著作权人处于同等地位。在经过著作权人允许的情况下,使用人可以与著作权人就是否支付补偿费以及补偿费的多少进行商定。而在未经著作权人许可,使用人侵权使用著作权人作品的情况下,补偿费更是著作权人事后几乎唯一的救济手段。此时,著作权人或者可以与使用人商谈确定补偿费金额,或者可以起诉寻求司法机关对其主张的支持,自由意志色彩依然较为浓厚。在延伸性著作权集体管理制度下,非会员著作权人被动放弃了上述权利的同时,又获得了与会员同等获得补偿的地位,可以说既是对私权空间的约束,也是对经济权利的保障。相应的规定可分别见于瑞典《著作权法》第 42a 条第 1 款第 4 项、丹麦《著作权法》第 51 条第(1)款、挪威《著作权法》第 37 条第 1 款、芬兰《著作权法》第 26 条第(4)款、冰岛《著作权法》第 15a 条第 2 款。因此,除了选举、参与决策和制定规则等"政治性"权利外,非会员与会员在补偿费的获取上有着相同的地位。当然,所发放的补偿费是在扣除了集体管理组织日常管理费用之后所余部分,而不是所收取的全部。

（二）北欧五国延伸性著作权集体管理的个体性

第一，非会员著作权人有无退出权规定不同。在延伸性著作权集体管理制度中，同等待遇原则、退出权和个体补偿请求权是对外部人（非会员）的重要保障措施，[①]也是这一制度的主要特征。但是，北欧五国并非每个国家都为非会员提供退出的机会。最早设立延伸性著作权集体管理制度的瑞典，在个别情形下已经取消了作者哪怕是理论上的退出权。瑞典《著作权法》第 42e 条和第 42e 条关于广播和电视传播和再传播的规定中，并无其他条款赋予作者声明禁止的权利，因此，在这两种情况下，作者无权选择退出。更激进的是挪威和芬兰，两国《著作权法》关于延伸性著作权集体管理的规定则根本未设置退出权。只有丹麦和冰岛两国的《著作权法》完整赋予了非会员理论上的退出权。

第二，非会员著作权人有无个体补偿请求权不同。正如前文所言，个体补偿权亦应是延伸性著作权集体管理制度的一大特征和对非会员的重要保障措施，但是这一根基也如同退出权一样，在法律上发生了重要变化和动摇。北欧五国中，瑞典、挪威、冰岛三国《著作权法》均未规定个体补偿请求权，丹麦和芬兰明确规定了个体请求权。丹麦《著作权法》第 51 条第（2）款规定"非会员作者享有单独报酬请求权，这一请求权既非来源于集体管理组织与使用人的协议，也不是来源于集体管理组织补偿分配的规则"。芬兰《著作权法》第 26 条第（5）款规定"作者应有权主张单独补偿。补偿费由本条第（1）款所指的集体管理组织支付"。但是，两国都规定有关个体补偿请求只可直接向集体管理组织提出。

第三，集体管理组织的代表程度以及是否需要官方准许不同。集体管理组织代表程度有一定差异。由于中英文之间语义之间并不能一一对应，下面我们将有关集体管理组织代表程度要求的原文摘录如下：瑞典《著作权法》第 42a 条第 1 款表述为 representing a substantial number of Swedish authors；丹麦《著作权法》第 50 条第（1）款表述为 comprising a substantial number of authors of a certain type of works which are used in Denmark；挪威《著作权法》第 38a 条表述为 represents a substantial part of the

---

① JOHAN，AXHAMN& LUCIE，GUIBAULT. Cross-border Extended Collective Licensing：A Solution to Online Dissemination of Europe's Cultural Heritage？〔EB/OL〕. http：//www. ivir. nl/publicaties/guibault/ECL_Europeana_final_report092011. pdf（p34），2011-08/2014-01-09.

authors of works used in Norway；芬兰《著作权法》第 26 条第（1）款表述为 represents numerous authors of works used in Finland；冰岛《著作权法》第 15a 条第 1 款表述为 act in the interests of a s significant portion of Icelandic authors。如果忠于英文原文，可以看出五国关于集体管理组织具体的差异。首先，是否包括外国人不同。其中，瑞典、冰岛两国将集体管理组织限定为代表本国作者权益的机构，而丹麦、挪威、芬兰三国可以覆盖到外国作者，其原因在于只要作者的作品在该三国国内，对国籍并无要求。其次，对数量要求不同。其中，芬兰的要求最低，达到"数量较多"（numerous）即可，显然国内某领域可以有不止一家集体管理组织存在；挪威和冰岛对比例有一定要求，代表人数所占比例上都要求达到"相当"或"显著"（substantial、significant）的程度；瑞典和丹麦对数量有一定要求，都必须达到"相当"（a substantial number of）程度。在官方文件解读和实践中，除瑞典和冰岛尚不清楚外，丹麦的集体管理组织在国内某领域只有一家存在，挪威和芬兰的集体管理组织都不止一家。①

在集体管理组织是否需要所在国政府部门认可上，瑞典和丹麦两国规定不需要，挪威、芬兰和冰岛三国则需要。其中，瑞典《著作权法》无任何需要政府部门认可的规定。丹麦略有不同，并不要求政府部门对集体管理组织认可，但是《著作权法》第 50 条第（4）款规定："著作权人集体管理组织签署前述第（1）款、第（2）款所指的协议时，必须得到文化部部长就在特定领域内签署协议的许可。"也就是说，集体管理组织签订有关具体协议时需要得到政府部门认可。挪威、芬兰、冰岛分别在本国《著作权法》第 38a 条、第 26 条第（1）款、第 15a 条第 1 款规定了需要取得本国有关政府部门认可的内容。

第四，使用方式和适用范围不同。在使用人可以延伸使用的方式上，五国都包括了复制方式，但是对于是否包括广播方式及其再传播方式则有所不同。其中，只有冰岛不包含广播电视传播的使用方式，其他四国均可。瑞典《著作权法》第 42e 条、第 42g 条，丹麦《著作权法》第 17 条第 4 款、第 30 条、第 30a 条，挪威第 30 条、第 32 条，芬兰第 26 条第（4）款都规定了广播使

---

① JOHAN, AXHAMN&LUCIE, GUIBAULT. Cross-border Extended Collective Licensing：A Solution to Online Dissemination of Europe's Cultural Heritage？〔EB/OL〕. http://www. ivir. nl/publicaties/guibault/ECL_Europeana_final_report092011. pdf（p31）,2011-08/2014-01-09.

用已发表作品的使用方式。但是,芬兰并未规定广播组织可以再传播使用作品的方式,而瑞典、丹麦和挪威分别在第 42f 条、第 35 条、第 34 条对此方式予以了确定。

延伸性著作权集体管理在适用范围上,五国之间也存在一定差异。芬兰最为宽松,无具体适用范围限制条件。其次宽松的是冰岛,《著作权法》第 15a 条第 1 款规定只要是商业目的即可。瑞典的适用范围为 3 个:商业企业等内部活动、教育活动、档案馆和图书馆借阅活动,分别规定于《著作权法》第 42b 条、第 42c 条、第 42d 条。丹麦的适用范围为 4 个:教育活动、商业企业等内部活动、图书馆数字化活动、照顾残障人士的公益活动,分别规定于《著作权法》第 13 条、第 14 条、第 16b 条、第 17 条第 4 款。挪威的适用范围为 4 个:教育活动、商业企业等内部活动、档案馆和图书馆及博物馆的保存和借阅活动、照顾残障人士的公益活动,分别规定于《著作权法》第 13b 条、第 14 条、第 16a 条、第 17b 条。瑞典、丹麦和挪威三国在适用范围上都包括了教育活动、商业企业等内部活动、图书馆特定行为,其他方面略有差异。

第五,是否配备纠纷解决机制不同。在五国中,瑞典和芬兰的《著作权法》均无纠纷解决的规定,丹麦、挪威和冰岛则对纠纷解决有一定的条文内容。丹麦《著作权法》对纠纷如何解决规定最为详细,内容可散见于第 51 条和第 52 条。第 51 条第 2 款规定了单独报酬请求权的纠纷解决机制,即"如果双方不能就补偿额度达成一致,任何一方均有权将争议提交本法第 47 条规定的版权许可仲裁庭"。对延伸性著作权集体管理中出现的其他纠纷,则设置了文化部调停环节以及进一步的仲裁环节,该内容规定于第 52 条。芬兰并未在《著作权法》具体规定纠纷如何解决,而是在第 38 条第 1 款使用了准用性规则语言,指出有关纠纷按照国王制定的条例解决。冰岛《著作权法》对单独请求权的纠纷提供了途径,根据第 15a 条第 3 款的规定,非会员著作权人即应在复制行为发生 4 年内,申请提交裁决委员会处理。

第
三
章

延伸性著作权集体管理
制度的法理分析

本章将围绕延伸性著作权集体管理的一些基础性问题进行分析,以便我们对该制度有个比较深层次而又全面的了解。首先,我们需要探究的是有无理论支撑延伸性著作权集体管理的诞生,这是要回答本质为何的类似哲学性问题。其次,需要厘清延伸性著作权集体管理与合理使用、法定许可(强制许可)①的关系,将延伸性著作权集体管理放入权利限制这一类别制度之中,避免孤立视角。再次,延伸性著作权管理制度是否与有关国际条约相冲突,也是争议很大的话题,有必要对此予以回应。

第一节 延伸性著作权集体管理制度的理论基础

正如国际公认的概念模型专家福塞特(Fawcett)博士所言:研究的最原始驱动力是寻求理论。② 目前,无论是国外还是国内关于延伸性著作权集体管理制度何以产生的理论根源研究都很少。而延伸性著作权集体管理的

---

① 延伸性著作权集体管理(Extended Collective License)在北欧国家与法定许可(Statutory License)或强制许可(Compulsory License)相呼应。法定许可和强制许可都在"法律许可"(Legal Licenses)范畴之内,具有被"非自愿"(non-voluntary)管理的属性。许多国家将强制许可与法定许可视为一种制度的两种类型,即"司法性强制许可"与"法令性强制许可"。无论是法定许可抑或强制许可,皆被认为是调和著作权扩张与限制之争的"折中途径"。此外,在美国《著作权法》中,并未严格区分"Statutory License"与"Compulsory License"两个词汇,而是在条文中穿插使用,含义并无不同。在北欧五国的著作权法中,几乎无相应词汇的表述,只有相关权利人享有要求补偿权利的笼统规定。因此,本书将两者一并作为与延伸性著作权集体管理比较的对象,不再具体区分,并用法定许可(强制许可)来表述。

② CAIRNS, P. & COX, A. L. (ed.) Research Methods for Human-Computer Interaction[M]. Cambridge, UK: Cambridge University Press, 2008:175.

理论基础研究要解决的核心，就是某一个著作权集体管理组织何以对外部人具有天然的代表性。通过理论基础的挖掘，可以探寻到制度产生的根源何在，进而对我国有效引进、改造该制度，并创设相适应的环境大有裨益。笔者认为，支撑延伸性著作权集体管理制度设置的理论主要有二：一是经济效率说；二是集体协商传统说。

一、经济效率说

(一)经济效率说理论及其运用

可以说，经济效率说是最具认同感、最为普遍的理论，凡是支持延伸性著作权集体管理制度的学者，无论是国内还是国外都认同该理论。经济效率主要体现在经济、时间投入和所获收益两个方面。该理论主张，由于存在众多孤儿作品，或者查询作者存在一定难度，或者作者身为外国人难以及时沟通等情形，而使用人又急于使用著作权人的作品之时，只有赋予某一具有代表性的著作权集体管理组织代表外部人进行授权许可，才能避免因使用人无法或难以取得著作权人允许而延误使用，也免去了支付过多经济费用的可能，从而提高了效率，有利于经济社会的发展。

运用经济效率说解释延伸性著作权集体管理制度，主要体现在两个方面：

第一，著作权人获得经济效率方面的益处。通过集体管理组织的力量来改变个体的弱势地位，几乎是所有集体管理组织成立的初衷。对于集体管理组织来说，较个体著作权人而言，大大提高了谈判地位，从而能有效维护著作权人的经济利益，更是其产生的最主要原动力。正是可预期的经济效率，才使得著作权集体管理延伸到外部权利人具有了合理的逻辑与基础。从著作权人角度考虑，首先，就时间付出而言，由于自身条件所限，著作权人往往没有精力亲自管理来自成百上千使用人的使用申请。[①] 按照延伸性著作权集体管理制度，除孤儿作品外，著作权人不管加不加入某一领域的著作权组织，都会有机构帮自己打理作品收益事务，从而可以使自己腾出更多时间用于创作。其次，就所获经济收益来看，著作权集体管理组织与使用人签

---

① HENNRY，OLSSON. The Extended Collective License as Applied in the Nordic Countries[EB/OL]. http://www. kopinor. no/en/copyright/extended-collective-license/documents/the-extended-collective-license-as-applied-in-the-nordic-countries，2010-03-10/ 2013-09-05.

订的许可使用费一般都高于法定许可或强制许可的收益水平，①这样既保证了著作权人已有作品的经济收益，又为更多新作品的产生预留了更大空间和可能。

第二，使用人获得经济效率方面的益处。虽然著作权集体管理组织是由著作权人推动设立，但是对于使用人来说并非只是被动承受。无论是法国戏剧作者协会（即现在的法国戏剧作者和作曲者协会）与当时拒绝交纳演出费用的剧院老板相抗衡，还是因咖啡厅拒付作品使用费而被作曲家布尔歇怒诉法院并因此倡导成立了法国音乐作者作曲者出版者协会（SACEM），使用人似乎都扮演着节节败退的形象。在著作权保护成为历史必然趋势的情况下，使用人的强势地位必然受到削弱，而需要支付使用费成为使用人必须承担的义务，那么如何减少使用费和因支付使用费而额外附加的经济和时间精力成本就为他们所关心。

一是就经济和时间付出而言，延伸性著作权集体管理制度压缩了使用人多项成本。合理使用是几乎无成本的制度，但是限制也最为严格。法定许可或强制许可同样由于适用领域较为局限，无法满足使用需求。在延伸性著作权集体管理制度中，使用人可以免除挨个与著作权人进行沟通的时间和经济支出，获得全面覆盖的"打包"许可使用模式，进而压缩了获得版权许可使用的费用。

二是免除了可能来自著作权人的权利侵权主张，而影响作品产业开发。② 侵权风险是现代法治社会所面临的较大风险之一，因侵权纠纷产生的社会负面影响、侵权赔偿成本将会非常高昂，因此使用人都对侵权风险较为忌惮。延伸性著作权集体管理制度赋予使用人支付一定经济成本而可使用该领域所有著作权人作品的权利，且无须担心被追责。

三是从所获经济收益来看，延伸性著作权集体管理提高了使用人的盈利能力。除了因"打包"授权大大节省了资金外，同时延伸性著作权集体管理促进了使用人生产效率的提高，商业组织能够尽快将产品推向市场，从而

---

① JOHAN，AXHAMN& LUCIE，GUIBAULT. Solving Europeana's mass-digitization issues through Extended Collective Licensing[J]. Nordic Intellectual Property Law Review，2011（6）：513.

② HENNY，OLSSON. The Extended Collective License as Applied in the Nordic Countries[EB/OL]. http://www. kopinor. no/en/copyright/extended-collective-license/documents/the-extended-collective-license-as-applied-in-the-nordic-countries，2010-03-10/ 2013-09-05.

获得了更大的经济效益。

(二)经济效率说的评析

1. 经济效率说的优点

一是经济效率说理论相当通俗易懂,容易为人所理解并接受。使用人避免了为查找著作权人和与著作权人讨价还价而付出的时间与经济成本,著作权人也不必担忧作品被使用而无法讨要使用费,无论是对于使用人,还是著作权人,甚至整个社会,其经济效应是显而易见的。这也是延伸性著作权集体管理制度自20世纪60年代诞生时至今日不仅未见萎缩,相反还在世界其他国家呈扩散趋势的根本原因。

二是经济驱动产生新的社会制度,符合马克思关于经济推动社会进步的历史唯物论观点。历史唯物主义观点认为,导致社会体制变革的根本动力是社会生产力,社会的进步来源于经济推动。"所有的社会变革和政治革命都可以……从生产和交换的模式变化中找到根源。"[①]延伸性著作权集体管理制度顺应经济效率需要,作为历史发展到一定阶段出现的产物,符合马克思主义唯物史观。

2. 经济效益说的不足

然而,当我们深入分析经济效率说就会发现该理论存在如下三点硬伤:

首先,著作权人的精神权利未得到保护。过分关注著作权人的物质利益(当然,这也只是该制度的推动力之一),自然对精神权利淡漠。本来著作权集体管理组织应该是接受著作权人的委托授权来经营管理著作权人的作品,可正是利用对著作权人物质利益保护的借口,却导致赋予了剥夺外部著作权人的合法权利,强加了不想被延伸管理的著作权人必须书面声明的义务,有违私法自治的基本权利精神。

其次,著作权人的经济权利实际并未获得全面保护。使用人愿意通过集体管理组织获取作品的经济考虑中,除了减少寻找权利人的额外支出和沟通成本外,还可减少作品的使用费用。集体管理组织往往通过打包的方式将诸多作品授权使用人使用,价格自然也具有较大幅度优惠。即使是权利人单个作品的使用,也会由于集体管理组织的集约化管理而导致费用较个人之间商谈偏低。

---

① ENGELS,FREDERICK. Socialism:Utopian and Scientific[EB/OL]. https://www.marxists.org/archive/marx//works/1880/soc-utop/ch03.htm,2013-10-12.

再次，对集体管理组织的自律性要求极高。集体管理组织往往是一国内某一著作权领域具有唯一、垄断或者代表性的组织，基于延伸性著作权集体管理制度，著作权集体管理组织掌握着全国某一领域全部著作权人作品的授权使用权力，而管理费用又自管理著作权人产品的收益中产生，对组织的自律性、透明度等要求甚高，否则极易造成对著作权人的损害。以音集协为例，在 2011 年的版权使用费分配中，集体管理组织分走了 72.4%，而著作权人仅获得 27.6%，词曲演录再进行分配，各项权利人平均也仅有 6.9%。①

二、集体协商传统说

（一）集体协商传统说的理论及其运用

正式提出集体协商传统说理论的是丹麦复制权集体管理组织（Copydan）②，其他部分学者则相对较含蓄，多指出如果理解北欧国家集体协商制度的历史传统，会有助于理解延伸性著作权集体管理制度。延伸性著作权集体管理赖以存在的前提是存在公开透明且运转良好的著作权集体管理组织，否则不要说外部人不接受著作权集体管理的延伸效力，就是会员也可能因权益受损而退出著作权集体管理组织。而著作权集体管理组织能够运转良好的原因又在于北欧国家历史悠久的劳资集体协商制度。

1. 北欧国家的集体协商制度内涵

北欧国家的集体协商制度颇有特色，其中尤以瑞典最具有代表性。瑞典是世界上工会化最发达的国家之一，参加工会的雇员比例非常高，2011 年全国有大概 70% 的劳工加入了不同类别的工会组织。③ 瑞典工会成立于 19 世纪中叶，最早的工会始于 1846 年的首都斯德哥尔摩，1880 年第一个国家工会联合会成立，1898 年，全国成立了正式的工会联合会 LO（Trade Union Confederation）。瑞典的工会职能强大，通过集体协商来确定劳资双

---

① 陈明涛. 权力与市场的错位：修改中的著作权法集体管理制度之殇[N]. 检察日报，2012-09-28(5).

② COPYDAN. Orphan Works in A Danish Perspective[EB/OL]. http://www. bne. es/opencms/es/LaBNE/Docs/2010-04-13 _ Orphan _ works _ in _ a _ Danish _ perspective. pdf(P8)，2013-09-10.

③ Trade Unions［EB/OL］. http://www. worker-participation. eu/National-Industrial-Relations/Countries/Sweden/Trade-Unions，2013-09-06.

方权利义务的做法非常普遍,因此,集体协议在瑞典劳动法中就显得非常重要。瑞典的集体协商制度正式建立于 1936 年,集体协议对签订协议的各方及其成员均具有法律约束力,受集体协议约束的雇主和雇员签订的个人雇佣合同中不得有违背集体协议的内容。集体协议可以是全国性的,也可以是地方性的。一般来说,地方性的集体协议和全国性的集体协议会有冲突,除非有特别约定,应适用全国性协议。实际生活中,集体协议往往不只对集体协议的当事方起约束作用,全国性集体协议条款往往被非当事方借用。其他不受集体协议约束的有关雇主内容,也有使用全国性集体协议规定的事实。在瑞典劳动和就业领域比较有影响的集体协议主要有:1938 年由瑞典雇主联合会 SAF(Swedish Employer's Confederation)和瑞典工会联合会 LO 订立的"基本协议"(Saltsjöbaden Agreement),1982 年瑞典雇主联合会 SAF、瑞典工会联合会 LO 与工业和服务行业受薪雇员联合会 PTK(Federation of Salaried Employees in Industry and Services)之间的"发展协议"(Development Agreement)。除了会员劳工,集体协议对于工作场所的所有劳动者适用,也就是说也适用于非会员劳工。因为瑞典并没有最低工资制度,这种架构设计的原因在于防止雇主利用强势地位剥夺雇员的权利,必须保障非会员劳工的权利不低于会员的水平。[①]

2. 集体协商制度对延伸性著作权集体管理的影响

实际上,首次提出了延伸性著作权集体管理设想的是瑞典著作权专家斯凡特·博格斯韬姆(Svante Bergström),他同时也躬耕于劳动法领域,早在他 1948 年的博士论文中就用了集体协议(collective agreements)这一概念,之后他呼吁重视建立作者组织,也可以说延伸性著作权集体管理也是此种努力的重要组成部分。[②] 劳工集体协商对于延伸性著作权集体管理的推动作用主要体现在:一是集体协议对于非会员有延伸适用的法律效力。基于对劳工权益的保护,工会与资方签订的集体协议对于非会员亦有效力,延伸性著作权集体管理显然与此相同。二是集体管理组织采取充分协商的方式确定双方权利义务。这种充分协商既表现在会员与集体管理组织之间的

---

① The Social Partners [EB/OL]. http://www. lo. se/english/the _ collective _ agreement/the_social_partners,2013-05-15/2013-09-06.

② THOMAS,RIIS & JENS,SCHOVSBO. Extended Collective Licenses and the Nordic Experience:It's a Hybrid but is it a Volvo or a Lemon? [J]. Colum. J. L. & Arts,2010,33:473.

权利义务划分,作为成员自发成立的代言组织,这在集体管理组织成立之初体现得非常明显。随着该制度运转日趋成熟,尤其到现代,非会员要加入集体管理组织多只需申请,省去了反复协商的环节。此外,充分协商也体现在集体管理组织与相对方的利益争取上。三是集体管理组织能够提供高效透明的良好服务。集体管理组织成立的基础就在于能够更好地为会员服务,这是获得会员或者非会员认可的前提。可以说,正是由于劳工集体协商制度的存在,才使得延伸性著作权集体管理成为顺其自然出现的一种权利保护制度。

(二)集体协商传统说评析

1. 集体协商传统说的优点

一是为集体管理组织延伸管理提供了道义支持。为了防止雇主利用强势地位剥夺雇员的权利,保障非会员雇员的权利不低于会员水平,将有关劳工集体组织与雇主组织签订的协议也延伸到了非会员身上。同理,基于对非会员权益保护的考虑,著作权集体管理组织也可以将其与使用者的协议延伸到外部人身上,让外部人在利益分配上享有与会员一样的地位。

二是为延伸性著作权集体管理提供了历史与现实基础。在北欧,遇有重大问题擅于通过协商来达成共识,可以说也是这一传统促成了劳动集体协商制度的产生。集体协商制度最早出现于 20 世纪 30 年代,延伸性著作权集体管理制度出现于 20 世纪 60 年代,在历史脉络发展中,该制度的确立为延伸性著作权集体管理制度奠定了现实基础。

2. 集体协商传统说的不足

首先,集体协商制度本身存在不能延伸代表非会员部分权利的情形。瑞典《雇佣(工作场所共决)法》[Employment (Co-Determination in the Workplace) Act (1976:580)]第 26 条规定"劳资双方签订的集体协商协议将对该区域的所有劳动者适用,而不管劳动者是之前还是之后加入集体组织,除非他已经被其他集体协议所约束。即使会员从资方辞职,集体协议也并不因此终止"。瑞典工会联合会 LO 对该条文解读为"非工会成员不享有集体协议中的显性权利,但是为了避免社会倾销(social dumping)①",工会组织要求集体协议福利水平对于非会员劳工仍适用。这是为了避免对于雇主而言,雇佣非会员劳工更有利的情形出现。② 非会员劳工不享有集体协议中的显性权利(explicit rights),而显性权利是相对于隐性权利(implicit rights)而言的,显性权利是指雇佣组织有关政策或所签订的劳动合同,而隐性权利是指并未在书面(例如合同)中所列示的权利,而是根据雇佣组织与有关劳工组织签协议时的客观情况和情景可以推测出的权利。③ 由于签约双方都知道权利内容,显性权利比隐性权利更具有强制效力。因此,集体协商制度存在并非所有权利都能覆盖到非会员的情形,而延伸性著作权管理制度要求集体管理组织所签订的使用协议内容全部覆盖到非会员等外部人,不对权利内容再度分割。

其次,延伸保护非会员的主要基础不同。延伸保护非会员劳工的权利是为避免权利过于失衡而对劳工集体组织附加的义务,推动力来源于维护社会公共利益的考虑。保护非会员的经济利益是延伸性著作权集体管理的动因之一,但不是主要动因。主要的推动力量来源于对使用者利益的保护,在延伸性著作权集体管理制度之下,使用者使用非集体管理组织会员的作品才能被获准许,有效扫除了大量使用作品中的权利障碍。④

再次,集体协商属于社会法范畴,不能自然推导到民法领域。20 世纪

---

① 所谓"社会倾销"是指一个高工资的工业化国家进口相对低廉的外国产品,而这些产品之所以廉价是因为出口国没有提供合理的工资、利益及对工人其他方面的保护。通过利用廉价的和缺乏保护的劳工,出口国能够以远低于一般市场价格的价格在工业化国家销售产品,这就将其社会问题"倾销"到了进口国,其形式就是使后者失去就业机会,迫使进口国降低工资和利益以使其价格结构更具有竞争力。详见欧洲改善生活与工作条件基金会 http://www. eurofound. europa. eu/areas/industrialrelations/dictionary/definitions/socialdumping. htm. 2013-07-21.

② The Social Partners [EB/OL]. http://www. lo. se/english/the _ collective _ agreement/the_social_partners,. 2013-07-21.

③ MATT, PETRYNI. Difference Between Implicit & Explicit Rights in Organizations[EB/OL]. http://smallbusiness. chron. com/difference-between-implicit-explicit-rights-organizations-10610. html,2013-07-27.

④ ANNA,VUOPAIA. Extended Collective Licensing—A solution for facilitating licensing of works through Europeana,including orphans? (FCS Articles and Studies-January 2013) [EB/OL]. http://www. copyrightsociety. fi/ci/Extended _ Collective _ Licensing. pdf(P6),2013-07-30.

第二次世界大战之后,随着社会经济的发展和社会理念的变化,西方国家的法学家明确提出了社会法的概念,并将社会法视为介于公法和私法之外的第三法域,比较有代表性的法律就是劳动法。知识产权法属于民法,强调意思自治,而劳动法则注重维护公平和社会稳定。理念不同,自然制度之间也具有隔阂。这也是大陆法系国家将有关劳动保护的法律纳入社会法范畴的原因。

三、研究结论及其延展

通过上面的介绍和评述可以看出,上述两个理论都具有各自的优势和不足。而严格来说,集体协商传统说并非理论基础层面的阐述,它只是制度起源的一种事实描述。经济效率说着重在于描述适用该制度的优势与好处,并非理论层面的根源剖析。而强调经济效率性,也是对知识产权工具论的最好诠释。相对于民法自罗马法起源以来的漫长历史,知识产权的历史可谓短暂得多,只有两百多年,理论研究本就薄弱。再加以国际经贸往来,虽有地域性特征,但是借知识产权谋求更大利益已成事实,使得诸多知识产权理论系统发展更是受到极大负面影响,工具论自是陡升。作为发源于北欧五国而在世界范围内确立并不广泛的一项著作权具体管理制度,工具性特征更是明显。因此,延伸性著作权集体管理从严格意义上来说,没有更深层次的理论基础。目前的两个学说都无法从理论根源上解释集体管理组织何以具有代表非会员的先天合法性。延伸性著作权集体管理更多是特定国家特定环境下的产物,缺乏真正系统的理论基础。

窥一斑而知全豹,如果将延伸性著作权集体管理制度纳入到北欧国家整个体系来看,其也是反映了北欧法律过于追求实用而缺少原则(dogma)的特质。[①] 实际上,在瑞典乌普萨拉大学(Uppsala University)法学教授阿克·马姆斯特罗姆(Åke Malmström)看来,丹麦、瑞典、挪威、芬兰、冰岛五国确实构成了一个独立的北欧(斯堪的纳维亚)法系(Nordic/Scandinavia Family of Legal Systems),与欧洲大陆法系(下又分德国和罗马两个子群)、拉美法系和普通法系并列,归属于西方欧美法(occidental group)。[②]之

---

① KONRAD,ZWEIGERT&HEIN,KÖTZ. An Introduction to Comparative Law (3rd) [M]. TONY,WEIR 译,Oxford :Oxford University Press,1998.41.

② ÅKE,MALMSTRÖM. The System of Legal Systems:Notes on a Problem of Classification in Comparative Law[J]. Scandinavian Studies in Law,1969(13):147.

所以北欧（斯堪的纳维亚）法系能够独立出来，成为民法的一个子群（subgroup），是因为罗马法从未在北欧区域适用过，也从未全盘接受其他外国的法系。① 且北欧（斯堪的纳维亚）法系有着如下特点：一是在于其追求实用价值，往往以一种适合自己的方式去寻求提供实用、高效和便捷的解决方式。② 二是虽然成文法（statutory law）构成了很多领域法律的基础，但是北欧国家并没有法国、德国、奥地利或意大利模式的综合性民法典，也无计划制定此类法典。③ 三是喜欢从接近的法律中攫取类似法律制度来解决新的问题，相较于法国和德国，北欧法律中原则的作用有限。这些特点都可归结于一点，即追求法律的实用性。正因为追求实用价值，才不愿制定也不能制定统一的民法典，因为法典讲究基本原则指引下的内在体系逻辑性和完整性，法典内的具体法律制度不能与基本原则相冲突；正因为追求实用性，才可以采取拿来主义，将不同部门甚至不同法域的法律制度拿来套用解决新的问题，而不在意法律制度之间是否冲突。

这种追求实用性的特点，也构成了所谓的斯堪的纳维亚法律现实主义（Scandinavian Legal Realism）。这一哲学观点的提出者和倡导者是乌普萨拉大学教授阿塞尔·黑格尔斯多罗姆（Axel Hägerström，1868—1939），他的追随者和其他主要代表人物还有维尔赫姆·伦德斯特（Vilhelm Lundstedt，1882—1955）、卡尔·奥利维克罗纳（Karl Olivecrona，1897—1980）、阿尔夫·罗斯（Alf Ross，1899—1979）和英格玛·海德留斯（Ingemar Hedenius，1908—1982）。④ 黑格尔斯多罗姆教授的哲学观点与美国人詹姆士所创的实用主义并无二致，同样根源于理性，倡导以存在论和认识论上的经验知识为判断标准，他的座右铭是"我主张摧毁形而上学"（瑞

---

① ULF，BERNITZ. What is Scandinavian Law? Concept，Characteristics，Future[J]. Scandinavian Studies in Law，2007，50：15.

② TUOMAS，PÖYSTI. Scandinavian Idea of Informational Fairness in Law—Encounters of Scandinavian and European Freedom of Information and Copyright Law[J]. Scandinavian Studies in Law，2007，50：222.

③ ULF，BERNITZ. What is Scandinavian Law? Concept，Characteristics，Future[J]. Scandinavian Studies in Law，2007，50：15.

④ JOHAN，STRANG. Two Generations of Scandinavian Legal Realists[J]. Nordic Journal of Law and Justice，2009(12)：63.

典文：Praeterea censeo metaphysicam esse delendam）。[①] 黑格尔斯多罗姆教授认为价值判断（value judgement）不是真实的判断，因为他们包含了情感因素，是一种感觉，而情感和感觉并不能将判断的对象视为时间和空间上的存在。因此，价值判断谈不上是真实还是虚假，关键是没有途径来证明价值是否正确。因此，黑格尔斯多罗姆教授后来被贴上了"价值虚无主义"（value nihilism）的标签，但是他的思想对瑞典的精神生活有着类似转折点的作用。[②] 在对待法律上，自然也就对自然法理论（natural law theory）持否定性意见，认为法律是实证的，由人为制定，[③]也就回到了法学工具论（instrumental legal science）的范畴，这也正是罗斯的观点。[④]

　　通过上述对北欧（斯堪的纳维亚）法系特点和其哲学根源的探究，再回顾延伸性著作权集体管理制度，我们就会有豁然开朗之感。延伸性著作权集体管理作为借鉴于劳动法上集体协商制度的拿来主义作品，既与民法的私法自治原则相冲突，也与著作权法授权使用的基本精神相抵触，这样一个矛盾事物却似乎自然而合理地产生和存在于北欧国家，有其深层次的原因。延伸性著作权集体管理制度虽然只是著作权法上的一个具体制度，但是它折射出了北欧（斯堪的纳维亚）法系追求实用的特质，和斯堪的纳维亚法律现实主义的哲学根源。

第二节　延伸性著作权集体管理制度的"合约性"分析

　　一直以来，关于延伸性著作权集体管理制度是否与国际条约相冲突是一个争议很大的话题。支持延伸性著作权集体管理立法制度的学者自然认为这一制度吻合"三步检验法"（three-step test）的规定，而对延伸性著作权集体管理立法制度持怀疑态度的学者认为这一制度已经违背了三步检验法

---

① JES,BJARUP. Scandinavian Realism[EB/OL]. http://ivr-enc. info/index. php? title＝Scandinavian_Realism,2010-03-20/2014-01-06.

② JOHAN,STRANG. Two Generations of Scandinavian Legal Realists[J]. Nordic Journal of Law and Justice,2009(12):62-63.

③ JES,BJARUP. Scandinavian Realism[EB/OL]. http://ivr-enc. info/index. php? title＝Scandinavian_Realism,2010-03-20/2014-01-06.

④ JOHAN,STRANG. Two Generations of Scandinavian Legal Realists[J]. Nordic Journal of Law and Justice,2009(12):73-74.

的规定,应予以否定。本节,将试着对这一焦点问题做认真剖析。

一、著作权限制与例外:三步检验法

(一)三步检验法的起源和在主要国际条约的体现

应该说,从可以随意使用他人作品仅承担道德谴责到必须尊重作者对作品的控制权是历史的巨大进步,但是作者对作品的绝对控制也造成了知识和社会进步的禁锢。因此,已形成长久共识的是:在个别情况下得以对作者及其相关权利予以约束和限制。[①] 因此各国在立法中先后规定了合理使用和法定许可(强制许可)制度来对著作权人的权利行使予以一定限制。但是,为防止各国法律对著作权限制又陷入无节制状态,从而可能造成历史的倒退,关于著作权保护的主要国际条约都对成员此类立法予以了严格规制,而最先将三步检验法吸纳进来的是《保护文学和艺术作品伯尔尼公约》(Berne Convention for the protection of literary and Artistic Works)。

《伯尔尼公约》首次签订于 1886 年 9 月 9 日,是"国际著作权保护的基石"。[②] 早在 1884 年筹备《伯尔尼公约》的前期商谈会议上,瑞士代表纽马·德罗兹(Numa Droz)就认为"依据公共利益的需要而对绝对保护进行限制是正当的"。[③] 1948 年布鲁塞尔修订会议上,关于规范"公众表演权"(public performance right)的研讨导致了所谓"较小保留"(minor reservations)原则的诞生,该原则被阿姆斯特丹自由大学知识产权教授马丁·森福特本(Martin Senftleben)认为是三步检验法的雏形。[④]较小保留原

---

① SAM,RICKETSON. WIPO Study on Limitations and Exceptions of Copyright and Related Rights in The Digital Environment[EB/OL]. http://www. wipo. int/edocs/mdocs/copyright/en/sccr_9/sccr_9_7. pdf(p3),2003-04-05/2013-12-01.

② MATT,JACKSON. Harmony or Discord? The Pressure Toward Conformity in International Copyright[J]. IDEA:The Journal of Law and Technology,2003(43):620.

③ Actes de la Conférence internationale pour la protection des droits d'auteur réunie à Berne du 8 au 19 septembre 1884,p. 67. 转引自 SAM,RICKETSON. WIPO Study on Limitations and Exceptions of Copyright and Related Rights in The Digital Environment[EB/OL]. http://www. wipo. int/edocs/mdocs/copyright/en/sccr_9/sccr_9_7. pdf(p3),2003-04-05/2013-12-01.

④ MARTIN,SENFTLEBEN. Copyright,Limitations and the Three-step Test:An Analysis of the Three-step Test in International and EC Copyright Law[M]. Deventer,Boston:Kluwer Law and Taxation Publishers,2004. 45.

则确立的背景是,一方面,成员国虽然原则上同意将公众表演权赋予作者,但是他们也担心国内法确定的例外申请(application of exceptions)传统会因此受阻;另一方面,针对成员国立法方面制订明确的限制和例外清单是极度困难的,因此,较小保留原则方得以确认。①然而,在涉及复制权时,较小保留原则所留的"豁口"(way out)就明显保护不力。因此,解决这一问题就成为1967年斯德哥尔摩修订会议的主要目标之一。②

机械化复制文本和声音录制技术的普及(这也是后来转化为数字革命的先导)对著作权造成了严重威胁,并且也对将固定隔离线(firm barrier)移植到国际保护框架的走势形成了障碍。另一方面,成员国或者出于教育特权,或者为了信息传播目的,在不同程度上都想对特定情况下的复制权加以选择性保留。③ 因而,希望突破原来单纯的最小限度(de minimis)规则。但是,寄望于将最常用的复制权汇编成例外情况列表也不能取得预期效果,因为缺乏足够的刚性会导致对作者绝对控制权地位的侵蚀。④最后,第一委员会⑤采取了概括性条款,建议由成员国通过立法对复制权的例外加以规定,但须限定于个人使用、司法或行政管理目的,以及特定事项⑥三种情

---

① MARTIN,SENFTLEBEN. Copyright,Limitations and the Three-step Test:An Analysis of the Three-step Test in International and EC Copyright Law[M]. Deventer,Boston:Kluwer Law and Taxation Publishers,2004. 45-46.

② ANNETTE,KUR. Of Oceans,Islands,and Inland Water—How Much Room for Exceptions and Limitations Under The Three-Step Test? [J]. Richmond Journal of Global Law and Business,Fall 2009(8):307-308.

③ SAM,RICKETSON&JANE,GINSBURG. International Copyright and Neighbouring Rights:The Berne Convention and Beyond Two volume set(2nd Edition)[M]. Oxford :Oxford University Press,2006. 759.

④ SAM,RICKETSON&JANE,GINSBURG. International Copyright and Neighbouring Rights:The Berne Convention and Beyond Two volume set(2nd Edition)[M]. Oxford :Oxford University Press,2006. 761.

⑤ 各委员会按条款分布进行分工,第一委员会专注于《伯尔尼公约》第1条至第20条的修订,主席是德国学者 Eugen Ulmer。

⑥ 特定事项又限定了两个前提条件:一是不违背作者的合法权益;二是不与作品的正常使用相冲突。

况。① 经修改完善后,1971 年 7 月 24 日巴黎修订时正式在《伯尔尼公约》第 9 条第 2 款规定了三步检验法的基本框架,②从而成了最早的三步检验法。

三步检验法在《伯尔尼公约》《世界版权公约》及《与贸易有关的知识产权协定》中都有所体现:

《伯尔尼公约》是国际公认的基础性著作权保护条约,其先后获世界版权组织和世界贸易组织认可,相关内容被吸纳进《世界版权公约》(WIPO Copyright Treaty)和《与贸易有关的知识产权协定》(Agreement on Trade-Related Aspects of Intellectual Property Rights,缩写 TRIPs)之中。如上文所言,三步检验法被首次写入的国际条约,即为《伯尔尼公约》。不同于其他主要国际条约,《伯尔尼公约》第 9 条并无具体提要信息,但是第 2 款却因三步检验法闻名于世,成为国家就复制权进行立法指导的通例。③ 第 2 款规定:"本同盟成员国可以立法规定允许在某些特定情况下复制上述作品,但是需要确认,这种复制不与作品的正常使用相冲突,同时也不会对作者的合法利益造成不合理的侵害。"

《世界版权公约》专门用 1 个条文 2 款来规定"限制与例外",《世界版权公约》第 10 条规定:"(1)签约各方可以在其本国立法中对本公约赋予作者文学和艺术作品的著作权附加限制和例外,但是须限定在特定情况之下,且不得与作品的正常使用相冲突,也不得对作者的合法权益造成不合理的侵害。(2)在落实《伯尔尼公约》中,签约各方应当严格适用限制与例外规定,确保对权利的限制与例外应限定在特定情况之下,不得与作品的正常使用相冲突,也不得对作者的合法权益造成不合理的侵害。"《世界版权公约》基本延续了《伯尔尼公约》"三步检验法"的规定,并对如何落实《伯尔尼公约》做了进一步要求,但是也有细微变化之处。《世界版权公约》对作品的使用方式不再限制,而是扩大为"作者对文学和艺术作品享有的权利"(the rights granted to authors of literary and artistic works),也就是在满足三个限制例外条件后,使用人使用的不再局限于对作品的复制,还包括对作者

---

① Records of the Intellectual Property Conference of Stockholm(June 11 to July 14, 1967 Volume Ⅱ) [EB/OL]. http://global. oup. com/booksites/content/9780198259466/15550029(p291),2013-12-14.

② JANE C. GINSBURG. Achieving Balance in International Copyright Law—Book Review[J]. The Columbia Journal of Law & the Arts,2003(26):203.

③ DANIEL,GERVAIS. The TRIPS Agreement:Drafting History and Analysis (2nd Edition)[M]. London:Sweet&Maxwell, 2003:144-147.

其他著作权的使用。

《与贸易有关的知识产权协定》(Agreement on Trade-Related Aspects of Intellectual Property Rights,缩写 TRIPs)第 13 条"限制与例外"规定："成员国应当严格对绝对权利适用限制与例外,确保对绝对权利的限制与例外应限定在特定情况之下,且不得与作品的正常使用相冲突,也不得对著作权人的合法权益造成不合理的侵害。"相较于《伯尔尼公约》和《世界版权公约》,TRIPs 进一步放大了限制与例外的范围:一是用"绝对权利"(exclusive rights)代替了《伯尔尼公约》中的"复制"和《世界版权公约》中的"作者对文学和艺术作品享有权利";二是作品范围不再限于文学与艺术作品,而只要是作品(work)即可;三是权利人不再限于作者,而是著作权人(right holder)。

(二)三步检验法的含义和判断

1. 三步检验法的含义

通过梳理以上国际条约的相关规定,可以看出三步检验法也是一个动态发展的过程,总体上是呈现逐步放宽的趋势。[①] 但是 TRIPs 具有一定的强制力,有关指控可以根据条约规定向世界贸易法院(世界贸易法院争端解决机构)提起,而《伯尔尼公约》则基本对于违法约定行为无实质惩罚措施。[②] 但是三个主要国际条约的根本目的都是为了防止成员在国内任意立法限制了权利[③],为著作权保护提供最基本的保护。[④] 目前为止,还没有关于三步检验法方面的权威解读。[⑤] 不过,通过以上分析可以对三步检验法有一个基本的认识。

首先,三步检验法主要针对和约束的对象是国家或地区立法行为。上

---

① 尤其是 TRIPs 的规定突破很大,这源于 TRIPs 是由世界贸易组织 WTO 推出,组织本身并不是由著作权人所组成,其目的也是服务于国际贸易,与《伯尔尼公约》和《世界版权公约》单纯的著作权保护不同。

② DAVID,NIMMER. The End of Copyright[J]. Vanderbilt Law Review,1995,48:1392-1393.

③ JASON,LULIANO. Is Legal File Sharing Legal? An Analysis of The Berne Three-Step Test[J]. Virginia Journal of Law and Technology,2011(16):478.

④ DAVID,NIMMER. The End of Copyright[J]. Vanderbilt Law Review,1995,48:1392-1393.

⑤ JASON,LULIANO. Is Legal File Sharing Legal? An Analysis of The Berne Three-Step Test[J]. Virginia Journal of Law and Technology,2011(16):470-471.

述三个主要国际条约的签约主体是国家或地区,因此承诺履行条约的主体也是该国家或地区,其要承担起避免滥用立法权力侵害作者(著作权人)行为发生的责任。其次,三步检验法的"三步"是指三个准许对权利进行限制的例外条件:一是基于特定情况;二是不与作品的正常使用相冲突;三是不会对作者(或著作权人)的合法利益造成不合理的侵害。再次,三步检验法的"检测"是指用彼此独立又密切联系的三个例外条件来判断成员是否有法律制度违反了国际条约。三个例外条件之间是"和"的累加(cumulative)关系①,不是"或"的选择关系。

2. 三步检验法的宗旨与精神

国际条约的目标和意图对于如何理解条款也非常重要。② 三步检验法的宗旨与精神需要结合有关国际条约,从国际条约的基本原则,以及上下文中探寻方可透视出三步检验法的宗旨,从而有利于整体把握这一原则的实质。

《伯尔尼公约》并无直接总则类条文,但是作为国际公约,要求成员国提供公约内容规定的著作权保护是其应有之原则。但是,第5条第2款规定:"享有和行使这些权利不需要履行任何手续,也不论作品起源国是否存在保护。"本款可以被认为是限制与例外的总括性规定。同时,三步检验法规定于第9条第2款,而第1款规定:"受本公约保护的文学和艺术作品的作者,应当享有以任何方式或形式授权他人使用上述作品复制品的绝对权利。"对三步检验法的理解,除了基本原则与精神,还需要放在第9条的整条框架内。

《世界版权公约》的基本原则主要集中于前言部分。一是前言第一段:"成员国应尽可能用有效且规范的方式来提高、维持文学与艺术作品作者的权利。"二是前言第四段:"在维持作者权利与公共利益之间平衡方面具有共识,而公共利益主要指《伯尔尼公约》所提及的教育、研究、信息接触。"可见,提高著作权人的保护水平是成员国的首要任务。在提高著作权人保护水平

---

① United States—Section 110(5) of the US Copyright Act〔EB/OL〕. www. worldtradelaw. net/reports/wtopanelsfull/us-copyright(panel)(full). pdf(p31),2000-06-15/2013-10-21.

② SAM,RICKETSON. WIPO Study on Limitations and Exceptions of Copyright and Related Rights in The Digital Environment〔EB/OL〕. http://www. wipo. int/edocs/mdocs/copyright/en/sccr_9/sccr_9_7. pdf(p6),2003-04-05/2013-12-01.

的同时,要注意保持好与公共利益的平衡。而公共利益也是有所特指,并非宽泛而言。

TRIPs 关于著作权方面的基本原则可散见于两处:一是前言第 9 段规定:"认同知识产权为私权。"二是第一部分"总则和基本原则"第 1 条规定:"各成员均必须实行本协定中的规定,各成员可以但并无义务,在其法律中实施比本协定要求更广泛的保护,只要此种保护不违反本协定的规定。各成员有权在其各自的法律制度和实践中确定实施本协定规定的适当方法。"可以看出,首先,著作权的私权属性不容动摇,而作为私权自然以自治为根本。其次,TRIPs 协定关于著作权的保护内容要求为最低限,鼓励成员国提供更高水平的保护。

综合三个主要国际条约的基本原则和有关上下文语境,我们可以得出三步检验法之宗旨与精神如下:其一,必须以尊重著作权人的绝对排他性权利为总原则,在满足特定条件情况下才可对权利有一定限制;其二,不能为著作权人行使权利增加任何负担,这是"限制与例外"条款适用的前提;其三,三步检验法的设立是基于著作权人绝对权利与公共利益平衡的需要,但是并不是只要有公共利益需要就可以对著作权人权利进行立法限制,要做到真正平衡;其四,出于提高和维护著作权人保护的需要,三步检验法内词汇语言应趋紧把握,不能做扩大化解释。

3. 三步检验法的具体判断标准

(1)第一步:特定情况。根据文本内容,中文的特定实际是由"特殊"(special)和"确定"(certain)两个词组成。"特殊"是指目的特殊,即限制与例外情形必须只可用于特殊目的,且不能做广义和宽泛意义上的理解,[1]要尽量紧缩化;"确定"是指持续稳定、不易变,[2]即限制与例外情形必须在法律上得到明确规定。[3] 所谓特定情况,里基森(Ricketson)教授认为包括两个因素:首先,例外必须是为了特殊目的,并且宽泛的例外是不被允许的;其

---

① 　JO, OLIVER. Copyright in the WTO:The Panel Decision on the Three-Step Test[J]. J. L. & Arts,2002(25):130.

② 　Oxford :The Oxford English Dictionary (2d ed). 1989:1050.

③ 　JANE C. GINSBURG. Toward Supranational Copyright Law? The WTO Panel Decision and the "Three-Step Test" for Copyright Exceptions[EB/OL]. http://papers. ssrn. com/sol3/papers. cfm? abstract_id=253867 (p5),2001-01-05/2013-12-30.

次,例外必须是基于某些"明确的公共政策或其他独特的缘由"。①

（2）第二步:不与正常使用相冲突。第二步的关键是研判何谓"正常使用"（normal exploitation）。里基森教授认为,从常识角度而言,"正常使用"仅指正常情况下作者可能理性地利用其作品的行为。② 而实务上判断则困难得多,因为"正常使用"是文学范畴（fictitious scenario）,在现实法律上无保障基础。③ 试着进一步将"正常使用"拆分为两个词,即"使用"与"正常"分开探析。"使用"（exploitation）相对简单,是指著作权人通过作品的利用、开发实现最大化利益的行为。④"正常"（normal）则复杂得多,自身又包含经验（empirical）和规范（normative）两个因素。经验角度的"正常"应理解为是常见、有代表性或者普通,而规范角度的"正常"应理解为符合一定的标准,⑤尝试加以量化考虑。

（3）第三步:不对著作权人的合法权益造成不合理的侵害。第三步是判断著作权人与使用者之间是否平衡的关键点,也是最困难的一步。⑥ 需要明确"合法权益"（legitimate interests）和"不合理侵害"（unreasonable prejudice）两个用语的含义。"合法权益"并不仅仅指"法律权利"（legal interests）,顺应《伯尔尼公约》斯德哥尔摩会议上多数国家的意见,应做广义理解,意指社会和相关公共政策范畴所支持的"正当"（justifiable）利益。⑦

---

① SAM,RICKETSON. The Berne Convention for the Protection of Literary and Artistic Works：1886—1986，P 9. 2（1987）. 转引自 JO，OLIVER. Copyright in the WTO：The Panel Decision on the Three-Step Test[J]. J. L. & Arts, 2002(25)：148.

② JO，OLIVER. Copyright in the WTO：The Panel Decision on the Three-Step Test[J]. J. L. & Arts, 2002.(25)：154.

③ ANNETTE，KUR. Of Oceans，Islands，and Inland Water—How Much Room for Exceptions and Limitations Under The Three-Step Test? [J]. Richmond Journal of Global Law and Business，2009(8)：318.

④ DANIEL J. GEVAIS. Towards A New Core International Copyright Norm：The Reverse Three-Step Test[J]. Marquette Intellectual Property Law Review,2005(9)：16.

⑤ United States—Section 110(5) of the US Copyright Act [EB/OL]. www.worldtradelaw. net/reports/wtopanelsfull/us-copyright(panel)(full). pdf(p44)，2000-06-15/2013-10-21.

⑥ DANIEL J. GEVAIS. Towards A New Core International Copyright Norm：The Reverse Three-Step Test[J]. Marquette Intellectual Property Law Review,2005(9)：17.

⑦ WORLD INTELLECTUAL PROPERTY ORGANIZATION. Records of the Intellectual Property Conference of Stockholm，June 11 to July 14，1967(Volume I)[Z]. World Intellectual Property Organization，1971. 1145.

而且该利益,不仅仅指经济利益。① "不合理侵害"中的"侵害"相对好理解,即为"损害、破坏或毁损",②"不合理"是相对"合理"而言的,应指著作权人所受损失与公众所获利益之间失衡,③这要从数量和规模两个方面进行衡量。④

二、延伸性著作权集体管理制度的"合约性":以三步检验法为标准

在早些年,关于延伸性著作权集体管理制度与《伯尔尼公约》规定之间的关系如何不时成为北欧国家讨论的焦点。⑤ 但是,随着延伸性著作权集体管理制度将权利从广播权拓展到复制权,将适用范围从教育和公共机构拓展到数字拷贝、图书馆档案等领域,这些国家也不断向其他国家宣传推介这一制度,甚至将它视为是对解决著作权诸多疑难问题的贡献之举。据此,可以看出北欧国家立法者已经对这一制度非常自信。可是,随着曝光率的提高,关于延伸性著作权集体管理制度是否与国际条约冲突的疑惑并没有消散,⑥而这一问题异常复杂。⑦ 下面,我们将比照三步检验法对这一制度进行认真剖析。

(一)是否属于三步检验法的"限制和例外"情形

适用三步检测法的前提条件是,某一立法制度属于限制或者例外情形;

---

① SAM,RICKETSON. WIPO Study on Limitations and Exceptions of Copyright and Related Rights in The Digital Environment[EB/OL]. http://www. wipo. int/edocs/mdocs/copyright/en/sccr_9/sccr_9_7. pdf(p25),2003-04-05/2013-12-06.

② Oxford :The Oxford English Dictionary (2nd Edition). 1989. 356.

③ SAM,RICKETSON. WIPO Study on Limitations and Exceptions of Copyright and Related Rights in The Digital Environment[EB/OL]. http://www. wipo. int/edocs/mdocs/copyright/en/sccr_9/sccr_9_7. pdf(p25),2003-04-05/2013-12-03.

④ United States—Section 110(5) of the US Copyright Act [EB/OL]. www. worldtradelaw. net/reports/wtopanelsfull/us-copyright(panel)(full). pdf(p58),,2000-06-15/2013-10-21.

⑤ THOMAS, RIIS&JENS, SCHOVSBO. Extended Collective Licenses and the Nordic Experience—It's a Hybrid but is It a Volvo or a Lemon? [J]. Columbia Journal of Law & the Arts,Summer, 2010(33):481.

⑥ THOMAS, RIIS&JENS, SCHOVSBO. Extended Collective Licenses and the Nordic Experience—It's a Hybrid but is It a Volvo or a Lemon? [J]. Columbia Journal of Law & the Arts,Summer, 2010(33):482.

⑦ ALAIN,STROWEL. The European Extended Collective Licensing Model[J]. Colum. J. L. &Arts, 2011(34) :667.

如果属于限制与例外情形,则需要进一步适用三步检测法检查该种限制或例外是否为国际条约允许。有部分学者认为,对于外部人而言延伸性著作权集体管理根本不是权利的限制与例外,所以就更谈不上适用三步检测法的问题。① 这多少令人诧异,通常之认识被彻底颠覆,但是我们却不得不对此种观点加以重视,并予以回应。

1. 所谓不属于"限制和例外"的理由

其一,著作权人因享有退出权(opt-out),其绝对权利未受影响。② 在延伸性著作权集体管理制度中,外部人如果不同意集体管理组织代表其行使权利,或者不同意集体管理组织与使用人签订的使用协议,他可以作出退出声明,从而阻止了使用协议对著作权人的适用。通过退出权的行使,著作权人可以恢复绝对权利的行使状态。③

其二,法定许可(强制许可)具有比延伸性著作权集体管理更广泛的限制,④仅就逻辑而言,延伸性著作权集体管理自然更应获得认可。在某些特定情况下,在支付补偿的前提下法定许可(强制许可)可以限制著作权人对其绝对权利的行使。延伸性著作权集体管理一般也是限定一定领域,且补偿水平往往因为商谈而高于法定许可(强制许可)水平,自然也就无须适用三步检测法。加以,国际条约的三步检测法主要针对的是法定许可(强制许可),所以不应属于国际条约的"限制与例外"情形。

---

① ANNA, VUOPALA. Extended Collective Licensing—A Solution for Facilitating Licensing of Works Through Europeana, including orphans? (FCS Articles and Studies-January 2013)〔EB/OL〕. http://www. copyrightsociety. fi/ci/Extended _ Collective _ Licensing. pdf(P24),2013-12-11.

② SÉVERINE, DUSOLLIER&CAROLINE, COLIN. Peer-to-Peer File Sharing and Copyright: What Could Be the Role of Collective Management? 〔J〕. Columbia Journal of Law & the Arts, 2011(34):828.

③ SÉVERINE, DUSOLLIER&CAROLINE, COLIN. Peer-to-Peer File Sharing and Copyright: What Could Be the Role of Collective Management? 〔J〕. Columbia Journal of Law & the Arts, Summer, 2011(34):828.

④ ANNA, VUOPALA. Extended Collective Licensing—A Solution for Facilitating Licensing of Works Through Europeana, including orphans? (FCS Articles and Studies-January 2013)〔EB/OL〕. http://www. copyrightsociety. fi/ci/Extended _ Collective _ Licensing. pdf(p25),2013-12-17.

其三,延伸性著作权集体管理本质是获得法律支持的自愿许可方式。①没有任何一家集体管理组织可以代表该国的全部著作权人,基于为使用者提供"全面覆盖许可"(fully covering license)的保证,与非自愿性的法定许可(强制许可)相区分,部分国家建立了延伸性著作权集体管理这一获得立法支持的自愿许可模式。② 在延伸性著作权集体管理制度下,作者的自由意愿仍然未丧失。

其四,基于是合同许可(contractual license),③延伸性著作权集体管理制度只是著作权人行使权利的一种方式。受会员委托,著作权集体管理组织与使用者签订使用协议,这份协议自然充分代表了全体会员的意志。该份使用协议因延伸性著作权集体管理制度延伸到外部人,也只是著作权人行使作品著作权的一种特殊模式而已。④

2. 对不属于"限制和例外"理由的反驳

其一,退出权的行使必须通过著作权人履行一项积极的声明行为,实则强加了非会员著作权人一项义务。根据《伯尔尼公约》第 5 条第 2 款的规定,享有和行使著作权不应履行任何手续。但是,如果著作权人不想接受延伸性著作权集体管理使用协议限制,著作权人必须发表一份退出声明,实际造成了对著作权人权利享有和行使的限制,因此退出权很难说有其正当性。⑤

---

① WIPO&IFFRO,Collective Management in Reprography〔EB/OL〕. http://www. ifrro. org/upload/documents/wipo_ifrro_collective_management. pdf(p18),2013-12-12.

② WIPO&IFFRO,Collective Management in Reprography〔EB/OL〕. http://www. ifrro. org/upload/documents/wipo_ifrro_collective_management. pdf(p18-21),2013-12-12.

③ OLLI,VILANKA. Rough Justice or Zero Tolerance? —Reassessing the Nature of Copyright in Light of Collective Licensing (Part I)〔EB/OL〕. http://hdl. handle. net/10227/661(p13),2010/2013-12-27.

④ JOHAN,AXHAMN&LUCIE,GUIBAULT. Cross-Border Extended Collective Licensing:A Solution to Online Dissemination of Europe's Cultural Heritage? (Amsterdam Law School Research Paper No. 2012-22)〔EB/OL〕. http://www. ivir. nl/publicaties/guibault/ECL_Europeana_final_report092011. pdf(p46),2012-02-08/2013-12-23.

⑤ Panel:Collective Licensing for Digitizing Analog Materials〔J〕. Colum. J. L. & Arts,2010-2011(34):750.

其二，退出权更多是理论化概念，不具有实际操作性，且存在法定不能退出情形。正如有学者所指出的，退出机制是一个更多理论化的事务，而不是实务上的，因为时至今日无人退出。① 实际上，如何退出并无相应细则，退出的形式、时效等并无公认模式，因而缺乏实操性。在法律上，并不是任何情况下著作权人都享有退出权，甚至根本就没有。例如，瑞典《著作权法》就未规定著作权人拥有退出的权利，丹麦《著作权法》规定在广播作品重播时，著作权人也丧失退出权。②

其三，合同许可的延伸效力（extended effect of the contractual license）③赋予了合同对非当事人的约束力，违背非当事人意愿。合同的相对性决定了合同应只约束当事人双方，对第三方无约束力。可是在延伸性著作权集体管理制度下，合同却有了约束第三方的效力，既违背了合同法的基本原则，也很难说符合非当事人自由意愿。

其四，著作权人被"伪自由"行使权利，权利行使实际上处于被限制状态。对于需要声明且担心即使声明也无济于事的著作权人而言，自由享受和行使权利已属自欺欺人。对于"例外"与"限制"的区别，有学者认为：未经著作权人授权同意且不支付补偿的为例外，未经著作权人授权同意但预期将获得补偿的为限制，④深以为然。

（二）运用三步检验法所进行的具体检测

1. 第一步：是否属特定情况。以前，延伸性著作权集体管理只可获准用于广播节目的再传输或者重播、因教育目的复印书面材料或录制广播电

---

① Panel：Collective Licensing for Digitizing Analog Materials[J]. Colum. J. L. & Arts，2010-2011（34）：752.

② Norwegian Copyright Act § 36.

③ OLLI，VILANKA. Rough Justice or Zero Tolerance? —Reassessing the Nature of Copyright in Light of Collective Licensing（Part I）［EB/OL］. http://hdl. handle. net/10227/661（p15），2010/2013-12-27.

④ JOHAN，AXHAMN&LUCIE，GUIBAULT. Cross-Border Extended Collective Licensing：A Solution to Online Dissemination of Europe's Cultural Heritage?（Amsterdam Law School Research Paper No. 2012-22），［EB/OL］. http://www. ivir. nl/publicaties/guibault/ECL_ Europeana_ final_ report092011. pdf（p47），2012-02-08/2013-12-23.

视节目等特定领域,可是随着该制度的不断发展,除冰岛、瑞典、挪威三国外,①领域已经不再特定。丹麦规定了典型性的集中领域外,又规定了可因使用者与某一领域存在的代表性组织签订使用协议而触发延伸性著作权集体管理生效。② 芬兰《著作权法》更为激进,无特定领域的限制。③ 有学者认为立法上应当做非封闭的(open-ended)处理,只要能合理预见(reasonably foreseeable)即可,④再多列示一个或几个典型领域没有特别意义,⑤因此可以算作是通过了第一步测试。但是,特殊目的和确定情形是特定情况的基本特征,且对此应狭义理解,这是第一步检验的标准。在宽泛化领域范围的情况下,我们既看不到公益或者其他公共政策的特殊目的存在,也看不到特定情形的限定,而是只要某领域存在具有广泛代表性的组织,在获得政府支持后即可将其使用协议延伸到外部人,很难说属于特定情况。因此,不能通过第一步测试。

2. 第二步:是否与正常使用相冲突。有学者认为:从经验角度看,基于是有代表性的著作权集体管理组织通过协商与使用人达成协议,外部人利益并未受损,等同于著作权人正常使用;从规范角度看,著作权人的经济获利未受影响,并且几乎无须承受交易成本。⑥ 因此,也不与外部著作权人的正常使用冲突。实际上,延伸性著作权集体管理因外部效应(outsider

---

① 其中最严格的是冰岛,其《著作权法》规定延伸性著作权集体管理尽可用于商业目的的影印或复印作品、基于数据库应用需要对已出版作品进行计算机可读(computer-readable)复印。详见冰岛《著作权法》第15a条。

② 丹麦《著作权法》第5条第2款.

③ 芬兰《著作权法》第26条.

④ CHRISTOPHE, GEIGER. JONATHAN, GRIFFITHS&RETO M. HILTY. Declaration A Balanced Interpretation Of The "Three-Step Test" In Copyright Law [EB/OL]. http://www. law. nyu. edu/sites/default/files/ECM _ PRO _ 061920. pdf (p711),2013-12-30.

⑤ THOMAS, RIIS&JENS, SCHOVSBO. Extended Collective Licenses and the Nordic Experience—It's a Hybrid but is It a Volvo or a Lemon? [J], Columbia Journal of Law & the Arts, Summer,2010(33):487.

⑥ CHRISTIAN,RYDNING. Extended Collective Licences:The Compatibility of The Nordic Solution with The International Conventions and EC Law[EB/OL]. http:// complexserien. net/sites/default/files/Complex% 202010-03. pdf (p52-56),2010-02/ 2013-12-27.

effect)而具有类似法定许可（强制许可）的因素，即使退出机制也无法减轻这一特质，①对外部著作权人的正常使用形成了一定影响。而且，法定许可（强制许可）产生根源的市场失败理论并不适用于此，因为实际的交易成本并未减少，而是转移到了外部著作权人身上。② 对著作权集体管理组织良好的监管和公开透明的运作，只是在一定程度上减轻与第二步相违背的色彩。③

3. 第三步：是否对著作权人的合法权益造成不合理的侵害。通说认为，延伸性著作权集体管理制度对外部人的经济利益侵害极小，甚至是提高了外部人的经济获利能力，因此谈不上对著作权人造成不合理侵害。首先，合理与不合理既要在宏观层面观察，也要做微观层面探究。对于雇用直升机费用达 1800 英镑/小时进行航拍的摄影作品而言，自己授权往往售价达几百美元，但是通过著作权集体管理组织则只能收取通行价格大概 10 美元，④差距非常大，很难说是在合理限度内侵害了经济利益。其次，合法权益并不仅仅指经济利益，还包括精神权利。即使在法律上规定了退出机制，可是实际上退出也是不可能实现的，⑤更何况在有些情况下法律并未赋予

① OLE-ANDREAS，ROGNSTAD. The Nordic Model：Extended Collective Licenses And Its Relation to International Instruments[EB/OL]. http://www. efta. int/media/documents/eea/eea-news/1101843v1PresentationonExtendedCollectiveAgreement%202. pdf(p9)，2010-09-30/2014-01-05.

② 著作权人需要支付退出声明的成本，著作权人需要向集体管理组织交纳管理费后才能将剩余部分使用费取回。

③ JOHAN，AXHAMN&LUCIE，GUIBAULT. Cross-Border Extended Collective Licensing：A Solution to Online Dissemination of Europe's Cultural Heritage?（Amsterdam Law School Research Paper No. 2012-22），[EB/OL]. http://www. ivir. nl/publicaties/guibault/ECL_ Europeana _ final _ report092011. pdf (p51)，2012-02-08/2013-12-26.

④ Copyright Reform：Orphan Works and Extended Collective Licensing[EB/OL]. http://webarchive. nationalarchives. gov. uk/20121205183318/http://blogs. bis. gov. uk/blog/2012/08/14/ copyright-reform-orphan-works-and-extended-collective-licensing/. 2012-09-04/2013-10-11.

⑤ STINA，TEILMANN-LOCK. Danish Copyright Law：Open Access and Extended Collective Licenses[EB/OL]. http://www. ences. eu/fileadmin/important_files/Documentation_London/Danish_Copyright_Law_-ENCES_1_. pdf(p10)，2010/2013-12-31.

外部人退出机制的保障，[①]无法拒绝授权使用，自然是对著作权人精神权利的剥夺。[②]

三、研究结论

通过上述对《伯尔尼公约》《世界版权公约》和 TRIPs 等三个最具代表性的著作权国际条约确立的"三步检验法"进行梳理，我们可以看出国际条约提供了著作权保护的基础性规范要求，并要求成员国关于著作权立法必须遵循国际条约的精神和内容，而具体检验方法就是三步检验法。国际条约基本的精神与原则是尊重著作权人的绝对权利，但现实是为了所谓的公共利益或者其他目的，对著作权人的限制与例外呈逐步增多趋势。越是如此，越需要对三步检验法进行严格适用。

作为法定许可（强制许可）与传统集体协议的混合体，[③]延伸性著作权集体管理制度实则属于限制与例外情形。按照三步检验法一步一步进行梳理，可以看出，延伸性著作权集体管理除在第三步相较于法定许可（强制许可）弱化外，甚至在第一步还强于法定许可（强制许可），第二步似乎难分轻重。因此，笔者认为，延伸性著作权集体管理无法通过三步检验法检测，其制度设计无法满足"合约性"要求。

第三节　延伸性著作权集体管理制度　与著作权限制制度的比较

著作权法首要的准则即是，须经作者或者著作权人授权方可使用其作

---

① 例如：丹麦《著作权法》第 36 条第 2 款关于广播作品重播的规定，外部人无退出权。

② Minutes of the Orphan Works and Extended Collective Licensing event at BIS Conference Centre［EB/OL］. http://www. ipo. gov. uk/hargreaves-cce-20120127. pdf（p6），2012-01-27/2013-11-27.

③ STINA，TEILMANN-LOCK. Danish Copyright Law：Open Access and Extended Collective Licenses［EB/OL］. http://www. ences. eu/fileadmin/important_files/Documentation_London/Danish_Copyright_Law_-ENCES_1_. pdf（p10），2010/2013-12-31.

品。但是也存在例外情况,也就是对这一准则进行适当的修正。[①] 就一般情况而言,著作权限制形式包括合理使用、法定许可(强制许可)两种。在此两种情形之下,使用人可以不经权利人同意而使用作品,事后再支付补偿,甚或无须补偿。在北欧国家,延伸性著作权集体管理多与权利限制合并为一章,[②] 显然该制度性质上与著作权限制中的合理使用、法定许可(强制许可)制度有共通之处。比较上述制度,厘清相近制度的界限,有助于把握延伸性著作权集体管理的精准含义。

一、延伸性著作权集体管理制度与合理使用比较

(一)合理使用的制度机理

合理使用制度是先由英美法系国家率先确认,继而成为现代各国著作权立法的通例。[③] 美国一般称合理使用为"fair use",英国及其他一些国家也称为"fair dealing"。但是合理使用一般须结合个案判断,因而,被认为是一个最易引起争议而又难以让人理解的规则。[④]

1. 合理使用的在英美两国的起源及其条文规定

有据可查的资料显示,合理使用制度最早于 1740 年因吉尔斯诉威尔科

[①] BERNARD, LANG. Orphan Works and the Google Book Search Settlement: An International Perspective[J]. New York Law School Law Review, 2010, 55 (11): 112.

[②] 丹麦《著作权法》(2010 年 2 月 27 日修订)第二章名为"著作权限制和延伸性集体许可情境下的权利管理"(Chapter 2. Limitations on Copyright and Management of Rights in the event of Extended Collective License);芬兰《著作权法》(2010 年 4 月 30 日修订)第二章名为"著作权限制和延伸性集体许可的相关规定"(Chapter 2. limitations on copyright and provisions concerning of extended collective license);挪威《著作权法》(2006 年 12 月 22 日修订)第二章名为"著作权限制和延伸性集体许可之下的权利管理"(Chapter 2. limitations on copyright and the management of rights by extended collective license);冰岛《著作权法》(2010 年 4 月 21 日修订)则直接将延伸性著作权集体管理的条款 15a 纳入第二章"对于著作权的限制"(Chapter Ⅱ Limitations To Copyright);瑞典《著作权法》(2009 年 4 月 1 日修订)在总的第三章"著作权转让"(Chapter 3. Transfer of Copyright)之下附加第三章 a. "关于集体许可延伸效应的规定"(Chapter 3a. On the Extended Effect of Collective License),在章节设置上异于其他北欧国家。

[③] 吴汉东. 论合理使用[J]. 法学研究,1995(4):43.

[④] L. RAY, PATTERSON&STANLEY W. LINDBERG. The Nature of Copyright: A Law of Users' Rights[M]. Athens:University of Georgia Press, 1991:66.

克斯案（Gyles v. Wilcox）中由英国大法院法官菲利普·约克（Philip Yorke）①创立，他提出的"合理节略"（fair abridgement）原则最终成就了现在的合理使用制度。该案中，在书商吉尔斯首次出版了马修·黑尔（Matthew Hale）所著的《国王的诉讼》（*Pleas of the Crown*）之后，威尔科克斯和纳特（Nutt）雇用了一位名叫巴罗（Barrow）的写手，在对《国王的诉讼》进行删节修改后加工成了一本名叫《现代国王法》（*Modern Crown Law*）。因此，吉尔斯因仍拥有出版权而主张其《安妮女王法》（the Statute of Anne）所赋予的权利受到侵害。菲利普·约克大法官认为，对一本已经出版的图书进行真实节略之后，将视为是一个彻底独立的新作品。因为，节略行为显示出了作者的劳动、原创、教育水准和判断。② 况且，这个新作品没有伤害到作者的著作权或者书商的出版权。他的观点使得人们仅将著作权法理解为作品出版的权利提高到促进新教育和有益作品的创造的层次，进而可以服务于公共利益。③ 在此基础之上，英国不断完善合理使用制度，审判中逐步采用该制度作为侵权免责理由。英国 1911 年《著作权法》第一次以成文法方式确立了合理使用制度，在该法第 2 条第 1 项第 1 款规定："用于个人研究、探讨、批评、评论、报纸登载等目的时，对原作品的合理使用不构成侵犯著作权。"④

　　合理使用制度在美国有着异乎寻常的重要地位。与英国不同的是：合理使用制度确立之初，并非是出于维护公益的目的，而是试图否定原来的节略原则（the abridgment doctrine）从而扩大版权人的控制范围，但是为使此种控制范围的扩大具有正当性，法官发展出所谓的合理使用原则。⑤ 1841

---

　　① 菲利普·约克（1690 年 12 月 1 日—1764 年 3 月 6 日）在任大法官期间进一步确立了衡平法原则，使个人及财产权利获得保障，并获第一代哈德威克伯爵（1st Earl of Hardwicke）。

　　② MACGILLIVRAY&EVAN,JAMES. A Treatise upon the Law of Copyright：In the United Kingdom and the Dominions of the Crown，and in the United States of America[M]. London ：John Murray（Publishers）Ltd. ,1902：25.

　　③ DEAZLEY,RONAN. Commentary on：Gyles v. Wilcox （Atkyn's Reports）(1741) [EB/OL]. http://copy. law. cam. ac. uk/cam/tools/request/showRecord. php? id=commentary_uk_1741,2013-11-27.

　　④ Fox Film Corp v. Doyal. 286 U. S. 123,127(1932)转引自：冯晓青,谢蓉. 著作权法中"合理使用"与公共利益研究[J]. 河北法学,2009(3)：64.

　　⑤ 黄海峰. 知识产权的话语与现实——版权、专利与商标史论[M]. 武汉：华中科技大学出版社,2011.87.

年,约瑟夫·思拓理(Joseph Story)法官裁决的福尔索姆诉马什案(Folsom v. Marsh)被认为是美国著作权法中合理使用制度的起源。[①] 在该案中,马什公司为厄珀姆(Upham)出版了《华盛顿的一生》(*Life of Washington*),该书分两卷,共 866 页。可是有 353 页抄袭自斯帕克斯(Sparks)的《华盛顿的生平和作品》(*Life and Writings of Washington*)。厄珀姆将华盛顿的文稿、讲话或书信等材料进行节选或压缩,进而编成该书。这些材料中,有 64 页是公函和文件,255 页是华盛顿个人的书信,而书信是斯帕克斯与华盛顿个人书信的原件持有者签订协议获得的。因此,福尔索姆作为出版商认为马什公司侵害其权利。被告马什公司主要是拿起了节略原则予以回应,认为他们有权节略、挑选或者使用前人的作品,而即使他们的作品包含原告一部分书信,但是仍然是一部原创的、新的作品。[②] 约瑟夫·思拓理法官修正了英国合理节略原则,认为构成作品的合理使用需要考虑:使用作品的性质和目的、使用作品的数量和价值、使用对原作市场销售和获利的影响程度。而马什公司使用了原告作品精华之处,构成侵权。[③] 在经过一个多世纪后,美国《1976 年著作权法》正式规定了合理使用制度,设立单独的 107 条予以规定:"在第 106 条和 106A 之规定外,对一受著作权保护作品的合理使用,无论是通过复制、录音或其他任何上述规定中所提到的手段,以用作批评、评论、新闻报道、教学(包括在课堂上分发多份拷贝)、学术交流或研究之目的,不属于侵权。在确定任何一特定案例是否属于合理使用时,必须考虑到下列因素:(1)使用的目的和性质,包括这种使用是具有商业性质或者是为了非营利的教育目的;(2)获版权保护作品的性质;(3)同整个获版权保护作品相比所使用部分的数量和内容的实质性,以及(4)这种使用对获版权保护作品的潜在市场或价值所产生的影响。"我国《著作权法》第 22 条规定,在法律规定的 12 种情形下,用作品可以不经著作权人许可,不向其支付报酬,但应当指明作者姓名、作品名称,并且不得侵犯著作权人依照本法享有的其他权利。

综合各国的立法规定,合理使用是指使用者可以无须征求著作权人同

---

① BRACHA, O. (2008) 'Commentary on Folsom v. Marsh (1841)', in Primary Sources on Copyright (1450—1900) [EB/OL]. http://copy. law. cam. ac. uk/cam/tools/request/showRecord? id＝commentary_us_1841,2014-02-07.

② Folsom v. Marsh,9 F. Cas. 342,347.

③ Folsom v. Marsh,9 F. Cas. 342,348.

意,径行使用著作权人作品的一项著作权保护的例外制度,它力求在著作权人的私有权保护和公共利益之间搭建一个平衡机制。美国《著作权法》第107条是较为公认的关于合理使用的制度规范。因此,可以看出合理使用具有如下特征:一是适用对象上多数为已经发表的作品,但有时也可以是未发表的作品。[①] 二是无须支付报酬,这是合理使用制度较为突出之处。三是仅限于著作财产权的让渡,不得涉及著作人身权。

2. 合理使用的司法实践

美国谷歌公司于2004年启动了两项数字图书计划,第一个计划最初称为"谷歌打印"(Google Print),而后更名为"合作项目"(Partner Program),主要用于图书出版商或者其他权利人的书籍展示。第二个计划称为"图书馆计划"(Library Project),最初用于数字化扫描来自纽约公共图书馆(New York Public Library)、国会图书馆(Library of Congress)和一部分大学图书馆的馆藏图书。该两项计划共同构成了"谷歌图书"(Google Books)计划。[②] 一旦作品被扫描数字化,变成为谷歌图书数据库的一部分。截至2013年4月,谷歌图书共拥有经扫描的图书3000万册。[③] 用户通过搜索特定词汇或引述,可以获得包含该特定词组的作品列表。通过集合越来越多的作品形成全球网上版权霸主地位,谷歌公司提供的就不仅仅是书籍列表,将通过销售来与出版商进行分成来获取收益,[④]那么谷歌公司扮演的就将是一个新型集体管理组织(Collective Management Organization)角色。[⑤] 同时,谷歌公司既未寻求或取得著作权人可以数字化其作品并展示的许可,也未因复制或数字化展示而向权利人支付补偿,[⑥]这一行径,也激怒了众多

---

① 吴汉东.著作权合理使用制度研究(修订版)[M].北京:中国政法大学出版社,2005:206-207.

② Authors Guild, Inc. v. Google Inc. ,954 F. Supp. 2d 282,285.

③ ROBERT,DARNTON. The National Digital Public Library Is Launched![EB/OL],http://www. nybooks. com/articles/archives/2013/apr/25/national-digital-public-library-launched/? insrc＝toc,2013-04-25/2014-01-05.

④ CHRISTOPHER,MIMS. Why There Can Never Be a Competitor to Google Books [EB/OL],http://www. technologyreview. com/view/421247/why-there-can-never-be-a-competitor-to-google-books/,2010-10-18/2013-12-04.

⑤ DANIEL,GERVAIS. Collective Management of Copyright and Related Rights (2nd Edition)[C],Alphen aan den Rijn:Kluwer Law International,2010:373.

⑥ Authors Guild,Inc. v. Google Inc. ,954 F. Supp. 2d 282,286.

权利人,并导致针对谷歌的侵权案件在多个国家发生。

一是美国作家协会诉谷歌公司案(Authors Guild, Inc. v. Google Inc.)。2005 年 9 月 20 日,美国作家协会与出版商联合会(The Publishers' Association)及部分个体权利人向纽约南区联邦地区法院提起诉讼,指控谷歌公司未经许可就以数字化的方式复制其享有版权的图书,并可通过网络获取内容的行为,造成了对他们的侵权。诉讼伊始,谷歌公司随即祭出了合理使用这一挡箭牌。几经周折和反复磋商,双方于 2008 年达成了一项和解协议(Amended Settlement Agreement),内容是谷歌将向图书作者和出版商支付 1.25 亿美元,该项资金用于筹建"图书版权登记中心"(Book Rights Registry),以此来解决作者和出版商目前的诉讼以及法律费用。但是美国版权局和司法部都极力反对该项和解协议,认为有悖法律。2011 年 3 月 24 日,纽约南区联邦地区法院华裔法官陈卓光(Denny Chin)虽然承认谷歌图书计划对多数人有益,但毋庸置疑的是,版权所有者具有对其权利的绝对的处分权是基础。① 如何和解协议能够改"预设加入"(opt-out)为"预设退出"(opt-in)方式则有利于减轻来自竞争对手、国外权利人的反对,也不与著作权法、竞争法等法律相抵触。而该项和解协议因不公平、不具群体代表性和不合理而予驳回。② 2012 年 5 月 31 日,陈卓光法官裁定驳回了谷歌关于驳回本案诉讼的请求,准许原告系集体诉讼的请求。2012 年 6 月 9 日,陈卓光法官重新设定了简易判决(motion for summary judgment)的日程安排,可是在双方提交交叉动议(cross-motions)之前,第二巡回上诉法院于 2012 年 9 月 17 日下发指令称,这一进程因谷歌公司提起上诉而中止。2013 年 7 月 1 日,第二巡回上诉法院裁定发回该案,并要求须先行考虑合理使用问题。③ 2013 年 11 月 14 日,陈卓光法官判定谷歌公司胜诉,认定谷歌公司行为属于合理使用,不构成侵权,驳回了作家协会的诉讼请求。可以说,这一判决与他 2011 年 3 月 24 日时的观点基本相反。陈卓光法官从美国《著作权法》第 107 条规定的判断合理使用四要素出发,逐一进行分析。一是从使用性质和目的来看,使用具有高度的转换性(transformative),本质属于商业使用,但是对于教育具有重大意义;④二是从作品性质上来看,是各种类

---

① Authors Guild, Inc. v. Google Inc. ,770 F. Supp. 2d 666,681.

② Authors Guild, Inc. v. Google Inc. ,770 F. Supp. 2d 666,686.

③ Authors Guild, Inc. v. Google Inc. , 721 F. 3d 132, 135 (2d Cir. 2013).

④ Authors Guild, Inc. v. Google Inc. ,954 F. Supp. 2d 282,291-292.

型已经出版的图书,包括小说和非小说作品、已印制(in-print)和绝版(out-of-print)作品;①三是从使用作品的数量和实质来看,谷歌是对正本作品逐页的扫描,但谷歌公司对于展示进行了限制;②四是从对潜在市场和价值的影响来看,谷歌图书促进了图书的销售,对于著作权人有益。③他进一步指出,谷歌图书具有重大的公共利益(significant public benefits),并且对于谷歌图书负有间接责任(secondary liability)的理论予以反驳,认为既然作家协会诉哈斯查斯特数字图书馆(Authors Guild, Inc. v. HathiTrust)案中图书馆因属合理使用而不构成侵权,则谷歌图书更无责任可言。④

二是作家王莘(笔名棉棉)诉谷歌公司侵权案。当我们再将视线拉回到国内,发现针对谷歌公司侵权的指控也是不绝于耳。仅就中国文字著作权协会而言,先是于 2009 年起 11 月发布维权通告,并与谷歌公司进行数次磋商。王莘在获知自己的作品《盐酸情人》⑤在自己毫不知情且未经自己同意的情况下就被谷歌图书收录其中,便于 2009 年 11 月 4 日向法院提起诉讼,请求法院判令谷歌公司和 www. google. cn 网站的运营方北京谷翔信息技术有限公司承担侵权责任,要求两被告停止侵权、公开道歉,并向原告赔偿经济损失和精神损害赔偿共计约 27 万美元。王莘也因此成为国内第一例以个人名义起诉谷歌侵权的案件。因最初起诉时王莘仅起诉了北京谷翔信息技术有限公司,故该案原由北京市海淀区人民法院审理,但后来王莘追加了谷歌公司为第二被告,案件上升为涉外民事案件,改由北京市第一中级人民法院审理。在庭审中,北京谷翔信息技术有限公司认为自己只提供搜索和链接服务,不属于网络传播行为,谷歌公司认为扫描行为发生在美国,该案不应由中国法院审理。北京市第一中级人民法院认为,因侵权行为结果地为中国,故法院有权审理。而对于网络传播和复制行为是否侵害了原告权利,关键要看该行为是否构成合理使用。关于网络传播行为是否构成合理使用,法院持支持态度。理由在于:一是该行为未造成对作品价值实质性

---

① Authors Guild, Inc. v. Google Inc. ,954 F. Supp. 2d 282,292.

② Authors Guild, Inc. v. Google Inc. ,954 F. Supp. 2d 282,292.

③ Authors Guild, Inc. v. Google Inc. ,954 F. Supp. 2d 282,293.

④ Authors Guild, Inc. v. Google Inc. ,954 F. Supp. 2d 282,294.

⑤ 三联书店上海分店 2000 年 3 月 1 日出版,包括棉棉的《香港情人》《九个目标的欲望》《白色飘渺》《黑烟袅袅》《啦啦啦》《盐酸情人》《看在上海的老外男》《我会暴怒在音乐里》《上海是我的情人》《把魔鬼放在你面前》等十篇随笔。

影响,也未影响作品的销路;①二是提供的链接服务构成转换性使用,不会不合理地损害原告利益。② 关于全文扫描行为是否构成合理使用,法院持否定态度。理由在于:一是"全文复制"行为与原告的正常利用方式相冲突,因为全文复制须经作者授权且须支付许可费用;③二是全文复制行为对作品的潜在利益造成了损害。④ 虽然在行为连贯性上,现有复制行为后有网络传播行为,两者是捆绑的,但是在责任认定上予以了区分,法院认为网络传播与复制行为之间无必然联系,网络传播可以只是部分显示,而复制是全文的,必然会影响到作者权利。⑤ 谷歌公司不服一审判决,向北京市高级人民法院提起上诉。2014 年 1 月 5 日,北京市高级人民法院作出终审判决,认定谷歌对作家王莘的作品进行数字化扫描的复制行为不构成合理使用,判决驳回谷歌的上诉请求,维持一审法院作出的谷歌立即停止侵权,并赔偿王莘经济损失及合理支出共计 6000 元的判决。⑥

比较有意思的是,在两案中,谷歌公司自始至终都是以合理使用为抗辩理由,但判决结果两国并不相同,甚至是同一法官前后判决都不同。北京市第一中级人民法院 2012 年 12 月 20 日一审判决、北京市高级人民法院 2014 年 1 月 5 日二审判决与美国纽约南区联邦地区法院陈卓光法官 2011 年 3 月 24 日判决有相同和相通之处,但是由于陈卓光法官在重审后于 2013 年 11 月 14 日推翻了原来的认定,导致结果各异。判决结果不同的原因,除了证据方面的因素外,还有对著作权法深层次精神和发展导向的把握,但是北京市两级法院在按照我国《著作权法》第 22 条将事实进行判断的时候,所使用的判断标准却完完全全是美国《著作权法》第 107 条所列示的四要素,可见,两国具体制度并无太大差异。⑦

---

① 与美国《著作权法》第 107 条第 4 款要素相同。

② 与美国《著作权法》第 107 条第 3 款要素相同。

③ 该理由的基础仍在于著作权人对自身作品享有绝对的排他权利,这一根本原则未予突破。

④ 与美国《著作权法》第 107 条第 4 款要素相同。

⑤ 北京市第一中级人民法院民事判决书〔2011〕民初字第 1321 号[EB/OL],http://bj1zy.chinacourt.org/public/paperview.php?id=1220150,2013-12-30.

⑥ 石必胜.国内首例作家诉谷歌数字图书侵害著作权案终审宣判:法院认定谷歌公司对图书的电子化扫描行为不构成合理使用[EB/OL],http://bjgy.chinacourt.org/article/detail/2014/01/id/1172651.shtml,2014-01-06/2014-02-25.

⑦ 我国合理使用相关规定更多注重在使用目的和性质上,未规定相关判断标准。参见我国《著作权法》(2010 年 2 月 26 日修订)第 22 条。

（二）延伸性著作权集体管理与合理使用的异同

在诸多方面,合理使用有与延伸性著作权集体管理相类似之处。也正因为如此,有学者将谷歌图书拟筹建的图书版权登记中心与延伸性著作权集体管理制度并列,两者甚至可以相互取长补短,作为解决版权大规模数字化过程中的备选方案。①下面,本书将从相同与相异两个方面对两者进行详尽分析。

1. 共性:著作权的限制

第一,从是否需要授权角度而言,两者都不需要先期获得权利人许可。在合理使用制度情况下,基于法律规定,使用人可以直接使用受版权保护的作品而不必担心被追责,这是法律赋予使用人的"护身符"。在建立延伸性著作权集体管理制度的国家,使用人只要按照协议向集体管理组织交纳使用费用,不必费力寻找权利人获得授权,也不用担心被权利人追责。

第二,从使用对象来看,都包括已印制和绝版作品、孤儿作品、外国作品等作者身份确认困难的作品。合理使用作为支付成本为零且对著作权人最具杀伤力的一项制度,其覆盖的作品范围也非常广泛。例如谷歌图书(Google Books)搜索中显示,很多馆藏的绝版作品都在其列。对于易于确认权利人身份的作品,使用人都可以拿来使用,逻辑上,合理使用情况下的使用人自然也可以使用作者身份不明或者无法确认的孤儿作品。而且,合理使用对于拯救和保存孤儿作品还具有重要的社会意义。② 在作品的国籍问题上,合理使用对此并无限制。③ 延伸性著作权集体管理作为解决"外部人"的一个特别制度,主要针对的对象就是非会员、孤儿作品和外国人,因此,两者在使用对象上具有高度的重叠性。由于美国法律不支持延伸性著作权集体管理制度,因而合理使用制度就在实际中发挥了重大作用,这也许

---

① LOIS F. WASOFF. If Mass Digitization Is the Problem, Is Legislation the Solution? Some Practical Considerations Related to Copyright[J]. J. L. & Arts,2010—2011,34:733-735.

② JENNIFER M. URBAN. How Fair Use Can Help Solve the Orphan Works Problem[J]. Berkeley Technology Law Journal,2012(27):1379-1429.

③ 这也是美国作家协会诉谷歌公司案中,陈卓光法官在2011年5月31日否决和解协议的理由之一,认为谷歌图书的行为损害了在美国进行版权登记的外国作者的著作权。(参见 Authors Guild, Inc. v. Google Inc. ,770 F. Supp. 2d 666,684.)但是,其在2013年11月14日的判决中支持了谷歌公司合理使用的抗辩,自然外国人在美国登记的作品就在合理使用范围之列。

是谷歌公司在美国获得法院支持的深层次原因之一。

第三,从属性上来看,都属于对著作权人的权利限制。合理使用是最严格的著作权限制的方式,①这一点是毋庸置疑的。那么,如何看待延伸性著作权集体管理呢?在北欧五国著作权法的章节编排上,可以从形式上得出延伸性著作权集体管理属于权利限制或类权利限制的初步判断。从实际制度内容和运行来看,首先,延伸性著作权集体管理采取的是"预设加入"(opt-out)设计,这就强加了不想加入集体管理组织的非会员著作权人一项必须声明退出的义务,虽然,"并未完全剥夺著作财产权人之'利用控制权'";②其次,如果非会员著作权人未公开发表退出声明或者声明因各种原因无效,则完全可能在自己不知情的情况下受到集体管理组织与使用人所签协议的约束。可见,延伸性著作权集体管理本质上也属于对著作权人权利的限制,而不是著作权人行使权利的一种特别方式。

2. 个性:权利限制领域

第一,从主体来看,延伸性著作权集体管理必然存在中间组织,而合理使用则未必。在延伸性著作权集体管理中,存在权利人与使用者之间存在著作权集体管理组织,该组织发挥着中间人和桥梁的作用。而在合理使用中,使用人直接使用著作权人的作品,无须通过任何中间组织。

第二,从是否需要支付补偿来看,合理使用不需要支付补偿,延伸性著作权集体管理则需要。合理使用有别于其他权利限制方式的最突出之处,就在于使用人无须向著作权人支付报酬。延伸性著作权集体管理制度中,使用人只是免除了查寻并征求著作权人同意授权的义务,但是支付报酬的义务依然存在,且须按照其与著作权集体管理组织签订的使用协议支付报酬,不论著作权人是否属于著作权集体管理组织的会员。

第三,从是否包括未发表作品来看,合理使用包括使用未发表作品情形,而延伸性著作权集体管理则要求必须是已发表作品。美国《著作权法》第107条第2款特别规定:"作品未发表这一事实本身不应妨碍对合理使用的认定,加入该认定系考虑到上述所有因素而做出的。"延伸性著作权集体管理制度要求使用的必须是著作权人已经发表的作品,因为它是对著作权

---

① 李琛.知识产权法关键词[M].北京:法律出版社,2006:204.
② 章忠信.报章期刊二次利用之困境化解与合理机制[J].智慧财产权月刊,2013(08):80.

人权利"二次使用"(secondary use)①的集中授权管理。

第四,从是否限定使用用途来看,合理使用一般要求具有公益目的,而延伸性著作权集体管理无此要求。设置合理使用制度的出发点就在于平衡著作权人和公共利益之间的利益冲突,而公共利益更是衡量是否符合合理使用的首要要素。② 延伸性著作权集体管理主要是为了方便使用者扫清使用作品的权利障碍,使用用途和目的在所不问。而实际上,在延伸性著作权集体管理制度下,使用人愿意支付协议约定的报酬主要还是追求个体利益最大化,显然公益性色彩不足。

二、延伸性著作权集体管理制度与法定许可(强制许可)比较

在强制许可中,使用者只有在无法实现许可或著作权人拒绝许可时,才能依照法定程序申请许可。法定许可则是使用者在法律规定的特殊情势下,直接通过支付法定费率的方式使用作品,著作权人仅享有法定报酬请求权。因此,两者都体现为作者权利的限制,且著作权人都无法决定使用费用标准。

(一)法定许可(强制许可)的制度机理

世界上,最早建立法定许可(强制许可)制度的国家是当时还未成为伯尔尼公约成员国的美国。在 19 世纪晚期,音乐作品受保护的"复制品"(copies)形式仅限于五线谱(musical notation)。③ 但是,随着自动演奏钢琴(player piano,也称 pianola 或 autopiano)和蜡筒唱片(wax cylinder)的出现,判断什么构成应受保护的"复制品"(copy)就变得异常困难。音乐作品

---

① HENRY,OLSSON. The Extended Collective License as Applied in the Nordic Countries[EB/OL]. http://www. kopinor. no/en/copyright/extended-collective-license/documents/the-extended-collective-license-as-applied-in-the-nordic-countries, 2010-03-10:2013-11-01.

② 公共利益与商业并不冲突,很多学者将公共利益理解为等同于不具有赢利目的是不妥的,这要从使用效果来判断,而不仅仅只从使用人是否具有赢利意图。同样,具有公共利益属性,并不一定表示不赢利,虽然可能某个项目在决策之初并无考虑赢利。

③ OREN,BRACHA. Commentary on the Copyright Act 1831[EB/OL]. http://copy. law. cam. ac. uk/cam/tools/request/showRecord? id = commentary _ us _ 1831, 2014-01-21.

机械演奏设备不断获得商业上的成功，①而著作权人却无法从其中获得任何收益。为此，大西洋两岸的著作权人开始了抗争，认为自动演奏钢琴和蜡筒唱片是受保护的主演奏表（lead sheet）的复制品，因此侵害了这一隐含版权作品（underlying copyrighted work）的权利。② 在早期审判当中，美国法院都对著作权人的主张予以了否定。但是怀特·史密斯音乐出版公司诉阿波罗公司案（White-Smith Music Publishing Co. v. Apollo Co.）之后发生了变化。怀特·史密斯音乐出版公司是"小棉布娃娃"（Little Cotton Dolly）和"肯德基宝贝"（Kentucky Babe）两首乐曲的出版商和著作所有人。③然而，阿波罗公司直接将这两首乐曲生产进了钢琴纸卷，引致怀特·史密斯音乐出版公司向初审法院纽约州南区联邦地区法院起诉阿波罗公司侵权。黑兹尔（Hazel）法官于 1905 年 6 月 21 日判决阿波罗公司并不侵害怀特·史密斯音乐出版公司作为唯一著作权人所享有的公平权利，但是黑兹尔法官也认为现行法律应被遵守，因此与前人判决的统一性和协调性更起到主要作用。④ 后来，案件上诉至美国联邦第二巡回上诉法院。可是第二巡回上诉法院坚持认为钢琴纸卷并不是复制品，钢琴纸卷并不是作者音乐作品符号的另一种演变形式（varied form）。⑤最后，案件到了美国最高法院大法官霍姆斯（Holmes）面前。霍姆斯在 1908 年 2 月 24 日所做的判决中，详尽陈列了著作权的抽象（abstract）之处，并指出：任何以机械方式复制的声音排列均应被视为复制品……至于销售版权保护的物品应该取得何种许可，则是另一个且非常难的问题。我不能触碰，因为许可规定不应由法院做出。⑥ 其意思是，法院不能修改现行法律，而应由国会去完成。

基于国会将承认机械演奏设备音乐作品权利的预期，一家名为伊奥利斯（Aeolian）的公司与主要音乐出版商订立了将流行音乐转为钢琴纸卷的

---

① STEPHEN P. LADAS. International Copyright and Inter-American Copyright (Harvard studies in international law，. The international protection of literary and artistic property；Volume 1)[M]. New York：The Macmillan Company，1938：411.

② TIMOTHY A. COHAN. Ghost in the Attic：The Notice of Intention to Use and The Compulsory License in The Digital Era[J]. Columbia Journal of Law & the Arts，2010，33（4）：502.

③ White-Smith Music Publishing Co. v. Apollo Co.，139 F. 427，428.

④ White-Smith Music Publishing Co. v. Apollo Co.，139 F. 427，432.

⑤ White-Smith Music Publishing Co. v. Apollo Co.，147 F. 226，227.

⑥ White-Smith Music Publishing Co. v. Apollo Co.， 209 U. S. 1，324.

独占许可合同。虽然主要关注的是伊奥利斯上述隐藏企图的种种行径,但是同时,美国国会也感受到了众多国内外主要音乐出版社组成著作权机构所带来的反竞争威胁。最后,基于避免对钢琴纸卷行业竞争形成威胁的考虑,美国国会在 1909 年《著作权法》修正案中规定,音乐作品的著作权所有者一旦进行授权复制和分配,他也必须向其他有类似需求的使用者授权。使用者为此必须支付使用费 2 美分,如果支付失败,法院有权根据著作权所有者的要求确定一个合理的协商价格。[①] 可见,著作权法最初规定法定许可(强制许可)制度,是为了防止过度固化而对授权许可制度弊端的一次修正。[②] 此后,其他国家也纷纷参考上述规定建立了法定许可(强制许可)制度。

国内通说认为法定许可与强制许可有一定的区别,法定许可是根据法律的直接规定,以特定方式使用他人已发表的作品,可以不经著作权人许可,但应按规定向其支付报酬,并尊重著作权人的其他权利的一种著作权限制制度;而强制许可是指在法律规定的条件下,由著作权主管机关根据申请人的申请,将对已发表作品予以特殊使用的权利授予申请获得该权利的使用人的一种著作权限制制度。[③] 两者较为通俗的差异在于,使用费率由法律规定的为法定许可,而可由著作权人与使用人谈判敲定(虽然著作权人无法拒绝官方认可的费率)的为强制许可。[④] 但在我国,无论是目前实施的《著作权法》,还是正在进行的《著作权法》第三次修订(草案)中,都只规定了法定许可,而无强制许可的规定。

法定许可(强制许可)具有如下特征:一是具有法定性。依照传统理念,使用人不经著作权人使用其作品是侵权行为,而法律规定赋予了法定许可(强制许可)制度下使用人使用行为的正当理由,不必担心追责问题。这项

---

① 17 U. S. C. § 1(e)(1909)[EB/OL]. http://www. copyright. gov/history/1909act. pdf(p1-3),2014-01-21.

② W. JONATHAN, CARDI&ÜBER-MIDDLEMAN. Reshaping the Broken Landscape of Music CopyrightIowa Law Review[J]. Iowa Law Review,2007,92:872-873.

③ 丁丽瑛,主编. 知识产权法(第二版)[M]. 厦门:厦门大学出版社,2009:110-101.

④ WIPO & IFRRO, Collective Management in Reprography [EB/OL]. http://www. ifrro. org/upload/documents/wipo_ifrro_collective_management. pdf(p20),2013-07-11.

制度是人为创设,并非自著作权法伊始就存在。二是使用的对象必须是已发表的作品。发表权是作者的人身权利,使用人不可以剥夺。通过发表行为,著作权人才将他的权利带入他人权利行使的领域,[①]如学术和消费等。三是使用人必须支付使用费。在法定许可(强制许可)制度下,著作权人仅是无权拒绝使用人的使用要求,而经济权益并不因此丧失,这一点明显区别于合理使用。四是有适用范围有一定限制。使用人并不是在任何情况下使用著作权人作品仅支付使用费而不经著作权人同意,而是有一定的限制范围,或者是用于教育活动,或者是在广播电视等。这是基于平衡使用人与著作权人利益的需要,使用人不再拥有绝对排他的权利,但也不是完全颠覆授权使用的著作权法基本准则与根基。

(二)延伸性著作权集体管理与法定许可(强制许可)的异同

1. 共性:保障"被动"的著作权人的经济利益

第一,从是否支付使用费来看,使用人都必须支付使用费。正如有学者所言,法定许可(强制许可)更像是"一份非文本协议(unwritten contract),基于日后将支付报酬或使用费的承诺,使用者可以不受束缚地使用著作权人的作品"[②]。因此,支付使用费是使用著作权人作品的前提和基础。同样,延伸性著作权集体管理存在的前提也是不能剥夺著作权人的报酬权,使用人使用外部人作品,仍需要按照其与集体管理组织签订的协议支付使用费,虽然外部人并未授权该集体管理组织与使用人签订协议。

第二,从著作权人地位看,使用人都不须经著作权人同意,著作权人都处于被动地位。法定许可(强制许可)制度赋予了使用人不必征求著作权人同意而径行使用作品的权利,著作权人既丧失对作品的绝对控制权,也对使用费的确定无主动权,因此处于极为被动的接受地位。在延伸性著作权集体管理制度中,即使著作权人不愿意,只要他未及时发表退出声明,或者虽然加入集体管理组织但是对于集体管理组织的使用费分配不满意,只要使用人与集体管理组织签订的协议生效,实际上他已经没有机会再阻止自己的作品被使用。

第三,从属性上来看,都属于权利限制。法定许可(强制许可)中著作权

---

① L. RAY, PATTERSON. Copyright and "the Exclusive Right" of Authors[J]. Journal of Intellectual Property,1993(1):25.

② MIDGE M. HYMAN. The Socialization of Copyright:The Increased Use of Compulsory Licenses[J]. Cardozo Arts & Entertainment Law Journal,1985(4):107.

人丧失作品控制权又丧失费用决定权,著作权人的权利受到较为明显的限制。在延伸性著作权集体管理制度之下,个体著作权人即使未将自己的作品委托集体管理组织管理,他的作品仍可能未经授权使用。换句话说,实际剥夺了著作权人对作品的绝对控制权,这就使得情形类似于法定许可(强制许可)。①

2. 个性:制度功能与运用

第一,从使用费的确定方式来看,使用费率水平不同。实施法定许可(强制许可)制度的正当性来源于经济考量,是市场机制未能有效阻止交易的高成本,也就是说查找著作权人、与著作权人谈判的成本高于获得许可后的收益。② 因此,法定许可(强制许可)制度下的使用费率通常由法律明文规定,且水平偏低。延伸性著作权集体管理制度要求先存在代表众多著作权人利益的集体管理组织,该组织代表著作人与使用人签订使用协议,因此使用费也是协商约定的,在一定程度上反映市场水平,因此通常高于法定许可(强制许可)的使用费水平。

第二,从参与主体来看,法定许可(强制许可)并不一定需要集体管理组织存在。需要指出的是,在著作权集体管理组织较为发达的国家,著作权集体管理组织在法定许可(强制许可)制度中也扮演了重要角色,无论是使用费的收取还是发放都通过著作权集体管理组织来完成。但是,毕竟著作权集体管理组织不是不可或缺,在有些国家收取和发放使用费工作则是由指定的国家机关完成的。集体管理组织在延伸性著作权集体管理制度中则是必不可少的,没有集体管理组织,"集体管理"将无从谈起,更不用说"延伸"了。

第三,从限定范围来看,两者各不相同。应该说,在建立延伸性著作权集体管理制度的国家,法定许可(强制许可)与延伸性著作权集体管理在适用范围上有一定的重合。但是,由于两个制度侧重点不相同,法定许可(强制许可)制度的主要意图在于减少使用人的使用成本,延伸性著作权集体管

① OLLI, VILANKA. Rough Justice or Zero Tolerance? —Reassessing the Nature of Copyright in Light of Collective Licensing (Part I) [EB/OL]. https://helda.helsinki.fi/bitstream/handle/10227/661/vilanka.pdf? sequence=3(p9),2013-12-10.

② The Australian Law Reform Commission. Copyright and the Digital Economy [EB/OL],http://www.alrc.gov.au/sites/default/files/pdfs/publications/final_report_alrc_122_2nd_december_2013_.pdf(p184-185),2013-12-10.

理制度的主要意图在于扫清使用人使用作品的权利障碍,成本考虑是次要因素,因此应用范围也不尽相同。以挪威为例,其《著作权法》(2006 年 12 月 22 日修订)规定,法定许可(强制许可)和延伸性著作权集体管理在作品应用于教育、残障人士两个领域重合。[①] 但是,在集合作品(collective works)应用于宗教服务,教育、艺术,或摄影作品应用于学术评论或科学论著,表演艺术家的表演录音作品等三个领域则只可适用法定许可(强制许可),[②]在作品应用于社会组织机构和商业企业、作品应用于档案馆和图书馆以及博物馆、作品应用于广播机构、集合作品应用于广播机构联合组织等四个领域只可适用延伸性著作权集体管理。[③]

三、小结

在延伸性著作权集体管理制度中,一般著作权人有退出(opt out)的权利,而在合理使用、法定许可(强制许可)中则无这样的设置,著作权人无权选择退出。再加以上述分析,可以看出,延伸性著作权集体管理是强制与自愿相结合的一种著作权管理制度,与合理使用、法定许可(强制许可)这两种典型权利限制制度具有一定程度,甚至较高程度的相似性,这也是延伸性著作权集体管理越来越受到非北欧国家关注的原因,这其中甚至包括以私人绝对权利至上为标杆的美国。通过赋予集体管理组织以更多的职能,可以扩大私人自治空间并减少国家干预的色彩。但也要注意它们之间的区别与界限,避免盲目混淆,否则会导致私法的过度公法化,侵害到法律体系的内在逻辑和权利人的正当权利。

---

① 第 13a 条和第 13b 条分别规定了法定许可(强制许可)在教育领域的应用,第 17a 条和第 17b 条分别规定了法定许可(强制许可)在残障领域的应用。相关条文规定,在上述两种情况下集体管理组织可以延伸代表所有著作权人与使用人签订许可协议。

② 第 18 条规定了集合作品在宗教服务和教育领域应用的法定许可(强制许可),第 23 条、第 23a 条规定了艺术或摄影作品在学术评论或科学论著领域应用的法定许可(强制许可),第 45b 条规定了表演艺术家的表演录音作品领域的法定许可(强制许可)。

③ 第 14 条规定了作品应用于社会组织机构和商业企业领域的延伸性著作权集体管理,第 16a 条规定了作品应用于档案馆和图书馆以及博物馆领域的延伸性著作权集体管理,第 30 条规定了作品应用于广播机构领域的延伸性著作权集体管理,第 32 条、第 34 条规定了集合作品应用于广播机构联合组织领域的延伸性著作权集体管理。

第四章

我国移植延伸性著作权
集体管理制度的决策

关于法律是否可以移植，从古至今都存在争议。近代法国法学家孟德斯鸠（Montesquieu）就持否定观点，他认为：“为某一国人民而制定的法律，应该是非常适合于该国人民的。所以，如果一个国家的法律竟适合于另外一个国家的话，那么是非常凑巧的事。”①在现代，法国巴黎第一大学的法学教授比埃尔·勒康（Pierre Legrand）也指出：“用一个法域（jurisdiction）的规则取代另一个法域的规则，只不过是一堆没有意义的词汇。”②其实，既是作为一种立法借鉴手段，也是一种法律现象，法律移植（legal transplant）一直伴随人类社会的发展。如今，完全持反对意见的学者已经较少，而更多关注的焦点是如何移植才能效果更佳。

关于何谓法律移植，英国学者阿兰·沃森（Alan Watson）在他 1974 年出版的著作《法律移植论》（*Legal Transplants*）中写道：“即一条法规（rule）或一种法律制度（system of law），从一国向另一国，或自一族向另一族的迁移。”③在过去的两百多年里，人类历史上存在三次大规模的法律移植：首先是 1890—1914 年间，法国法在欧洲大陆和拉美、亚洲和非洲的移植；其次是“二战”后，西方尤其是美国法在新独立国家的移植；再次是 20 世纪 80 年代末期苏联解体后，欧美法律在中东欧和苏联国家的移植。④ 自 19 世纪末开

---

① ［法］孟德斯鸠. 论法的精神（上）［M］. 张雁深，译，上海：商务印书馆，1961：6.

② PIERRE，LEGRAND. The Impossibility of ‘Legal Transplants’［J］. Maastricht Journal of European and Comparative Law，1997（4）：120.

③ ALAN，WATSON. Legal Transplants［M］. Edinburgh：Scottish Academic Press Ltd. ，1974：21.

④ DANIEL， BERKOWITZ. KATHARINA， PISTOR&JEAN-FRANCOIS， RICHARD. Economic Development，Legality，and the Transplant Effect［J］. European Economic Review，2003（1）：166.

始，我国开始大量移植大陆法系国家的法律，中国第一部著作权方面的法律《大清著作权律》即是当时移植日本和西方国家著作权法的成果。新中国《著作权法》自编制始到每次修订，也都是吸纳国外法律和国际条约的过程。我国著作权法第三次修订拟引进延伸性著作权集体管理制度，可谓是在没有任何预兆下的情况下，横空出现于国人面前。简单一概否定法律移植的观点固然不可取，但是，粗暴未经深入研究的移植同样值得商榷。本章将从移植延伸性著作权集体管理制度应坚持的原则、考虑的宏观因素和著作权集体管理组织实际运行情况三个层面，对目前是否应引进延伸性著作权集体管理制度进行深入探讨。

第一节　移植延伸性著作权集体管理制度应坚持的基本原则

在北欧国家，延伸性著作权集体管理制度被认为是属于著作权人绝对排他权的例外。[①] 通过上文分析，也可得出其属于对著作权人权利限制的制度。这一具有限制私权色彩的制度是否应为我国所采纳，笔者认为须考虑两个原则：首先，是否坚持了著作权的私权本质，即移植的法律制度不应破坏著作权内在逻辑体系。其次，是否与我国现阶段历史发展相适应。任何事物的发展都不能违背其规律，走跨越式的捷径方式，还需要关注延伸性著作权集体管理制度与我国《著作权法》的发展是否相匹配。

一、坚持著作权的私权属性

TRIPs 协议序言第三段明确要求，成员国"须承认知识产权为私权"。[②]作为服务于贸易活动的附属条约尚且如此规定，其他著作权国际性条约虽未明示，但已属于不言自明之意。在中国的知识产权法领域，基本都认同知识产权属于私权属性，尤其是著作权。可是，主导《著作权法》第三次修订的

---

① HUBERT，BEST. Extended Collective Licensing：a solution or an additional problem？［EB/OL］. http://www. blaca. org/Extended％20Collective％20Licensing％20BLACA-IPI％2020111005. ppt(p2)，2014-01-02.

② TRIPS：Agreement on Trade-Related Aspects of Intellectual Property Rights (Preamble)［EB/OL］. http://www. wto. org/english/tratop_e/trips_e/t_agm1_e. htm，2014-01-20.

国家版权局有关负责人却发出了著作权"不仅仅是私权"①的声音,只能说令人惊骇不已。对于公权盛行、私权不彰自古至今的中国社会而言,著作权法的修改与移植必须坚持以私权属性为根本,以彰显私权为导向。

(一)对著作权"不仅仅是私权"的回应

近年来,国内对于著作权"私权"属性的质疑开始升温,再次将刚刚蹒跚起步的著作权保护陷入徘徊甚至退步的境地。其实,不仅仅是"公"或"私"的争辩,对于为知识创造提供保护的知识产权体系的质疑也从未曾停止过。因此应首先对此予以回应:

第一,不应误解或选择性阐释著作权正当性基础。关于著作权正当性的理论基础有四个:劳动理论、人格理论、效益主义和社会规划理论。② 劳动理论和人格理论都是站在自然法角度,来论证赋予著作权人权利的正当性,在此没有阐述和强调的必要。

效益主义为美国法所提倡,美国《宪法》第1条第8款第8项规定:"为促进科学和实用艺术的进步,作为保障,赋予作者、发明者对他们的著作、发明一定期限内的绝对排他权。"就字面理解,赋予作者著作权是手段,而促进科学和实用艺术进步等公共利益是目的。然而,美国法中手段与目的的关系与我国的惯常理解完全不同。我们总是习惯于手段服务于目的,也因此为达到目的而不择手段,这恰恰与美国法的理解不同。例如,在美国法院审判中,重视程序近乎苛刻,也因此存在着程序正义(procedural justice)的理念,必须以程序保证结果。而我国却往往为追求所谓的实体正义,而忽视程序正义,认为程序是手段,结果是目的。也就是说,效益主义原本含义的手段与目的,与我们的通常理解不同。保护不仅是手段,更是根本,社会效益只不过是保护知识产权所带来自然而然的衍生效果而已。知识产权是在首先保障直接受益主体(即作者)的基础上,进一步保障社会主体得以分享文化进步的福祉(间接受益)的,③没有对著作权的私权确认和保护则根本谈不上社会效益。也正因为上述渊源,美国几乎可以说是对著作权提供私权保护最为严格的国家。首先,在美国的著作权集体管理中,著作权人有极大

① 钟权.著作权不仅仅是私权——国家版权局法规司司长王自强就《著作权法》修改草案相关问题答记者问[J].中国版权,2012(3):11.

② 威廉·费歇尔.知识产权的理论[C].黄海峰,译.刘春田.中国知识产权评论(第一卷)[C].北京:商务印书馆,2002:8.

③ 李琛.著作权基本理论批判[M].北京:知识产权出版社,2013:44-47.

的自由空间。美国版权清算中心的集体许可绝对基于其与著作权人签订的非绝对排他合同（non-exclusive contract）基础之上，作者和出版商有权决定作品可以纳入何种授权许可项目，并且在一些项目中可以为自己的每一个作品设定单独价格。① 其次，美国从未考虑移植延伸性著作权集体管理制度，最主要的原因就是美国著作权文化迥异于北欧国家。② 美国文化最主要的精髓是个体主义，即个体有做出自己选择的自由，③ 著作权文化亦然。

社会规划理论主张，所有产权，尤其是知识产权，是为了实现一个公正和令人向往的文化而设立的。④ 社会规划论有两大争议之处，即如何判断"价值论"（theories of the good）和"家长制作风"（paternalistic）。⑤ 虽然社会规划理论在国外是四大知识产权理论中影响最弱的一个，但是在我国却为官方所热衷，家长式行政管理和社会主义政治制度，充分提供了社会规划论存在的土壤。⑥ 同时需要警惕的是"价值论"，即公共价值或利益是一个非常模糊和有争议的概念。从时间纵向看，此一时认为有益之事，彼一时则未必；从横向民众群体看，对某部分人有益，对另一部分人则可能有害。正因为如此，西方国家在法律中很少用公共利益这一概念。在我国，"公共利益"却成了部门利益、商业利益和私人利益的"遮羞布"，因而被部分人士抨击为"打着一个动人的旗号——为了'公共利益'的需要，实际上却是干着害民的勾当"⑦。所以，我们应摒弃这种为了公共利益才"打赏恩赐"给作者以

---

① WIPO&IFRRO.，Collective Management in Reprography［EB/OL］. http://www.ifrro.org/upload/documents/wipo_ifrro_collective_management.pdf（P16），2014-02-01.

② PAMELA，SAMUELSON. Legislative Alternatives to the Google Book Settlement［J］. Columbia Journal of Law & the Arts，2011（34）：714.

③ CATHY，DOUGLASS. Examining America's Cultural Values：Individualism［EB/OL］. http://www.nayajeevan.org/index.php? option=com_content&view=article&id=25：examining-americas-cultural-values-individualism&catid=3：articles&Itemid=8，2014-02-07.

④ WILLIAM，FISHER. Theories of Intellectual Property［EB/OL］. http://cyber.law.harvard.edu/people/tfisher/iptheory.pdf（p6），2014-01-30.

⑤ WILLIAM，FISHER. Theories of Intellectual Property［EB/OL］. http://cyber.law.harvard.edu/people/tfisher/iptheory.pdf（p36），2014-01-30.

⑥ 李士林.重新审视商标法的哲学基础［J］.云南大学学报（法学版），2013（1）：61.

⑦ 张魁兴.别拿公共利益遮羞［N］.中华工商时报，2006-10-25（007）.

权利的传统观念。

笔者认为,对于私权懵懂的中国现阶段而言,应坚持自然正义的劳动理论和人格理论,摒弃功利主义的效益主义和社会规划理论。首先,自然正义是人之所以超越蛮夷的根源,因而劳动理论和人格理论具有更强大的源生动力。在历史上,劳动理论和人格理论是著作权私权得以确立的理论基础。其次,功利主义流毒颇深。随着信仰逐步缺失,中国社会正日益陷入带有"丛林法则"色彩的状态,道德底线被不断刷新,而其根源就在于自然正义已然让位于功利主义。再次,警惕功利主义沦为公权力的工具。因为中国公权力较为强大,在功利主义的效益主义和社会规划论中,判断主体和落实主体往往是公权力而非普通民众。正如上文所示,公权力掌握话语权之后,普通民众就多处于被动接受状态。

第二,应当正确看待著作权独特的产生历史。近期以来,国内有关著作权产生历史的文献不断增多,开始破除国内人们著作权神圣的观念。确实,著作权并非人类一诞生就具有的权利。著作权是伴随着科技的发展,在出现大规模图书印刷之后产生的,经历了先出版商特许权后作者私权的过程。在英国封建时期,出于控制言论的需要,印刷出版是作为特许权(Royal Charter)而颁发给书商行会(Guild of Stationers)的,随后 1559 年书商行会又被授予行政管理职能,因此转型成为书商公会(livery company)。书商公会亦官亦商,既负责书籍审核,又享有印刷出版的经济垄断权,而其经济垄断权即为书商版权。书商公会的介入,使得王权对印刷的控制由直接控制转变为间接控制,书籍审核由预防审查和事后审查转化为图书注册登记制度,在平衡商人利益和王权利益之间发挥了至关重要的作用。在书商版权时代,伴随着作者意识的不断萌发和洛克劳动价值观念的传播,书商公会越来越强调书商版权的取得需要首先取得作者的许可或同意,而这一许可和同意则往往意味着需要向作者支付相应的补偿。1710 年《安妮女王法》(Statute of Anne)对书商版权和作者著作权予以确认,赋予作者与书稿所有人享有印刷权利,从而肯定了印刷权利的私权属性。至此著作权制度的私法化进程正式开始,现代著作权法的重要特点和基本精神都蕴含于《安妮女王法》的简明条文中。[①]

---

① 肖尤丹.历史视野中的著作权模式确立:权利文化与作者主体[M].武汉:华中科技大学出版社,2011:105-169.

在著作权产生历史过程中,著作权的出现表面上看是利益集团博弈的产物,[①]似乎只是书商公会与王权斗争的结果。然而,任何权利的取得都是斗争与博弈的结果,哪怕是"天赋"的人权。我们需要明了的是,权利之所以能够实现,根本动因在于普通民众内心生而有之的自然法理念。如果认为著作权只是赐予的附加一定期限的特权而已,那么物权何尝不是打破"普天之下莫非王土"的法律技术性规定呢? 因此,权利的产生方式并不能决定权利的性质,著作权和其他民事权利一样,是经法律确认的一个私权。

第三,对权利加以一定的限制,并不能否认权利的私权属性。任何权利都是相对权利,而非绝对。权利相对性理论来自于权利限度理论,有权利就有限度,超越了权利的限度,就可能走向权利滥用。[②] 我国《宪法》第 51 条规定:"中华人民共和国公民在行使自由和权利的时候,不得损害国家的、社会的、集体的利益和其他公民的合法的自由和权利。"此为权利相对性总的原则。我们要看到,不只是在著作权法中规定有对权利人的权利限制,其他民事法律亦然,可以说任何权利都是相对的,世上本就没有绝对的权利。即使排他性最为典型的《物权法》,也在第 7 条规定:"物权的取得和行使,应当遵守法律,尊重社会公德,不得损害公共利益和他人合法权益。"在著作权未出现以前,知识具有免费共享性,任何人都可以无偿共享他人的作品。在著作权出现以后,知识具有收费的共享性,即,使用人需要取得著作权人许可并支付补偿费用方可使用著作权人的作品。在著作权保护期过后,著作权所保护的作品又恢复到免费共享性状态。需要注意的是,期限的设定不是对权利的限制,而是著作权人权利的内容。在著作权人享有作品的著作权期间,基于公共利益所需受到合理使用和法定许可(强制许可)的限制,正是禁止权利滥用原则在著作权领域的适用。[③] 可见,对权利加以一定限制并不能否认权利的私权属性。以权利的相对性来否定私权性质,恰恰是对私权的理解不足。

第四,没必要过分夸大对权利的个别质疑。权利并不只是权利,还代表着对社会秩序的调整,而此种调整必然不是每个人都乐见如此。以欧洲"海

---

① FRANK H. EASTERBROOK. Contract and Copyright [J]. Houston Law Review,2005(42):961.

② 刘作翔.权利相对性理论及其争论——以法国若斯兰的"权利滥用"理论为引据[J].清华法学,2013(6):121.

③ 易继明.禁止权利滥用原则在知识产权领域中的适用[J].中国法学,2013(4):39-52.

盗党"(Pirate Party)和《反假冒贸易协议》(Anti-Counterfeiting Trade Agreement)为例说明著作权具有非私权性,实则不具有说明性。

海盗在北欧国家并不完全是恶的化身,而常常浪漫化为带有侠义色彩的骑士。因此,创设于瑞典的海盗党也并不是想象中颠覆著作权的邪恶势力,否则他们也不可能在选举中获得一定支持,毕竟北欧国家的民主化程度和国民受教育程度远远高于我国。瑞典海盗党的愿景有四个:一是建立正直社会。每个人都可以严审握有公权力之人,国家应当尊重你的隐私,而不是对个人实时监控,因此主张废除瑞典《国家防卫广播法案》(Swedish FRA law)和欧盟 2006 年《数据留存指令》(Directive 2006/24/EC)。二是建立文化社会。基于非商业目的使用,应该将文件共享合法化。因此,主张废除欧盟 2004 年《知识产权执行指令》(Directive 2004/48/EC)①。三是建立知识社会。每个人都有机会获取知识,来提高他们的生活品质。因此,现有专利体系应予废除。四是建立多样化社会。不管年龄、性别、出生地、性取向、宗教等因素,社会应该尽可能包容各种各样的人。瑞典海盗党关于知识产权的主张涉及两点:一是著作权可以非商业目的而共享,二是废除专利制度。显然,第二个主张更有利于发展中国家,而第一个主张是对现有网络版权保护导致信息获取受限的抗议,从出发点和主张来说,并没有明确的政治目的。② 海盗党国际(Pirate Parties International)成立于 2010 年,是一个非政府组织,提倡数字时代的人权保护和基础自由,支持隐私权、透明和信息自由获取。③ 在多元时代,有少部分异见是正常现象。以对知识产权的个别异见和现象作为支撑推翻整个私权属性,显然逻辑上也无法说通。而且瑞典海盗党的 4 名创始人均已因盗版而被判刑并处罚金。④

《反假冒贸易协议》由美国、澳大利亚、加拿大、韩国、日本、新西兰、摩洛哥和新加坡于 2011 年 10 月 1 日在日本东京所签订,欧盟、墨西哥和瑞士参

---

① 是欧盟在互联网领域贯彻《罗马公约》的法规,要求成员国采取有效措施打击网络盗版。

② Vår politik[EB/OL]. http://www. piratpartiet. se/politik/,2012-04-10/2014-02-24.

③ About the PPI[EB/OL]. http://www. pp-international. net/about,2009-12-30/2014-02-23.

④ 张乐. 最大资源共享网站创始人获刑[N]. 新京报,2009-04-18(A16).

加了签字仪式,并确认尽快参与的意愿。[①]但是,2012 年 7 月 4 日,欧盟议会通过表决不参加该协议。[②]《反假冒贸易协议》遇阻的根本原因在于它要求签署国提供高于 TRIPs 水平的保护,且对 TRIPs 保护范围有所扩大,因而招致非议。该协议是并列而又在 TRIPs 内容(包括知识产品为私权属性原则)基础上的拔高。同样,《禁止网络盗版法案》(Stop Online Piracy Act)是为了提高打击网络侵权行为的便捷性和时效性,[③]但是这加重了网络运营商的责任,因而招致抵抗。从上,著作权私权属性与其有何关系?

澄清这样的观点对于移植或设计延伸性著作权集体管理制度有十分重要的意义。延伸性著作权集体管理制度在北欧的出现,正是北欧政治、文化、法律发展的必然产物。而对于其他国家而言,是否移植或发展这一制度,同样也应考虑著作权制度发展的情形。应在坚守著作权私权属性的前提下,从有利于平衡当前著作权人与使用人等利益的需求出发,不能盲目行事。

(二)克服延伸性著作权集体管理制度本质之恶

前文第二章第三节从实证角度梳理出延伸性著作权集体管理制度对著作权人选择权的剥夺,第三章从法理角度梳理出延伸性著作权集体管理制度无理论基础和对国际条约"三步检验法"的背离。其实从更深层次上看,延伸性著作权集体管理制度对著作权私权属性的破坏远远超乎想象,其本质之恶为北欧国家特定的政治、社会和文化所稀释和包容,但在迥异于他们的国家,其恶将完全展露出来,成为进一步扼杀私权的工具。

1. 不声明反对即视为同意、即使反对也未必有效

首先,延伸性著作权集体管理制度违背私法自治原则,缺失先天正当性。就私权自治的基本精神而言,著作权集体管理组织本应取得权利人之授权行事,无授权自然无权代表权利人,但是延伸性著作权集体管理制度破坏了这一基本精神。也就是说,在因公共利益而适用合理使用和法定许可(强制许可)制度让渡私权的情况下,著作权的行使仍然不能完全以权利人

---

① Anti-Counterfeiting Trade Agreement(ACTA)[EB/OL]. http://www. ustr. gov/acta,2014-01-29.

② Statement by EU Trade Commissioner Karel De Gucht on European Plenary Vote on ACTA(Anti-Counterfeiting Trade Agreement)[EB/OL]. http://trade. ec. europa. eu/doclib/press/index. cfm? id=818,2012-07-04/2014-02-09.

③ Bill Text:112th Congress(2011—2012)H. R. 3261. IH [EB/OL]. http:// thomas. loc. gov/cgi-bin/query/z? c112:H. R. 3261:,2014-02-10.

的意志为转移。在著作权人不知道或者未明确声明反对的情况下,其作品已经被他人以自己丝毫未加参与的价格授权第三人使用,既未征得著作权人同意,也未问询价格是否合理,且剥夺了著作权人向使用人追责的权利和议价空间,是对著作权人精神权利和财产权利的双重剥夺。

其次,不同意则须声明反对的义务设置,比"流氓条款"更甚。前些年国内某些电信运营商骗取信息费的手法是,先发给你订阅某内容的广告短信,有的在短信尾部写着"不回复,视为订制本服务"等类似的内容,有的干脆不写。很多消费者都没有细看短信内容即删除了,或者看了短信内容也未回复,结果消费者的噩梦也就开始了,电信运营商已经自动按照你已同意定制协议约定服务的方式收取费用。这一流氓条款之所以广受批评而近两年终于慢慢销声匿迹,是因为其无端附加了消费者如反对则必须回复的积极义务。但是,这些流氓条款仍然是消费者与电信运营商已经达成使用协议的基础之上,即消费者与电信运营商已经是合同当事人关系。电信运营商发送暗含"流氓条款"的短信,是在其主合同履行过程中企图进一步衍生从合同的行为。而延伸性著作权集体管理制度流氓性在于,著作权人与集体管理组织尚未缔结任何协议,但是,却已经被附加了不声明即视为同意的"流氓条款",其流氓性远甚原来国内某些电信运营商做法。

再次,何种声明有效不确定,导致实务环节不具有操作性。在北欧国家中,有些国家并无退出机制,也就是说法律上根本就未赋予著作权人反对的机会。关于此点暂且不说,仅就著作权人有机会声明反对的情形而言,退出机制也仅是理论化概念,实务中几乎无人能够退出。其一,著作权集体管理组织占据判断有效与否的主体地位。北欧个别国家规定退出机制的法律规定中,一般情况下著作权人需要向著作权集体管理组织发出声明,这也就决定了判断的主体是著作权集体管理组织而不是著作权人,更加凸显了著作权人的被动地位。其二,声明在很多情况下归于无效。在著作权人得知使用人违背自己意愿使用本人作品后,著作权人因此向著作权集体管理组织发表反对声明,可是在使用人已经与著作权集体管理组织签订了使用协议并交纳了使用费之后,著作权人的声明已无实际意义。使用人使用行为具有合法性,不能再予追责,而只能向著作权集体管理组织主张所谓的个体补偿费用请求权,且是否能做到个体补偿仍然未知。

2. 以经济补偿买断权利人意愿,将权利倒退化为简单的金钱补偿关系

一般认为权利是指做出或不做出特定行为的资格,或者要求他人做出或不做出特定行为的资格。美国法学家韦斯利·霍菲尔德(Wesley

Hohfeld)认为权利应包含四个基本要素：特权或自由（privileges or liberties）、主张（claims）、力量（powers）、免除义务（immunities）。[①] 因为我国向来权利意识淡薄，所以有国内学者认为，权利与尊严难以分割，没有对权利的法律认可与尊重当然不会有公民的尊严，[②]因此权利应还有尊严的含义。

权利意识发达的社会，民众不用时时担心其权利遭受来自公权力机关或他人的侵害，尊重他人权利是基本的社会规则。但是，由于人类社会生活的复杂性，侵害他人权利情形并不能完全杜绝。但是，权利意识越发达，侵权概率，尤其是蓄意侵权概率越低。侵权行为发生后，侵权者需要承担侵权责任，除了承担赔礼道歉等非财产性责任，更主要的是要给予物质补偿。对于持权利神圣观念的人而言，并不因其有足够的物质赔偿能力而有意侵害他人权益；而对于权利淡薄的人而言，其可能因有足够的物质赔偿能力而有意侵害他人权益。延伸性著作权集体管理制度同样赋予使用人以只要花点钱即可免灾的优势地位，使用人再也不用去征求著作权人的意见，也不用担心为获得授权而支付较高的使用费。此时，他只需要向著作权集体管理组织交纳远低于单独授权的使用费代价，即可一并完成授权许可。而著作权人精神权利和议价权利，荡然无存。不仅如此，因为先期丧失了对使用人的追责权，著作权人只好转向请求著作权集体管理组织给付补偿费，但是由于其非会员的地位，可能陷入相对弱势的地位，能否顺利取得补偿费用要更多受制于著作权集体管理组织设定的规则。

（三）以保障私权为导向决策法律移植

在对待私权保护上，作者主张甚至需要持矫枉必须过正之态方可。矫枉过正原本是褒义词汇，是指要匡正弯曲之物，匡正时必须超过其中正尺度才能取得中正之效果。这一含义最早蕴含于战国《韩非子》一书，《韩非子·孤愤》言道："能法之士，必强毅而劲直；不劲直，不能矫奸。"[③]意思是说，卓越的变法之人，必定坚强刚毅且劲遒正直。不劲遒正直，就不能匡正歪风邪

---

① LEIF，WENAR. Rights[The Stanford Encyclopedia of Philosophy（Fall 2011 Edition），Edward N. Zalta （ed.）] [EB/OL]. http://plato. stanford. edu/archives/fall2011/entries/rights/,2014-03-01.

② 郇庆治. 权利与尊严[J]. 南风窗，2012(10):16.

③ 韩非子·孤愤 [EB/OL]. http://www. guoxue. com/zibu/hanfeizi/hfz011. htm. 2014-03-01.

气。之后,西汉董仲舒在《春秋繁露卷一·玉杯》正式将矫枉过正进行了清晰表述:"……以矫枉世而直之。矫者不过其正,弗能直。"①白话含义为:因此要匡正乱世。而纠正不超过中正限度,则不能实现匡正的目的。而后世却渐渐赋予这一词汇以负面含义。② 在笔者看来,矫枉过正与我国古代高标准严要求的态度是一脉相通的。例如,唐太宗李世民《帝范卷四·崇文篇》:"取法于上,仅得为中;取法于中,故为其下。孔子曰:取法于天而则之,斯为其上。颜孟取法于孔子而近之,才得其中。后儒取于颜孟而远之,则为其下矣。"③意思是说:以上等的为准则,只能得到中等的;以中等的准则,就只能得到下等的。孔子曾经说过,效法天道为并实施,才是上等的。颜回、孟子效法孔子并试图与之接近,但是只能得到中等的。后来的儒生效法颜回、孟子但是并与之疏远,实际上已经是下等了。也就是说,我们为了一个"中"的结果,设定目标时就要高于"中",按照"上"的目标和标准行事。

毛泽东同志也赞同矫枉必须过正的纠正错误观,他于 1927 年 3 月写的《湖南农民运动考察报告》中"所谓'过分'的问题"章节中写道:"上面所述那些所谓'过分'的举动,都是农民在乡村中由大的革命热潮鼓动出来的力量所造成的。这些举动,在农民运动第二时期(革命时期)是非常之需要的。……所有一切所谓'过分'的举动,在第二时期都有革命的意义……矫枉必须过正,不过正不能矫枉。"④虽然毛泽东同志后来在新中国成立后犯过阶级斗争扩大化和绝对化、文化大革命的错误,但是其关于中国长期革命实践中的一系列独创性经验仍然是适合中国情况的科学的指导思想,⑤矫

---

① 春秋繁露[EB/OL]. http://gj. zdic. net/archive. php? aid=1092. 2014-03-01.

② 如《后汉书·仲长统传》之《理乱篇》:"乱世则小人贵宠,君子困贱。当君子困贱之时,局高天,蹐厚地,犹恐有镇厌之祸也。逮至清世,则复入于矫枉过正之检。"意指:乱世的时候,小人显贵得宠,君子却贫贱困苦。当君子贫贱困苦之时,天虽然高远,但君子却不得不弯腰屈身,地虽然厚广,但君子却不得不小步行走,即便如此仍担心遭受迫害。等到清平盛世,又进入纠正错误而超过了中正法度的状态。

③ 李世民. 帝范[EB/OL]. http://gj. zdic. net/archive. php? aid=1123&addno=1. 2014-03-01.

④ 毛泽东. 湖南农民运动考察报告(1929 年 3 月)[EB/OL]. http://jpkc. wzu. edu. cn/dengxiaoping/jxzy_detail. aspx? ID=42&Tid=92. 2014-03-01.

⑤ 关于建国以来党的若干历史问题的决议(1981 年 6 月 27 日中国共产党第十一届中央委员会第六次全体会议一致通过)[EB/OL]. http://cpc. people. com. cn/GB/64162/64168/64563/65374/4526448. html. 2014-03-01.

枉必须过正也仍然是我们纠正错误应有的态度和理念。从基本的生活物理常识中,我们即可理解矫枉必须过正之理。对于长久弯曲的无论是金属制品还是木竹制物品,想要板正使其直挺不再弯曲,必须将物品从弯曲角度向相反方向扳过中间直线之后,如此状态持续一段时间方可直挺。当然这一方法为物理方法,而非化学方法。但是,对于社会意识和文化的转变而言,其转变也只能是类似物理式的扭转过程,而不可能是融化重塑式的化学过程。

1. 中国私权不彰的历史和现实较为厚重,私法领域的法律移植应当以保障私权为导向

西方封建时期"在一个既定的政治社会之内有多个自治的法律体系和管辖权并存和竞争,这种情形有助于造成法律在这一社会内部的至上地位"①。这一情形,在中国根本就不曾出现。政治上,没有与公权力相抗衡的政治力量,法律完全沦落为统治者眼中的统治工具。"中国法律有别于西方,其最初的动机既非宗教的,也非经济的……既不是用以联系传统的宗教,也不是用来保护私有财产,它的主要目的乃是政治的,即对社会施以更为严格的政治控制。"②私权臣服于公权,也完全任由公权的摆布。

改革开放后,西方民主和私权文化得以再次涌入中国,《民法通则》《合同法》等私权性质的法律纷纷颁布,为私权保护提供了重要基础和法律依据。可是,我们不得不承认的是,我国传统社会这种公权膨胀而私权萎缩的历史过于厚重,这也造成了国家公权力机关扩张的惯性未能得到有效遏制。这一惯性在约束与监督不到位的情况下,仍然使得私权处于弱势的地位,也与现代文明和民众权利意识觉醒后的需求差距较大。目前,我们迫切需要的,不是带有约束私权性质的法律制度,而应当是带有私权色彩的法律制度,以进一步培育私权文化。私权文化成为上下的共识,才能逐渐将公权力"关进笼子里"的梦想成为现实。

2. 现有对于著作权人权利限制的规定较多,不宜再增加新的权利行使限制内容

我国现行《著作权法》第 22 条规定了 12 种属于合理使用的情形,包括私人非营利使用、学术使用、新闻使用等。范围之广,实属惊人,并且规定较

---

① 伯尔曼.法律与宗教[M].梁治平,译,北京:中国政法大学出版社,2002.154.

② 德克·布迪 & 克拉伦斯·莫里斯.中华帝国法律[M].朱勇,译,南京:江苏人民出版社,1995:7.

粗,不够细化。与此相较,挪威《著作权法》关于合理使用的内容散见于第11a条[临时复制]、第13条[教育机构录制广播]、第15条[健康机构录制部分广播]、第16条[档案馆、图书馆和博物馆等教学科研机构基于保存等目的复制]、第17条[非商业目的为残障人士录制文学、科学或音乐作品]、第19条[已出售复制作品的公众传播(不适用出租行为)]、第20条[复制品展览]、第21条[已发表作品基于教育和宗教需要的公众表演]、第22条[引用]、第25条[广播或电视新闻报道]、第26条[公众演讲和信息自由权]和第29条[基于技术和物尽其用原则对建筑物和实用艺术作品的改动],看起来似乎条款很多,但是内容非常之窄,有些在我国《著作权法》看来都不属于是对著作权人的限制,例如临时复制、健康机构录制部分广播、已出售复制作品的公众传播等。而在挪威《著作权法》看来,我国《著作权法》第22条第1款第(一)项、第(四)项、第(六)项、第(十一)项、第(十二)项等显然属于需要支付补偿费的范围,而无第(七)项等含义不清的规定。

关于法定许可的内容,则分别规定了教育、录音和录像等三种情形,可分别见于我国《著作权法》第23条、第40条第3款、第43条第2款。与此相对应的是,挪威《著作权法》法定许可(强制许可)的规定则有我国合理使用范畴的影子,包括第12条[个人使用目的的复制]、第13a条[已出版作品用于公共考试]、第17a条[特定机构和图书馆录制已出版文学和艺术作品,供残障人士无偿使用],第18条[作为宗教或教育目的合作作品的一部分,在出版5年后再复制]、第23条[作为重要或科学协议内容的一部分,复制已发表艺术和图片作品]、第23a条[报纸、期刊和广播复制已发表艺术和图片作品]、第45b条[录制表演艺术家的表演]等。

因此可以说,我国的《著作权法》大大限制了著作权人的权利,尤其是合理使用范围过大,更是侵蚀了著作权人的经济利益。而我国《著作权法》第三次修订显然采取了选择式法律移植,对于北欧国家的延伸性著作权集体管理制度予以引进,但是其他稍有利于著作权人经济利益的限制制度却予以摒弃。这种两面夹击著作权人的行为,自然是对著作权人私权行使空间的挤压,也是对著作权人权益的侵害。

二、与我国著作权发展阶段相适应

(一)正视我国著作权保护历史起步晚之事实

著作权既是人类历史发展到一定程度的阶段性产物,自身又随着人类社会的发展而不断演化,有着自身从一个阶段向新的阶段发展的规律。由于不同国家的发展程度不同,著作权在不同国家的发展进程并不一致,这也要求进行法律移植时必须要注意此点。

就国外著作权保护立法和实践而言,经历了出版商—作者—使用人的阶段式发展,即著作权侧重保护对象的三次移转。著作权率先在英国诞生,其最初表现的仅是出版商的垄断特权,作者权利几乎无处寻觅。随着1710年《安妮女王法》的颁布,作者的权利还是被法律正式确立了下来。《安妮女王法》在权利内容上是书商权利为主、作者权利为辅,保护作者权利也仅仅只是保护书商权利的一种手段。① 可以说,在包括《安妮女王法》在内的一段历史时期里,著作权更多眷顾于出版商,出版商利益居于主导地位。随着历史车轮的向前滚动,作者的利益诉求越来越强烈,推动著作权法向更加有利于自己的方向转变。英美国家在第17、18世纪以洛克的"劳动财产"理论和财产权"先占说"为理论主张,形成了以"作品"为中心的版权体系,法、德等欧洲大陆国家在19世纪末以"人格权"观点为理论主张,形成了以"作者"为中心的作者权体系。② 至此,著作权从以出版商利益为主的阶段,迈向了以作者利益为主的新阶段。出于公共利益和使用人更加便利使用的需要,合理使用和法定许可(强制许可)于20世纪初进入了著作权法体系。③ 由于公共利益的含义较为模糊,同时基于知识的传播总归有益于社会的认知,一般认定使用人非商业性使用即为具有公共利益,所以从一开始,公共利益即与使用人捆绑在一起。但是,显然使用人利益仍然处于次要地位,无法撼动著作权人对作品的控制。可是,技术的进一步发展又推动著作权走向新的阶段。尤其是随着数字化的发展,技术上知识的获取更加便利,但是著作权人的著作权逐渐成为使用人获取知识的法律障碍。扭转这一局面的正是美国谷歌图书馆案件,从开始的坚定支持著作权人主张,转而支持具有商业性目的但具有公益价值的直接使用者谷歌公司,主要理由即是谷歌图书馆计划会让更多间接使用人(社会大众)受益。美国谷歌案的历史价值就在于,它标志着著作权将从以著作权人利益为主,转向更注重使用人利益。当然,需要特别注意的是,每一个新阶段的发展,并不是否定式的以新代旧,而是在对原阶段主要利益人保障的基础上演进的。

---

① 肖尤丹.历史视野中的著作权模式确立:权利文化与作者主体[M].武汉:华中科技大学出版社,2011:161.

② 李琛.知识产权法关键词[M].北京:法律出版社,2006:106-109.

③ 参见第三章第三节。

　　然而,就我国而言,著作权保护立法的历史不长,起步晚,且目前仍处于出版商向作者过渡的早期历史阶段。我国是被动式从清末开始从西方引进、移植西方意义上的法律,其中就包括《大清著作权律》。虽然包含保护著作权的企图,但是在清朝最高统治者的眼中,著作权律不仅是鼓励创作和财产保护之法,而且是出版审查和舆论监视之法,某种意义上甚至可以说是法治外衣下的专制工具。这也是《大清著作权律》草案虽然先拟定出来,但是要等到《大清印刷物专律》和《大清报律》制定并颁布后才奏请施行的原因。① 在 19 世纪之后西方著作权法一般均将作者著作权作为私权对待的情况下,北洋政府著作权法和南京国民政府 1928 年著作权法却出现了著作权由作品内容决定的规定。② 如今,我国对出版和传播实行较为严格的行政监督管理制度,《出版管理条例》对出版单位的设立和选题、印刷或复制单位的设立和业务范围都有详细规定。③ 此外,我国盗版现象一直严重,民众向来缺乏著作权意识,甚至认为盗版有利于文化传播观念的人不在少数,作者与出版商更多时候均处于较为无奈的境地。因此,在笔者看来,中国目前著作权仍处于较为早期的发展阶段——一方面源于对著作权作为私权的保护不够,另一方面源于作者相对于出版社处于稍微弱势的地位,但是对作者的尊重程度又渐高,开始向以作者利益为侧重点转变。

　　(二)法律移植需要坚持阶段适应性

　　现在法律移植中经常出现罔顾我国现阶段与西方不可同日而语的现实,直接拿国外的现成做法给自己充饥,冲动地逾越阶段发展规律。人类社会的发展虽然可以通过上下共同努力加快速度,但是却不能逾越历史阶段。在这一点上,我国曾有过深刻的教训。新中国成立后的"公社化"等激进措施造成了资源的巨大浪费,也挫伤了民众本来高涨的积极主动性,就是因为毛泽东主义用唯意志论取代历史的客观规律性,认为人们的思想意识和道德潜力是社会历史发展的决定因素。④ 在经历了一系列挫折以后,不得不

---

① 李宗辉.夹缝中的法律移植与传统创造:《清著作权律》述评[J].西南政法大学学报,2010(5):18.

② 夏扬.法律移植、法律工具主义与制度异化:以近代著作权立法为背景[J].政法论坛,2003(7):175-176.

③ 分别规定于《出版管理条例》第 12 条、第 20 条、第 31 条和第 32 条。

④ 莫里斯·迈斯纳.马克思主义、毛泽东主义与乌托邦主义[M].张宁,陈铭康,译,北京:中国人民大学出版社,2013:47.

承认"社会的发展同自然界的发展一样,是由客观规律决定的"①。因此,转向借鉴资本主义经验,开始补经济落后的旧账。

法律是作为经济基础的上层建筑存在的,经济的发展和变化对法律有着重大影响。西方在 20 世纪 30 年代"大萧条"以前,信奉绝对的自由市场经济,可是"大萧条"促使了西方国家对绝对自由的反思,也导致了西方国家对完全自由市场经济的修正,即开始在自由基础上实施有限度的计划性措施。在法律上,对于私权也开始扭转绝对至上的理念,特定情形基于特定需要可以对私权加以一定限制。但是,我们要清醒地认识到,西方国家此种调整并不是简单对原来的否定,而是螺旋式的上升,是更高层次上的改良。相比较而言,我国仍处于社会主义初级阶段,经济和法治领域都与西方发达国家存在较大差距。30 年前才提出"有计划的商品经济"这一概念,②21 年前方确立"建立社会主义市场经济体制"的建设目标,③目前,市场经济还不是非常完善,市场内还存在不同形式的行政壁垒和政策壁垒,并非严格意义上自由市场经济。与经济改革同步,我国法律在整体上进步很大,但是仍然并不是严格意义上的法治国家,私权还处于经常受公权力挤压而需要进一步扩展的阶段。

我国与发达国家之间仍存在较大距离,这种欠发达不仅仅是经济上的,更是精神和文化层面上的,这一点必须有清醒认识。即使是支持法律移植的比较法权威专家阿兰·沃森教授,也提醒"对于穷困的村妇和富裕的巴黎商人而言,面包具有完全不同的含义"④。因此,"移植的法律制度在新的国度,很可能甚至是注定有一定差异"⑤。对于北欧五国而言,延伸性著作权集体管理制度是一剂良药,对于我国目前而言则可能是毒药。它直接毒害

---

① 伟大的转变和历史唯物主义的重要课题(评论员文章)[J]. 哲学研究,1979(02):3.

② 中共中央关于经济体制改革的决定(中国共产党第十二届中央委员会第三次全体会议一九八四年十月二十日通过)[EB/OL]. http://www. gov. cn/test/2008-06/26/content_1028140. htm,2014-03-01.

③ 中共中央关于建立社会主义市场经济体制若干问题的决定(中国共产党第十四届中央委员会第三次全体会议 1993 年 11 月 14 日通过)[EB/OL]. http://www. china. com. cn/chinese/archive/131747. htm,2014-03-01.

④ ALAN,WATSON. Legal Transplants and European Private Law[EB/OL]. http://www. ejcl. org/44/art44-2. html#N_1_,2014-02-29.

⑤ ALAN,WATSON. Law Out of Context[M]. Athens:University of Georgia Press,2000:1.

的将是我国还处于稚嫩期的著作权私权理念,更深层次毒害的将是还处于稚嫩期的整个私权文化。

第二节 移植延伸性著作权集体管理制度应考虑的宏观因素

法律移植是一项复杂而精致的工作,需要探究拟移植法律制度在他国何以出现、成功的原因,并对比本国现有社会文化土壤与之接近程度如何。因为,不同的国家或民族,只要进入了现代社会,只要具备了现代的法律文化,法律移植就会容易得多。① 否则,难免出现南橘北枳的结果,事与愿违。在考虑移植延伸性著作权集体管理制度时,必须在仔细研究国内社会和文化环境的基础之上做出判断。② 由于中国的特殊性,本节在阐述影响抉择是否移植延伸性著作权集体管理制度的宏观因素时,除了社会和文化因素,附加了西方国家陌生而我国熟稔的政治因素。

一、发挥决定性影响作用的政治因素

按照马克思主义观点,政治与法律都属于上层建筑,两者有着紧密的联系。在东方社会中,由于没有形成法律的传统,法律只是作为政治的附属而存在,因此政治对法律的影响就更为强烈。③ 在历史上,我们甚至一度认为法律完全服务于政治需要,因此新中国成立前夕就废止了肇始于晚清、成型于民国的《六法全书》,④造成了法治建设的落后。由于东方社会的特殊性,对东方社会的法律移植加以讨论,应当考察的最重要的因素就是政治的影响。⑤ 虽然时至今日,法律具有自身独立性的观点成为共识,但是政治因素对立法的影响依然贯彻始终,这一点是我国进行法律移植过程中需要考虑

---

① 高鸿钧.法律文化与法律移植:中西古今之间[J].比较法研究,2008(5):22.

② THOMAS, RIIS&JENS, SCHOVSBO. Extended Collective Licenses and the Nordic Experience—It's a Hybrid but is It a Volvo or a Lemon? [J]. Columbia Journal of Law and the Arts,2010(4):497.

③ 夏扬.法律移植、法律工具主义与制度异化:以近代著作权立法为背景[J].政法论坛,2003(7):173.

④ 胡永恒.关于废除《六法全书》的反思及其他[N].团结报,2010-06-24(7).

⑤ 夏扬.法律移植、法律工具主义与制度异化:以近代著作权立法为背景[J].政法论坛,2003(7):171-172.

的最重要的影响因素。法律移植的过程一般体现为立法过程,政治因素对是否移植延伸性著作权集体管理的影响,主要体现在:主导力量、立法进程和法律内容。

(一)部门立法决定政治力量居主动地位

在西方,法学精英即法学家参与立法有着悠久的历史传统。从古至今,法学家的思想一直指引着立法的价值取向,法学家直接参与立法更是有效保障了立法的科学性。早在古罗马时期,无论是确立了罗马法立法宗旨的自然法理论,①还是由诸多法学家身体力行亲自参与组成的《查士丁尼学说汇纂》(Digest of Justinian)编纂委员会,②正是在以盖尤斯等法学家的积极参与之下才造就了罗马法的辉煌。近代,影响深远的《法国民法典》亦是出自法学家之手。拿破仑一世(Napoleon Ⅰ)于 1800 年将《法国民法典》的编纂任务直接交由波塔利斯(Portalis)、特龙谢(Tronchet)、马尔维尔(Malleville)、普雷阿梅纳(Bigot de Préameneu)等四位法学家组成的委员会起草。③

可是,中国的情况与西方完全不同。在中国传统社会,促成移植的法律精英始终是不存在的,代替法律精英而发挥作用的是中国社会中一直占有强势地位的政治精英们。④ 无论是秦朝的商鞅变法,还是近代的戊戌变法,一直是政治家全盘领导、把握立法工作,其后果也正如孟德斯鸠所言:"整体的力量或许操纵在某个人或某些人的股掌之间。"⑤到了现代,情形有所好转,法学家开始逐渐参与立法工作。即便如此,这种个别法学家逐渐参与立法工作的局面也是近年才开始成为一种风尚。地方立法中,法学家的参与工作几乎无从谈起。以甘肃省为例,1980—2010 年的 30 年里,法规草案的

---

① 郝铁川.论法学家在立法中的作用[J].中国法学,1995(4):36.

② WILLIAM,SMITH,(ed.). A Dictionary of Greek and Roman Antiquities [M]. London:John Murray,1875.858-861.

③ CATHERINE,DELPLANQUE. Origins and impact of the French Civil Code [EB/OL]. http://www. moj. gov. vn/en/ct/Lists/TalkingLaws/View_Detail. aspx? ItemID=95,2012-03-06/2014-02-29.

④ 夏扬.法律移植、法律工具主义与制度异化:以近代著作权立法为背景[J].政法论坛,2003(7):173.

⑤ 孟德斯鸠.论法的精神(上)[M].孙立坚,孙丕强,樊瑞庆,译,西安:陕西人民出版社,2001:11.

起草人员中有80％以上无法律专业知识背景。① 非专业人士主导立法工作往往导致，要么因不知从何处移植而导致移植偏少，不能吸纳先进国家立法经验，要么缺乏探究法律制度背后的复杂知识背景，而对有关引进制度进行生吞活剥，效果自然要大打折扣。《著作权法》第三次修订拟引进延伸性著作权集体管理制度，就显得十分突兀。作为目前世界少数国家施行的制度，国内学界专家况且对其研究甚少，主导修订的行政管理部门更不能拿出令人信服的研究成果，只是一再言说引进的种种好处，说服力极差。

在中国，每一个法律都有一个主管部门，每一个主管部门都和其他主管部门形成权力和利益分割关系。② 部门立法是包括专利法、商标法、著作权法在内的知识产权法起草及修改的普遍路径，而部门立法都带有明显的维护部门利益之影响因素，是无法真正将公权力关进笼子里的。从法律依据看，《立法法》第9条规定，"本法第八条规定的事项尚未制定法律的，全国人民代表大会及其常务委员会有权作出决定，授权国务院可以根据实际需要，对其中的部分事项先制定行政法规"。《立法法》第8条规定的法律空间包括：对非国有财产的征收，民事基本制度，基本经济制度以及财政、税收、海关、金融和外贸的基本制度等。可以说，基本囊括了社会生活的各个方面。而国务院是由各部委、直属机构等组织构成，实际的立法工作就落到了有关部门身上，这还不包括其自身可以根据"法律和国务院的行政法规、决定、命令，在本部门的权限范围内"③制定的大量行政规章。据统计，1981—2011年的30年里，有3/4以上的全国性法律，草案都是由政府部门起草的。④而我国《著作权法》的制定和修改即由国家版权局牵头。部门立法的最大弊端就是谋求部门利益最大化、法制化。一方面，极力拓展公权力空间，为部门寻租奠定基础；另一方面却减少相应职责和义务，或者模糊化处理。

（二）立法进程取决于政治需要

法律移植作为立法的一个技术手段，服务于立法需要，自然也受制于立法进程。而立法进程的轻重缓急，一方面要考虑社会需要程度，另一方面在

---

① 李高协，殷悦贤，徐润莉. 关于提高政府部门立法起草质量问题的思考——以甘肃省地方立法30年的实践为例［EB/OL］. http://npc. people. com. cn/GB/11206244. html,2010-03-23/2014-02-20.

② 信春鹰. 法律移植的理论与实践［J］. 北方法学,2007(3):13.

③ 《立法法》第71条.

④ 赵蕾，范承刚. 冲刺立法大业［EB/OL］. http://www. infzm. com/content/56157，2011-03-10/2014-02-01.

有些情况下也要考虑政治需要,即往往政治关系决定着立法的进程。① 在近代史上,无论是日本的明治维新还是中国的戊戌变法及宪政运动,都是政治主导下学习西方经验的法律移植过程。不同于日本明治维新的毅然决然和彻底改革,戊戌变法在遭受诸多战败赔款割地且晚于日本的情况下,仍然羁绊于保守势力的阻挠而最终以失败告终,可谓丧失时机。之后在眼看大厦将倾时,才又在1905年启动了宪政改革,选派五大臣"分赴东西洋各国考求一切政治,以期择善而从",②但为时已晚,清朝快速灭亡。在明治维新中,我们看到了政治力量基于国家强大目的对法律移植的渴望,以及快速行动,而在晚清戊戌变法和清末的宪政改革中,起决定性作用的政治力量本着求存维系的目的,表面移植部分法律形式而实质仍然巩固既得利益。可以说推脱假意,这也是清朝后来灭亡的直接原因。

中国改革开放之后,主动学习西方,希望快速移植西方法律来构建我国的法律体系成为政府的迫切愿望。正如全国人大法工委研究室副主任梁鹰所言:"(法律体系的问题)既要从学术上和逻辑上考察,也要作为一个政治的命题来理解,它是一个动员和组织全党全国的力量来推动依法治国方略的力量和目标。"③尤其是在1997年中共第十五次代表大会明确提出了"加强立法工作,提高立法质量,到2010年形成有中国特色社会主义法律体系"④的立法目标之后,立法工作也明显加速。无论是2009年《侵权责任法》在全国人大常委会火速通过,还是2010年10月乘着法律体系建设的东风,几经波折的《社会保险法》终于出台,被外界认为也是冲刺法律体系的关键一环。⑤ 一定意义上,快速立法可以填补我国无法可依意义上的法律盲区,另一方面却可能陷入为立法而立法的境地,导致法律移植缺乏统一的科

---

① UGO,MATTEI. Three Patterns of Law: Taxonomy and Change in the World's Legal System[J]. The American Journal of Comparative Law,1997(45):28.

② 故宫博物院明清档案部. 清末筹备立宪档案史料(上)[Z]. 北京:中华书局,1979:1.

③ 赵蕾,范承刚. 冲刺立法大业[EB/OL]. http://www.infzm.com/content/56157,2011-03-10/2014-02-01.

④ 高举邓小平理论伟大旗帜,把建设有中国特色社会主义事业全面推向二十一世纪:江泽民在中国共产党第十五次全国代表大会上的报告(1997年9月12日)[EB/OL]. http://news. xinhuanet. com/zhengfu/2004-04/29/content _ 1447509. htm,2014-02-12.

⑤ 赵蕾,范承刚. 冲刺立法大业[EB/OL]. http://www.infzm.com/content/56157,2011-03-10/2014-02-01.

学原则,存在立法遗憾。

(三)法律内容选择性移植,丧失内在科学性

法律移植是一个复杂的剖析法律制度来源国和本国移植环境的差异与共同,并在此基础上减少差异,使移植的法律制度更好地适应本国的过程。但是,因为政治因素的影响,在移植过程中,立法者会根据自身需要而不是法律制度生存的需要进行立法,往往不是根据科学性判断是否移植以及如何移植,因此法律移植效果可能并不尽如人意。

首先,移植不全面,可能导致形似而神无。即,可能有关法律看似先进,实则并未将西方国家最具价值之处移植过来。以我国《物权法》为例,从1994年被列入八届全国人大常委会立法规划到2007年3月全国人民代表大会第五次会议正式通过,总共历时13年。期间,波折较多,更有民间部分学者发动的违宪风波,不可谓不波荡起伏。① 当初社科院梁慧星研究员《物权法》草案建议稿主张所有权采取"一元论"。应该说,物权法作为纯粹私权保护的法律,过多公法色彩并不具有合理性,并且区分的结果必然意味着要区别对待,区别对待必然是不平等对待。② 但是,最终的结果是国家、集体和私人三类的"三分法"获得官方支持。正如杨立新教授所言,虽然从学术立场上赞成梁慧星的思路,但"三分法""比较符合现实",③这也是政治主导下意识形态在立法中的体现。

其次,拿来主义,移植具有很大随意性。以我国《公司法》为例,1993年颁布的《公司法》为了优化公司治理结构,移植了德国公司法的监事会制度作为公司的监督机构。但是两者虽然名称一样,权力空间却大不同。因为德国的公司治理实行的是"双层制",监事会是董事会的上位机构。可是《公司法》2005年修订时又为上市公司引进了美国公司法的独立董事制度。然而,独立董事制度是根植于美国公司治理的"单层制",公司治理结构只有股东会和董事会机构,并无监事会。根据德国《股份公司法》(1965年9月6

① 巩献田.一部违背宪法和背离社会主义基本原则的《物权法(草案)》——为《宪法》第12条和86年《民法通则》第73条的废除写的公开信[EB/OL]. http://article. chinalawinfo. com/Article_Detail. asp? ArticleID=32266,2005-08-12/2014-02-19.

② 梁慧星.物权法草案的几个问题:在清华大学的演讲[EB/OL]. https://www. iolaw. org. cn/shownews. asp? id=3391,2014-02-19.

③ 苏永通.中国物权立法历程:从未如此曲折而坚定[EB/OL]. http://www. infzm. com/content/6444,2007-03-21/2014-02-26.

日颁布)第 84 条(董事会的任命与罢免)规定:"(1)董事会成员由监事会任命……(2)如果任命了若干人为董事会成员,那么监事会可以任命一名成员为董事会主席。(3)如果有重要理由,监事会有权撤销董事会成员的任命和更换董事会主席。"①也就是说,监事会发挥监督职能的权力来源于它可以指派和解散董事会成员,而这一点并未在我国的《公司法》中得到体现,盖因《公司法》的初衷是服务于国企改革,政府机构对国企事务进行监管,显然不希望在政府部门与董事会之间再加上一层监事会。② 在对监事会制度感到失望之后,《公司法》2005 年修订时又为上市公司引进了美国公司法的独立董事制度。然而,独立董事制度是根植于美国公司治理的"单层制",公司治理结构只有股东会和董事会机构,并无监事会。而且,独立董事制度在美国也是一个有争议的制度,目前并无确凿证据表明独立董事制度促进了公司治理的改善。③ 从制度层面上来看,独立董事制度也仅规定于美国联邦法,而不是各州层面,并不具有实际约束力。即便在美国法意义上是个成功的适度,可是两者同出现于一国内也仅中国而已。这种二元设置,使得独立董事与监事会之间的职责也因此出现了重叠和交叉。这种移植的盲目性,导致了公司治理结构不仅未达到科学的状态,反而更趋于复杂。④

(四)政治因素对移植延伸性著作权集体管理制度的不利影响

"由政治精英们主导的法律移植与由法律精英主导的法律移植是完全不同的,法律移植不仅仅是为了建立相应的法律制度,而是有着明确的政治目标与任务……这就很容易导致移植进入的制度与原有的制度实际上并非

---

① Law on Stock Corporations[EB/OL]. http://www. nortonrosefulbright. com/files/german-stock-corporation-act-2010-english-translation-pdf-59656. pdf(p43). 2014-02-19.

② DONALD, CLARKE. Lost in Translation? —Corporate Leal Transplants in China(GWU Legal Studies Research Paper No. 213)[EB/OL]. http://papers. ssrn. com/sol3/papers. cfm? abstract_id=913784(p7-8),2006-07-03/2014-02-25.

③ JILL,E. FISCH. The New Federal Regulation of Corporate Governance[J]. Harvard Journal of Law & Public Policy,2004(29):44.

④ 在国企的公司治理中,还存在"新三会"(股东会、董事会、监事会)与"老三会"(党委会、工会、职代会)关系如何理顺的问题,而这在制度层面目前还是难以厘清的难点。

同一制度。"①政治因素的影响在延伸性著作权集体管理制度的移植上有着充分的体现。

首先，仓促移植，生吞活剥，准备工作不足。延伸性著作权集体管理制度并非世界发达国家通行之制度设计，国内学术界对此研究颇少，②包括音乐人在内的著作权人实务界对著作权集体管理尚且颇多微词，在此背景之下国家版权局竟贸然移植延伸性著作权集体管理制度，且理由牵强，引起很大争议自然在所难免。

其次，部门立法痕迹严重。通过授权国家版权局起草第三次《著作权法》修订草案，一再强调著作权不仅仅是私权，且执意移植延伸性著作权集体管理制度，扩大与之有千丝万缕联系的著作权集体管理组织的职能空间，很难说无部门利益考量。

再次，盲目追赶立法进度。我国于2011年7月启动第三次著作权法修订工作，自2012年3月到2014年6月国务院法制办就著作权法修订草案送审稿向社会公开征求意见，短短两年时间就已经四易其稿，但是有关包括延伸性著作权集体管理制度在内的多项修订内容争议之声仍然不绝于耳。一方面是罔顾中国现状的大跃进式修订，另一方面却呼吁法律尽快通过以便实施，显然都是急功近利之举。

最后，移植延伸性著作权集体管理制度欠缺基本科学性。对延伸性著作权集体管理制度这一相对国内非常陌生的制度既无特别介绍与研究，也对我国目前著作权集体管理组织运转情况欠缺基本判断，就将原本属于对著作权人限制性质的延伸性著作权集体管理制度纳入权利行使章节，显然对该制度基本性质和所需环境、条件无基本认识。

二、不容忽视的文化因素

文化这一概念最早出现于第18、19世纪的欧洲，含义非常宽泛，一般指特定社会人群所具有的体系化后天行为模式，它包括了这一社会群体的思

---

①　夏扬.法律移植、法律工具主义与制度异化：以近代著作权立法为背景[J].政法论坛,2003(7):171-172.

②　立法前，国内研究的缺失也在一定程度上呈现了中国立法更多是政治家主导立法，而不是法学家。不同于政治家的急功近利，法学家主导立法一般会对有关法律又精准把握，且对移植之法律制度有深入研究后方才移植。

想、行为、习俗和共同的态度、情感等,可以在代际相传。① 在法律移植过程中,文化因素是一个非常重要的因素。规则的移植仅仅是问题的一方面,与规则相伴,保障规则运作所必需的其他因素有很多,其中最主要的是法律文化和法律机构。在一定意义上,移植规则的深层含义在于移植文化。在没有文化支撑的情况下,规则不过是写在纸上的没有生命的文字。② 法律文化无疑又是所有文化中的重中之重,正如阿兰·沃森教授所言:"要理解法律和法律在社会中地位的唯一途径便是法律传统和法律文化。"③但是,中国的文化博大精深,实际上不仅仅法律文化在影响着法律移植的效果,其他文化也不容小觑。当然,作为文化很多时候难以用优劣来形容,下面筛选的也只是从影响法律移植的效果出发,并不代表中国文化的全部。

(一)法律文化存在明显的外在工具性和内在滞后性

通常而言,法律文化包涵内外两层含义,内在法律文化是指法律专业人士的思想和实践,而外在法律文化是指社会群体对法律的观点、兴趣与期待。④ 对于中国而言,法律文化主要体现为外在的工具性和内在的滞后性。

其一,外在工具性。法律工具主义是指法律可以被当作是服务于社会利益的工具。⑤ 著作权法虽设定的是私权,但带有浓重的行政性质,这是与其他民商法律部门大不相同之处,这也使得其易于受到法律工具主义影响。⑥ 法律工具主义有两个基本特点:第一,在法律工具主义者看来,法律就是国家和政府管理社会的工具。第二,就是强调法律仅仅是工具,法律除了工具之外什么都不是。⑦ 中国法治思想向来淡薄,但将法律作为工具的

---

① What is culture? [EB/OL]. http://www. bodylanguagecards. com/culture/31-what-is-culture,2014-02-23.

② 信春鹰.法律移植的理论与实践[J].北方法学,2007(3):12.

③ MARK,VAN,HOECKE, Ed. Epistemology and Methodology of Comparative Law[M]. Oxford:Hart Publishing,2004:4.

④ DAVID,NELKEN. Using The Concept of Legal Culture [J]. Australian Journal of Legal Philosophy. 2004 (29):8.

⑤ BRIAN Z. TAMANAHA. The Tensions Between Legal Instrumentlism and the Rule of Law[EB/OL]. http://escholarship. org/uc/item/5321r1r0 (p2),2006-04-17/2014-02-10.

⑥ 夏扬.法律移植、法律工具主义与制度异化:以近代著作权立法为背景[J].政法论坛,2003(7):175.

⑦ 郑成良.法律工具主义很危险[EB/OL]. http://www. gmw. cn/01wzb/2010-06/10/content_1148036. htm,2010-06-10/2014-02-15.

文化却源远流长。《淮南子·泰族训》中写道"故法者,治之具也,而非所以为治也,而犹弓矢,中之具,而非所以为中也"。意思是说,法律是治理国家的工具,而不是治理的目的,法律就如同弓箭一样,是用来射中目标的工具,而不是射中目标的原因。虽然传统文化鄙视工具,但对法律的态度却是不折不扣的工具主义。人们所津津乐道的"刑罚为政教之用,德礼为政教之本"即是一个典型的法律工具主义的宣言。[①] 近代的变法图存运动更是言明之所以变法,目的是为了使国家存续。1997 年党的十五大正式提出依法治国理念后,又在 1999 年《宪法》修正时在第 5 条第 1 款明确"中华人民共和国实行依法治国,建设社会主义法治国家"。自此,法治开始成为政治目标。应该说法治理念的提出强化了对法律的重视,但是法律乃工具的认识仍然未获明显改观。"依法治企""依法治校""依法治市"等类似口号滥觞于世,法律成了管理者眼里的一个管理工具,与应有的法治理念相去甚远。

其二,内在滞后性。通过归纳美国著名法学家弗里德曼(Lawrence M. Friedman)的论述,清华大学教授高鸿钧将现代法律文化概括出六个特征:权利本位、自由选择、机会平等、民主参与、多元互动、趋向宽容。[②] 在笔者看来,如果再在其中挑选出最具代表性的现代法律文化应为权利本位和民主参与,其他可从这两个基本特征中衍生出来。由于中国历来实行中央集权,公权力具有自上而下的一体性,不存在公权力之间的相互制约,也未形成私权对公权空间的有效约束。相反,私权空间一直处于弱势、被动的地位,因此以私权为核心的权利本位文化一直无法形成。而且,由于公权力的挤压和侵蚀,民主参与在封建"家天下"的主体思想之下根本就无从谈起。是以,中国一直以来未形成以上述六大特征为抽象理念的现代意义上的法律文化。相反,深厚的畸形历史文化桎梏了现代法律文化的产生和传播,流毒颇深。在《物权法》制订和通过以前,起草人之一的王利明教授时常向大家灌输"风可进、雨可进、国王不可进"和"有恒产者有恒心"的谚语,[③]民众也都对《物权法》寄予厚望。可是,现实却让民众的期望完全落空,关于强拆的新闻仍然目不暇接,也就是说《物权法》生效后,公民的财产权利并没有得

---

① 夏扬.法律移植、法律工具主义与制度异化:以近代著作权立法为背景[J].政法论坛,2003(7):172.

② 高鸿钧.法律文化与法律移植:中西古今之间[J].比较法研究,2008(5):20.

③ 王利明.保护百姓财产是最大的民生[J].瞭望新闻周刊,2007(15):43.

到有效的保护。① 《物权法》对于民众私权的保护几乎没有任何实质性影响，根源之一在于公权力机关和执法者的法律素养和意识远远落后于法律条文，现代意义上的法律文化并未因日益完善的法律制度得以确立。

(二)官本位文化现象普遍存在

虽然官本位在中国存在了几千年，但是，"官本位"这个名词却是直到20世纪80年代才出现的。② 所谓官本位，是指这个国家的社会价值观是以"官"来定位的，官大的社会价值高，官小的身价自然小，与官不相干的职业则比照"官"来定位各自的价值。③ 官本位在我国产生的根源有四：历史根源是自秦朝形成的中央集权官僚等级制度，思想理论根源是为封建地主阶级统治服务的儒家道统，经济原因是官员掌握着公共财产和各种自然资源，体制原因是只对上负责、对官负责而不对民负责，权力缺乏有效制约。④ 在平等多元的社会里，政治或政治家的梦想为一些人所追逐本无可厚非，但是上升为一种本位文化则必然代表着社会的非平等和非多元。遗憾的是，官本位作为中国传统社会的文化糟粕，并没有随着历史的进步而淡出。虽然在一定程度上有所缓解，但是权力依然是衡量人的社会价值的基本标准，也是影响人的社会地位和社会属性的决定性因素。⑤

官本位作为落后文化，与民本主义完全背道而驰，其影响自然不仅限于官僚体系，而是侵蚀到社会生活的各个方面。官本位文化具有一系列社会危害性，从宏观上讲，包括：官民比例失调，财政不堪重负；妨碍我国科技创新能力和综合国力的提高；妨碍经济的健康发展；造成社会不公、社会不稳定等等。⑥ 官本位文化的导向，也使得非官僚体系走向官僚化，失去了本来的社会属性，这其中包括原本属于服务会员性质的各类协会。不同于西方由成员自发组建的模式，我国现有很多协会采取的是自上而下的组建模式，

---

① 张魁兴.《物权法》缘何挡不住违法强拆？[EB/OL]. http://service. law-star. com/cacnew/200803/115014831. htm,2008-03-31/2014-02-19.

② 朱向东. 当代中国官本位研究(上)[EB/OL]. http://www. chinareform. net/show. php? id=4032,2011-11-22/2014-02-26.

③ 中国"官本位"文化十大怪现象[EB/OL]. http://book. ifeng. com/special/guanchangshu/list/200910/1029_8506_1410880. shtml,2009-10-29/2014-02-11.

④ 朱向东,贝清华. 官本位的成因解析[J]. 人民论坛,2010(26):40-41.

⑤ 俞可平. 什么造成社会的官本位文化[N]. 社会科学报,2013-09-26(006).

⑥ 朱向东,贝清华. 官本位批判论纲[J]. 中南大学学报(社会科学版),2008(8):480-481.

或者在新中国之初直接组建,或者后来由有关国家部委转变而成。这类协会领导都直接带有正式行政级别,如中国作家协会即为正部级单位,即中国作家协会主席享受正部级待遇。^①即使是自下而上组建模式,有着严格的准入制度,需要业务主管部门同意,且需要履行复杂的审批流程,^②带有浓厚的行政色彩。这些"官办"或"半官办"的协会,打着服务会员的旗号,实则大都采用政府的设置和管理办法,不以会员的共同利益作为自己最大的宗旨,习惯依附政府部门并利用其特权形式开展工作,工作的方式、方法、内容和内部运行机制都和市场经济格格不入。^③ 这一点,尤其对于移植需要有关类似协会发挥作用的法律制度时,是非常重要的考虑因素。

(三)封闭文化影响制度的公开与监督

首先,对外封闭与自大。思想文化上的封闭是其他一切封闭的总源头,是民族隔绝于世,社会止步不前的万恶之源。^④ 自明始,除郑和下西洋这一巅峰之举以后,中国走上了"闭关锁国"的对外政策,尽量减少与外界的交往。这也造就了中国日趋封闭的文化,与封闭如影随形的却是极度自大,自认为自己属于"天朝上国",而他国则为"夷狄"。到1840年鸦片战争爆发之后,才有部分国人开始睁眼看世界,但是仍然自视极高。在日本明治维新彻底学习西方文明之时,中国才在阻力重重中开始了以"中学为体,西学为用"为指导思想的洋务运动。在当权的保守势力看来,西方不过胜在武器技术精巧,而中华文化才是正统,对西方文明采取了排斥的态度。正如曾担任过清朝领事和日本大使的英国人阿礼国(Rutherford Alcock)所言:"他们(日本人)没有中国人那种愚蠢的自负,这种自负使得中国人忽视或否认外国事

---

① 国务院工资制度改革小组.国务院工资制度改革小组关于各种人民团体和学术组织的工作人员如何实行职务工资问题的通知(1985 年 08 月 01 日)[EB/OL].http://www. law-lib. com/law/law_view. asp? id=3275,2014-02-02.

② 社会团体登记管理条例(1998 年 10 月 25 日国务院令第 250 号发布)[EB/OL]. http://cszh. mca. gov. cn/article/zcfg/200804/20080400013543. shtml,2014-02-13.

③ 崔艳丽.论我国行业协会发展中的问题与对策[EB/OL]. http://zyzx. mca. gov. cn/article/yjcg/mjzz/200807/20080700018695. shtml,2008-07-23/2014-02-17.

④ 刘云波.试论晚清思想文化上封闭的表现及其影响[J].湖南社会科学,2006(05):181.

务的优越性。"①后来,甲午海战的失利,才正式告诉国人只学皮毛不学精髓的形式变革是无济于事的。新中国改革开放以来,开始主动学习优秀文明成果,但是只学"器物"不及其余的心态依然存在。在法律移植中,只重翻译不重理解、只重制度移植不重系统培育的心理颇为普遍。其中,既有无意疏忽因素,更有对维护既有体系不想改动的心理,形成了新时期"中学为体,西学为用"的封闭文化观念。不同于清末洋务运动的"只学技术、不学制度",新时期则表现为"只学具体制度、不学环境与体系"。仅学词汇和概念,不学词汇和概念背后的整个体系和环境土壤,这也是很多移植不成功的根源。

其次,内部非公开、不透明运作方式。封闭文化在对外关系上表现为故步锁国,在对内关系上则表现为个体之间的不透明。如果说从传统建筑学上讲,纵横交错掩藏于闹市之中的胡同,代表着普通民众的封闭保守文化,②那么坐落于高墙围砌内的恢宏皇宫和府衙,则代表着统治阶级神秘、不透明的封闭文化。随着20世纪90年代开始的推倒围墙运动,各地政府机关和其他团体机构开始纷纷拆除围墙,建造广场。但是,拆除有形的围墙容易,拆除无形的"心墙"却难,③实质上的公开度、透明度却仍然远远不能满足民众的需求。以大家备受关注且最为严肃的全国两会为例,有代表甚至都直言财政部提交的报告"虚化、不透明……代表看了也白看还怎么去监督,怎么去审议,这不蒙人么?……"④到了地方,情况更不容乐观。《2013年中国市级政府财政透明度研究报告》显示,按照全口径中国政府财政透明度指标体系评价,全国287个市级政府城市中,无一城市及格,最高得分仅45分,此外还有3个城市得分为0。⑤ 政府机构的不公开、不透明,也影响了与政府机构关系密切的各类社会团体的透明度和公开度。以公益性的慈

---

① RUTHERFORD,ALCOCK. The Capital of the Tycoon:A Narrative of a Three Years' Residence in Japan(volume 2)[M]. London:Scholarly Press,1863:260.

② 李钢.为什么说胡同文化是一种封闭性文化[EB/OL]. http://res. chinaedu. com/classic/yyyk/38/38g13. htm,2014-02-17.

③ 拆除围墙 更要拆除"心墙"[EB/OL]. http://cpc. people. com. cn/GB/64093/64103/6553015. html,2007-11-20/2014-02-07.

④ 代表直指预算报告不透明看了也白看 应专门审议[EB/OL]. http://www. lianghui. org. cn/2007lianghui/2007-03/13/content_7948825. htm,2007-03-13/2014-02-14.

⑤ 《2013年中国市级政府财政透明度研究报告》[EB/OL]. http://www. sppm. tsinghua. edu. cn/eWebEditor/UploadFile//20130812031437755. pdf(p59-66),2014-02-20.

善会为例,在《2012 年度中国慈善透明报告》中,"公益慈善组织透明度TOP100"年度透明指数的评分中,慈善会仅占 10 个席位,这一总数仅仅占全国慈善会系统总量的 0.55％。① 可见,整个社会还谈不上存在公开透明的文化,无论是政府机构还是有关社会团体等其他机构还是习惯于采取非公开、不透明的方式运作,与北欧五国高度的开放、透明文化相去甚远。

(四)文化因素对移植延伸性著作权集体管理制度的不利影响

独特而深厚的中国文化,使得现代意义上的法律文化无处置身。缺乏基本现代法治文明的滞后法律文化与视法律为工具的功利法律文化,加以官本位和封闭的中国特殊传统文化,其对移植延伸性著作权集体管理制度的法律的影响显而易见,即缺失延伸性著作权集体管理制度的文化土壤。

其一,滞后和工具性法律文化导致无视延伸性著作权集体管理制度与现有著作权法理论、逻辑的不兼容。延伸性著作权集体管理制度作为违背意思自治的一项限制性规定,与斯堪的纳维亚法系轻体系和概念的实用主义密不可分。而我国自清末以来走的是重逻辑与理论的大陆法系路径,即使移植美国的普通法系制度,也是在与私法理念不相冲突的前提下进行的。但是在工具性法律文化引导之下,立法者显然不顾移植延伸性著作权集体管理制度与著作权法之间内在的统一性。

其二,官本位文化侵蚀著作权集体管理组织的服务本性。因为需要通过官阶来衡量地位与价值,凡是具有官方或半官方背景的组织都习惯于以相对应的行政级别自居。哪怕寻找不到对应的行政级别,但是其官僚之气并未消除,这也是我国著作权人抱怨著作权集体管理组织缺乏服务意识的根源所在。即著作权集体管理组织自身并未从内心认为其是服务组织,未认识到正当性基础是在于著作权人的信任与委托,而不是挂靠或主管的政府机构。

其三,封闭文化进一步影响著作权集体管理组织的运行水平。封闭文化使得不仅公权力机关公开性不足,而且其他带有一定社会职能的组织也不能幸免。封闭文化之下,实则既是对自身的信心不足,也是潜意识准备为自己留下"暗箱操作"的空间,加剧了负有管理职责的"内部人"对著作权集体管理组织的实际控制。因此,这也导致作为作品所有者的著作权人,参与

---

① 钮小雪.慈善会"怪胎"[EB/OL]. http://zgcf. oeeee. com/html/201307/01/77791. html, 2013-07-01/2014-02-26.

著作权集体管理组织不足,著作权集体管理组织的实际运行效果不佳。

三、转型期追求稳定过渡的社会因素

中国幅员辽阔、人口和民族众多,且处于新的发展时期,阶层分化严重,矛盾也日益突出,已不再是一个政治、经济、文化高度同质化的社会。① 因此,法律移植要顾忌社会的承受能力,也要注意预留弹性空间,同时也应当顺应中国社会向公民社会的转型趋势,在大的方向上符合历史潮流。

(一)中国国大民众的客观现实

中国地域辽阔,陆地面积 960 万平方公里,相当于北欧五国之和的 7.4 倍、最大领土国瑞典的 21.3 倍、最小领土国丹麦的 223.3 倍。同时,中国还是世界上人口最多的国家。国家统计局发布国民经济运行情况显示:2013 年年末,中国大陆总人口(包括 31 个省、自治区、直辖市和中国人民解放军现役军人,不包括香港、澳门特别行政区和台湾省以及海外华侨人数)136,072 万人。② 其中,人口最多的省份为河南,人口数量为 9613 万人,③仅其一省就相当于北欧五国人口总和的 3.8 倍、最大人口国瑞典的 10.3 倍、最小人口国冰岛的 291.3 倍。如果放大到全国,则对比更为强烈。中国人口将相当于北欧五国总和的 54.4 倍、最大人口国瑞典的 145.8 倍、最小人口国冰岛的 4123.4 倍。

同时,中国民族众多,区域自治政策为法律制定和执行预留较大空间。根据 2010 年人口普查情况,汉族占 91.5%,其他 55 个少数民族占 8.5%。④由于我国实行民族区域自治政策,为此分别设立了内蒙古、新疆、西藏、宁夏和广西 5 个民族自治区,这 5 个民族自治区面积为 437.49 万平方公里。此外,在自治地区还为其他非汉族民族设立了自治州或自治县,自治州和自治县数量分别为 5 个、18 个;在非民族自治省份为少数民族设立了自治州或自

---

① 谢志强,王维佳. 消除我国社会转型期不和谐因素的思路[EB/OL]. http://theory. people. com. cn/GB/40764/105054/105055/6398039. html,2007-10-18/2014-02-10.

② 中国的人口[EB/OL]. http://news. xinhuanet. com/ziliao/2003-01/18/content_695553. htm,2014-02-13.

③ 中国人口数量 2014 全国总人口 136072 万人(各省人口排名)[EB/OL]. http://www. mnw. cn/news/shehui/726472. html,2014-02-24/2012014-02-24/2014-02-26.

④ 参见国家统计局网站,网址:http://data. stats. gov. cn/workspace/index;jsessionid=E0A0B7133F737C5C0C4E530B0E667071? m=hgnd.

治县,自治州和自治县数量 25 个、99 个,其中仅自治州面积就达 138.74 万平方公里。① 如果将自治区和非自治区下属自治州面积合并,可达575.23万平方公里,占全国总面积的 60%。我国《宪法》和《民族区域自治法》都赋予了民族自治地区变通适用国家法律和制定有关自治条例和单行条例的权利。② 哪怕是坚持罪刑法定原则的《刑法》,也赋予自治地区灵活适用的空间,③ 更不要说民事法律的变通。可见,民族区域自治地方自身长久以来的习惯法在区域内影响甚大,对当地居民的社会生活发挥着重要作用。截至 2003 年年底,民族自治地方共制定自治条例 133 个、单行条例 384 个,民族自治地方根据本地的实际,对婚姻法、继承法、选举法、土地法、草原法等法律的变通和补充规定有 68 件。④

(二)社会转型期引致的不均衡现实存在

第一,各地区发展不均衡,城乡之间落差也较大。中国各地区直接经济发展极不均衡。以 2011 年为例,人均 GDP 最多的省市是天津市,达 86496元;人均 GDP 最少的是贵州省,仅为 16,117 元,两地之间差异为 5.37∶1。在 GDP 总量上,最多的省市是广东省,达 52673.59 亿元,最少的为西藏自治区,仅为 605 亿元,两地差异达 87.06∶1。对于中国地区发展的不均衡差距,有经济学家认为可以用"一个中国,四个世界"来形容。"第一世界"是上海、北京、天津等 3 个发达直辖市,"第二世界"是浙江、辽宁、广东、江苏、福建、黑龙

---

① 我国民族自治地方[EB/OL]. http://www. gov. cn/test/2006-04/04/content_244716. htm,2014-02-16.

② 我国《宪法》在第 115 条和第 116 条分别规定:"自治区、自治州、自治县的自治机关行使宪法第三章第五节规定的地方国家机关的职权,同时依照宪法、民族区域自治法和其他法律规定的权限行使自治权,根据本地方实际情况贯彻执行国家的法律、政策。""民族自治地方的人民代表大会有权依照当地民族的政治、经济和文化的特点,制定自治条例和单行条例。自治区的自治条例和单行条例,报全国人民代表大会常务委员会批准后生效。自治州、自治县的自治条例和单行条例,报省或者自治区的人民代表大会常务委员会批准后生效,并报全国人民代表大会常务委员会备案。"《民族区域自治法》第 10 条规定:"民族自治地方的自治机关保障本地方各民族都有使用和发展自己的语言文字的自由,都有保持或者改革自己的风俗习惯的自由。"

③ 第 90 条规定:"民族自治地方不能全部适用本法规定的,可以由自治区或者省的人民代表大会根据当地民族的政治、经济、文化的特点和本法规定的基本原则,制定变通或者补充的规定,报请全国人民代表大会常务委员会批准施行。"

④ 《中国的民族区域自治》白皮书[EB/OL]. http://www. seac. gov. cn/gjmw/zwgk/2005-02-28/1177034000709364. htm,2005-02-28/2014-02-20.

江和山东等 7 个东部省份,"第三世界"是重庆、河南、内蒙古、江西、广西、陕西、四川、安徽、宁夏、河北、新疆、湖北、山西、湖南、吉林、海南等 16 个中部省份和直辖市,"第四世界"是青海、甘肃、云南、贵州、西藏等 5 个西部贫困地区(见表 4-1)。①

表 4-1 全国 2011 年经济数据统计表②

省市	GDP(亿元)	常住人口(万)	人均 GDP(元)	人均 GDP(美元)
天津	11190.99	1294	86496	13392
上海	19195.69	2302	82560	12784
北京	16000.4	1961	80394	12447
江苏	48000	7866	61022	9448
浙江	31800	5443	58791	9115
内蒙古	14000	2471	56666	8773
广东	52673.59	10430	50500	7819
辽宁	22025.9	4375	50349	7795
福建	17500	3689	47433	7344
山东	45000	9579	46976	7273
吉林	10400	2746	37870	5863
全国	471564	133972	35198.57	5449.71
重庆	10011.13	2885	34705	5373
湖北	19594.19	5724	34233	5300
河北	24228.2	7185	33719	5221
陕西	12391.3	3733	33197	5140
宁夏	2060	630	32692	5062
黑龙江	12503.8	3831	32637	5053
山西	11000	3571	30802	4769

---

① 杨永恒,胡鞍钢,张宁. 中国人类发展的地区差距和不协调:历史视角下的"一个中国,四个世界"[J]. 经济学(季刊),2006(02):803-816.

② 全国各省市人均 GDP 数据出炉 25 个省份超 4000 美元[EB/OL]. http://finance. china. com. cn/news/gnjj/20120207/516239. shtml. 2012-02-07/2014-02-22.

续表

省市	GDP(亿元)	常住人口(万)	人均GDP(元)	人均GDP(美元)
新疆	6600	2181	30257	4685
湖南	19635.19	6568	29893	4628
青海	1622	563	28827	4463
河南	27000	9402	28716	4446
海南	2515.29	867	29012	4429
江西	11583	4457	25988	4226
四川	21026.7	8042	26147	4048
广西	11714	4603	25449	3945
安徽	15110.3	5950	25395	3932
西藏	605	300	20152	3120
甘肃	5020	2558	19628	3009
云南	8750.95	4597	19038	2952
贵州	5600	3475	16117	2495

注:数据由国家统计局网站、各地统计局网站及各省区市2012年政府工作报告综合整理

除了各地区间的发展极不均衡外,中国还存在城乡和贫富差距日益拉大的问题,社会各阶层分化严重。国家统计局2013年1月18日公布的数据显示,2012年我国城镇居民人均可支配收入24565元,农村居民纯收入7917元,城乡居民收入比为3.10∶1,城镇和农村居民的收入水平仍保持"3"倍以上的差距。然而,这已是10年来的最低值。[①]

第二,贫富差距大,利益诉求各异,社会阶层分化严重。改革开放以来,在"让一部分先富起来"的政策指引下,中国开始出现了富裕阶层,且贫富差距严重。根据国家统计局公布的全国居民收入基尼系数(Gini Coefficient)显示,我国2003—2012年基尼系数分别为0.479、0.473、0.485、0.487、0.484、

---

① 最可怕的城乡差距在哪里?[N].工人日报,2014-01-26(02).

0.491、0.490、0.481、0.477、0.474。[①] 然而官方的数据与民众的感受严重不符,也遭到了质疑。西南财经大学中国家庭金融调查与研究中心调查报告显示,中国 2010 年基尼系数达到 0.61。[②] 通常情况下,一般将基尼系数的"警戒线"设定为 0.4,欧洲发达国家的基尼指数在 0.24～0.36 之间。[③] 即使以官方数据为准,我国的贫富差距已经处于超越"警戒线"的水平。而北欧国家分布较为均匀,以 2012 年为例,挪威、冰岛、瑞典、芬兰、丹麦分别为:0.23、0.24、0.25、0.26、0.28。[④] 可见,相对于北欧国家而言,我国社会各阶层之间贫富差距极其严重,贫富差距扩大背景下的各方利益诉求也自然不尽相同。

伴随着贫乏差距而生的,就是社会分层出现,且呈严重分化趋势。据 2010 年全国第六次人口普查显示,大陆 31 个省、自治区、直辖市的人口中,居住地与户口登记地所在的乡镇街道不一致且离开户口登记地半年以上的人口为 261386075 人,其中市辖区内人户分离的人口[⑤]为 39959423 人,不包括市辖区内人户分离的人口为 221426652 人。同 2000 年第五次全国人口普查相比,居住地与户口登记地所在的乡镇街道不一致且离开户口登记地半年以上的人口增长 81.03%。[⑥] 社会流动和社会分化的一个直接结果是,利益主体和价值主体的分化。在社会成员的利益分化特别是经济利益分化的基础上,形成了一些新利益群体(如私人企业主群体、农民工群体、失地农民群体、失业职工群体、失房居民群体、城市中的业主群体、垄断行业中的利益群体等)。这些新利益群体对社会资源和机会的不同占有,又形成了强势群体与弱势群体的差距。[⑦] 作为不同阶层或群体,他们的利益诉求不尽相同,这也为法律的

① 杨文彦. 国家统计局首次公布 2003 年至 2012 年中国基尼系数[EB/OL]. http://politics. people. com. cn/n/2013/0118/c1001-20253603. html,2013-01-18/2014-01-31.

② 汪伟,胡雯. 报告称中国基尼系数达 0.61 收入不均程度罕见[EB/OL]. http://money. 163. com/12/1209/14/8I9OEJU700252G50. html,2012-12-09/2014-01-30.

③ Gini Coefficient[EB/OL]. http://www. maxi-pedia. com/Gini + coefficient,2014-02-05.

④ Gini-coefficient[EB/OL]. http://norden. statbank. dk/INDIC107,2014-02-18.

⑤ 市辖区内人户分离的人口是指一个直辖市或地级市所辖的区内和区与区之间,居住地和户口登记地不在同一乡镇街道的人口。

⑥ 2010 年第六次全国人口普查主要数据公报(第 1 号),[EB/OL]. http://www. stats. gov. cn/tjsj/tjgb/rkpcgb/qgrkpcgb/201104/t20110428_30327. html,2011-04-28/2014-02-01.

⑦ 杨敏. 价值观多元开放时代的社会共同性追求:体制改革 30 年来公众价值观变化的社会学思考[J]. 甘肃社会科学,2008(5):3.

制定和执行带来了新的挑战。即，对一个阶层或群体有利的制度，可能是对另一个阶层或群体的伤害，这也是中国现在矛盾多发的根源所在。

第三，民众认知能力呈群体化差异，社会转型冲击下价值观日趋多元。随着中国不断加大教育投入，民众的受教育水平在不断提高。可是就总体而言，受教育程度仍然偏低。据 2010 年全国第六次人口普查显示，大陆 31 个省、自治区、直辖市和现役军人的人口中，具有大学（指大专以上）文化程度的人口仅占 8.72％；具有高中（含中专）文化程度的人口占 13.71％；具有初中和小学文化程度的占 64.09％；未受过任何教育的人口占 13.48％，其中文盲人口（15 岁及以上不识字的人）又占 4.08％。[①] 改革开放以来，中国社会开始了结构性和系统性的转换，包括从最初党和国家工作重心转移、具体政策调整到经济体制由计划经济到市场经济转轨，政治体制由高度集权的传统政治向民主政治转变，思想观念由反映自然半自然经济和计划经济体制的精神文化向反映社会主义市场经济的现代精神文化转变，农业社会向工业社会的转变，由以乡村为主的社会向以城市为主的社会的转变，由传统社会向现代社会的转变。[②] 近年来，随着改革到了"深水区"，各种价值观冲撞强烈。受教育水平参差不齐的民众面对剧烈的社会变革，价值观往往更是天地之差，传统与创新、保守与激进、中庸与分化都激荡于这个时代。

（三）社会因素对移植延伸性著作权集体管理制度的不利影响

迥异于北欧国家的同质性社会，中国国大民众再加以正处于社会转型期，阶层分化日趋严重，完全不同于北欧国家的社会环境自然是移植延伸性著作权集体管理制度时应予考虑的重要影响因素。

其一，本就负有争议的延伸性著作权集体管理制度难以在全国范围内真正落地。中国地域辽阔，人员众多，各地区间民俗风情差异较大，且有些地方较为落后，交通也不便利。我国著作权集体管理组织并不发达，某领域内的著作权集体管理组织是唯一的，总部又都在首都。身处大都市的会员著作权人尚且不能完全掌握自己作品被著作权集体管理组织代言情况，身处偏远地区的非会员著作权人更是无从知晓，更不知如何行使退出权和个体赔偿权。

---

①　2010 年第六次全国人口普查主要数据公报（第 1 号），[EB/OL]. http://www. stats. gov. cn/tjsj/tjgb/rkpcgb/qgrkpcgb/201104/t20110428_30327. html，2011-04-28/2014-02-01.

②　谢志强，王维佳. 消除我国社会转型期不和谐因素的思路[EB/OL]. http:// theory. people. com. cn/GB/40764/105054/105055/6398039. html，2007-10-18/2014-02-10.

甚至,可能由于行使退出权和个体赔偿权的经济成本过高而被迫放弃。可见,表面的和谐无法掩盖真实的矛盾,表象的落地无法做到真正的生根。

其二,著作权集体管理组织极易成为众矢之的。由于阶层的不断分化,彼此利益之间的分歧诉求越来越成为无法缝合的沟壑。盗版和网络非法传播依然猖獗,个人使用更多时候无须缴纳费用,因此商业使用人多为专业化运作的公司或其他大型机构。有别于北欧国家,在非法定许可情形下,作品的使用费仍由政府著作权管理机构确定而非协商,通常价格并不高。这就导致使用人的使用成本过低,商业使用人往往可以获得较高收益,而著作权人却只能从著作权集体管理组织获得较少作品使用费,著作权人必然对著作权集体管理组织心生不满。此外,新生代与成名著作权人之间生活境遇差距较大,对于使用费价格更为敏感。但是,由于作者无法参与著作权集体管理组织的管理,或者话语权不足,也会对著作权集体管理组织有所抵触。

四、小结

在不同社会制度、文化传统的国家间进行法律移植必须非常慎重,必须对所要移植的法律本身以及输出国和输入国的政治、经济、社会、文化背景进行深入研究,采取合适的手段来进行,切不可操之过急。[①] 就与北欧国家的比较而言,在政治上,中国实行的是执政党长期执政的政体,政治渗透到社会经济生活的各个方面;在文化上,受长期封闭且不公开文化影响,社会透明度有限;在社会上,无论是国土、人口和民族等自然客观因素,还是所处社会转型期导致社会分层严重,都说明中国现在的社会是非同质化社会。因此,迥异于北欧国家的小国寡民、透明文化和同质化社会。一个具体的法律制度表面上看是存在于某个法律中的条文,实则根植于背后深厚的社会、文化、历史等。国内社会学专家普遍都认为北欧国家实行的"高税收、高福利"北欧模式在我国难以复制和推广,并列举出了种种理由,那么与北欧模式一并根植于特定土壤的延伸性著作权集体管理制度缘何可以复制和推广呢?中国或许可以借来概念或词汇,却借不来概念或词汇所指含义需要支撑的历史,因为很大程度上讲,中国这样的历史根本就不存在。[②] 显然,从法律移植的宏观背

---

① 王云霞.法律移植二论[J].公安大学学报,2002(1):69.

② DONALD C. CLARKE. Lost in Translation? Corporate Legal Transplants in China [EB/OL]. http://papers. ssrn. com/sol3/papers. cfm? abstract_id=913784(p14),2006-07-03/2014-02-01.

景因素上,我们未找到支撑的理由。

第三节 我国著作权集体管理组织运行情况考察

著作权集体管理组织是将延伸性著作权集体管理制度从理论落实到实践的关键环节,作为联系著作权人和使用人的中介,其实际运行情况如何则具体决定着这一制度的成败。对此,瑞典司法部长亨利·奥尔森(Henry Olsson)曾经在挪威影印复制权协会(KOPINOR)25周年国际研讨会上指出:"延伸性著作权集体管理制度的前提条件是发达的集体管理组织体系,并且集体管理组织能够代表该领域大量的著作权人。"[①]何谓发达,应当是指集体管理组织具有高水平的经济高效机制(rationalisation)和透明度(transparency)。[②]那么,本节的讨论将围绕考察我国著作权集体管理组织是否已经达到这样的发达程度展开。

一、著作权集体管理组织是否具有代表性

延伸性著作权集体管理制度要求著作权集体管理组织必须能够代表某领域大量的著作权人,这是对著作权集体管理组织最基本的要求。要判断某一著作权集体管理组织是否具有代表性,应包含三个判断因素:著作权集体管理组织的设立方式是否出于著作权人自愿、著作权集体管理组织与会员之间是否服务与被服务关系、著作权集体管理组织会员人数多寡。

(一)著作权集体管理组织的设立方式非自下而上

在西方发达国家,著作权集体管理组织的设立方式是自下而上式的。会员性著作权集体管理组织都是先由少量人为自身利益需要合谋建立,随着运转良好的实际效果,吸引了越来越多有相同利益需要的人加入著作权集体管理组织。而会员的增加,也促进著作权集体管理组织专业化水平越

---

① HENRY, OLSSON. The Extended Collective License as Applied in the Nordic Countries[EB/OL]. http://www. kopinor. no/en/copyright/extended-collective-license/documents/the-extended-collective-license-as-applied-in-the-nordic-countries,2005-05-20/2014-03-01.

② European Union (EU). Commission Recommendation of 18 May 2005 on collective cross-border management of copyright and related rights for legitimate online music services (2005/737/EC)[EB/OL]. http://www. wipo. int/wipolex/en/text. jsp? file_id=208092,2014-03-01.

来越高,更好维护会员利益,如此步入良性循环的轨道,影响力自然也就越来越大,在地域上也逐步由区域性上升为国家性。同时,在发展的过程中,著作权集体管理组织之间也会进行合并,形成伞形组织。即,在组织结构上采取了类似于集团公司的模式,子著作权集体管理组织仍保持独立性。但不同于集团公司模式的是,著作权集体管理组织的总部是由子著作权集体管理组织授权行事,而不是著作权集体管理组织总部对子著作权集体管理组织进行管控。实质而言,就是著作权集体管理组织总部与子著作权集体管理组织之间也是会员制模式,而不是行政管控模式。例如挪威影印复制权协会(Kopinor)成立于 1980 年 4 月 30 日,旗下有 5 家出版社协会和 17家作家协会。挪威小说作家协会(Den norske Forfatterforening)是 17 家作家协会之一,却早于 1893 年即告成立,拥有 600 余名会员。① 而挪威影印复制权协会也是基于它的子著作权集体管理组织授权,就作品的复制和数字化与使用人进行磋商,并缔结集中许可协议。②

　　与西方国家不同的是,我国著作权集体管理组织基本都是自上而下的设立方式。这一方式的好处就是可以缩短著作权集体管理组织获得社会认可进而上升到国家层面的积累时间,自一诞生就具有国家代表性的合法地位。之后,著作权集体管理组织又开始了自上而下的组织机构设置,在各地区设立分支机构。例如中国音乐著作权协会音著协除在北京设立总部外,还在 16 个省市设立了分支机构来开展业务。③ 虽然形状上类似于挪威影印复制权协会的伞形,实则应为金字塔形的总部集权模式组织。著作权集体管理组织自上而下设立方式的最大缺陷就是正当性不足。由官方、半官方的协会改组或者发起设立,与主管部门有着千丝万缕的关系,自律性和民事私权色彩欠佳,为会员著作权人的服务基础不牢固。

　　(二)著作权集体管理组织与会员之间并非完全处于服务与被服务关系

　　在自下而上的著作权集体管理组织设立方式中,著作权集体管理组织最初往往是少数著作权人设立,著作权集体管理组织管理人员与会员高度重合。而随着著作权集体管理组织逐步壮大,著作权集体管理组织无论是

---

① Om DnF[EB/OL]. http://www.forfatterforeningen.no/om-dnf,2014-03-02.

② About KOPINOR[EB/OL]. http://www.kopinor.no/en/about-kopinor,2014-03-02.

③ 分支机构[EB/OL]. http://www.mcsc.com.cn/mcscInforList.php? partid=8,2014-03-02.

对外运营著作权事务,还是对内管理人数众多的会员著作权人,都需要多数的会员与著作权集体管理组织之间进行身份的分离。著作权集体管理组织作为独立机构接受著作权人委托,收取并分发著作权使用费成为其最主要职责,从而形成其与会员之间的服务与被服务关系。由于中国的著作权集体管理组织存在先天正当性不足,著作权集体管理组织与会员之间紧密度不够,从而在实际运行中造成了著作权集体管理组织独立利益与会员利益的分离。广东省流行音乐协会甚至认为:"包括中国音像著作权集体管理协会(音集协)、中国音乐著作权协会(音著协)等著作权集体管理组织既做运动员又做裁判员,与全国各地的著作权人存在巨大的利益冲突。"[①]并进而造成了所谓"音著协吃肉,创作者喝汤"的局面。[②] 此外,由于中国特色的政治生态和官本位文化,著作权集体管理组织工作人员的服务意识较为薄弱,会员常常感觉著作权集体管理组织维权不够,音乐人为此感叹"别指望音著协"。[③]

不仅仅著作权集体管理组织服务达不到会员的期望,甚至著作权集体管理组织有时还成为会员著作权行使权利的障碍,本应是会员利益的代言组织,反过来却将枪口指向了会员。以音著协诉歌手郑钧案为例,虽然法院最后驳回了音著协的诉讼请求,可是音著协依然在其官网中宣传,著作权人在将作品公开表演权转让给集体管理组织以后,哪怕是著作权人本人也无权行使。[④] 由此可见,随着著作权集体管理组织的异化,会员著作权基于维权需要加入著作权集体管理组织反倒可能在行使著作权时遭遇被著作权集体管理组织维权之扰。

(三)著作权集体管理组织的会员人数少,不具代表性

目前,关于会员人数方面公开信息且较为精确的数据只有音著协和音集协两家,文著协和摄著协则干脆无丝毫会员数量方面的公开信息。影集协自己表述较为含糊,网站表述为"会员包括中国电影所有主要制片单位",

① 丁慧峰.音乐人认为著作权人利益"被代表":广东省流协对音著协说"不"[N].信息时报,2012-04-08(A18).

② 音著协吃肉 创作者喝汤[EB/OL]. http://news. 163. com/special/reviews/copyright0406. html? from=newstalk3,2014-03-02.

③ 秦亚堙. 别指望音著协[N]. 北京晚报,2011-02-17(20).

④ 樊煜. 为什么有时演唱会歌手演唱自己原创的作品还需要向音乐集体管理组织付费[EB/OL]. http://www. mcsc. com. cn/informationsCopy. php? partid=35&pid=646,2014-03-02.

但是有新闻媒体披露只有 1 家会员单位。① 那么以公布数据较为精确的音著协为例,截止到 2009 年年底其有个人会员近 6000 人、出版商会员几十家。而据统计,2009 年全国仅专业音像制品出版单位就达 380 家(不包括混合音像和文字类混合的电子出版物出版单位 250 家)。② 可见,就出版商会员而言,这个全国唯一的音乐著作权集体管理组织所拥有的出版社会员数量并不算很多。就个人会员而言,目前全国权利人无法精确统计。无法精确统计的原因在于:一是职业音乐人增长很快,以音乐为梦想且有一定数量音乐作品但未出名的音乐人庞杂;二是随着科技的发展,任何人都可因为一个小的音乐创作上传到网络或者某些场合展示而成为音乐著作权人,这个数量更是无法统计。虽然无法统计,但是可以想见,音乐权人的数量应该是非常庞大的。如果横向与北欧国家相比,也能看出其中差距。以瑞典音乐著作权方面的集体管理组织瑞典表演权协会(STIM)为例,它是面向歌曲作者和音乐出版商服务的著作权集体管理组织,为会员收取音乐作品因录制、公开表演、下载和播放而产生的使用费,可以说与音著协基本一致,其共有会员 71000 名。③ 不考虑其他因素,音著协会员数直接与瑞典表演权协会对比,也远远不在一个层次。此外,需要注意的是,瑞典 2009 年总人口不过 933 万,如果将该集体管理组织会员与国民数量相比,比率为76:10000。如果按这一比率计算,音著协会员人数理论上应为 1000 万人。④ 即便我们承认中国音乐市场繁荣程度落后于瑞典,甚至自贬其发达程度仅仅相当于瑞典的 1%,那么音著协会员人数也应该在 10 万人以上。显然,著作权集体管理组织在会员人数上代表性不足。

二、著作权集体管理组织是否透明、经济高效

(一)著作权集体管理组织的透明度差

第一,对非会员的透明度几乎无从谈起。现代意义上的非会员包括潜在可能因创作而成为著作权人的任一普通民众,无论是文学网络写手还是

① 王思璟,王卓铭.影著协收费硬伤:无版权也收费[N].21 世纪经济报道,2010-10-28(19).

② 姚贞.2009 年全国新闻出版业基本情况(中国新闻出版报 2010 年 09 月 07 日)[EB/OL].http://www.chuban.cc/toutiao/201009/t20100907_76674.html,2014-03-02.

③ This is STIM[EB/OL].http://www.stim.se/en/This-is-STIM/,2014-03-02.

④ 按照 2009 年年末中国大陆人口 132802 万人计算。

音乐创作新生势力,任何人都会因为创作成为著作权人,在未加入有关著作权集体管理组织的情况下,都可以称之为非会员著作权人。因此,著作权集体管理组织对外界非会员的信息披露情况如何,既是非会员是否加入的重要决策因素,也是其透明度的重要表现。在数字时代,网络的便捷性无可替代,更多时候非会员都会从网络获取有关信息,那么我们就以五家著作权集体管理组织的官网作为考察对象。目前来看,五家著作权集体管理组织官网的主要作用更多在于宣示其具有何种收取费用的权利,再加以著作权人如何入会、使用人如何申请使用和简单的动态新闻。例如建立于 2008 年的文著协,其网站"公示信息"栏仍然显示"频道建设中",而"协会动态"的新闻却在 2009 年 4 月 20 日就开始更新。相对而言,五家中音著协透明度好一些,自 2004 年起逐年公布年报。以《2012 年报》为例,共 17 页,对会员发展、许可业务、办税分配、法律事务、资料储备等有基本数据的公布。[①] 与此截然不同的是,北欧五国著作权集体管理组织网站披露信息翔实,且透明度极高。以瑞典版权组织为例,瑞典版权组织是服务于作者和表演者关于广播电视、DVD、CD 出版等媒介方式进行授权许可的著作权集体管理组织,[②]其每年的年报有两版,一版为普通《年报》,另一版为专门的《分配年报》。[③] 2012 年,瑞典版权组织《年报》共 27 页,《分配年报》共 18 页。其中,《年报》除一般性年度发展概况外,还附有管理事项报告(Administration Report)、收支账目表(Revenue and Expenditure Account)、资产负债表(Balance Sheet)、现金流量表(Cash Flow Statement)、审计报告(Audit Report)等具体数据信息。[④]《分配年报》主要分"以有线电视网络方式对电视广播作品再传播而收取费用的分配"(Distribution of Revenue for Retransmission of TV and Radio via Cable TV Networks)、"私人复制使用费的分配"(Distribution of Private Copying Levy)和"其他形式收入的分配"

---

① 历年年报[EB/OL]. http://www. mcsc. com. cn/information. php? partid=4,2014-03-02.

② OM COPYSWEDE[EB/OL]. http://www. copyswede. se/om-copyswede/detta-ar-copyswede/,2014-03-02.

③ Publications[EB/OL]. http://www. copyswede. se/in-english/publications/,2014-03-02.

④ Annual Report 2012[EB/OL]. http://t66131p8hc831dovf2vtvsy736. wpengine. netdna-cdn. com/wp-content/uploads/2013/06/CS_ARV_2012_eng_150dpi. pdf,2014-03-02.

(Distribution of Other Revenue)三个主栏目,在主栏目项下又做进一步细分,如"以有线电视网络方式对电视广播作品再传播而收取费用的分配"项下还有"在电影制作人、广播公司、作者或表演者之间的分配"(Distribution among Film Producers, Broadcasting Companies and Authors/Performers)、每一电视频道收入的分配(Distribution of Cable TV Revenue Per Channel)、"在作者和表演者之间的分配"(Distribution among Authors and Performers)和"个体性分配"(Individual Distribution)等四个子栏目。在有关内容上,数据也非常翔实。[1] 可见,国内著作权集体管理组织在对外透明度上远远低于北欧国家,这也是多数非会员著作权人不愿意加入著作权集体管理组织的主要原因之一。

第二,对会员的透明度依然不足。姑且认为非会员并非著作权集体管理组织内部人,而对信息予以保留的做法情有可原,那么,著作权集体管理组织对于会员的信息披露又如何呢?

首先,著作权集体管理组织章程关于会员信息知情权和参与决策权方面的规定不足。五家集体管理组织的章程都较为粗糙,且缺少会员如何维护权益的规定,有着"爱入不入、唯我独尊"的气势。以摄著协的《协会章程》为例,章程分别在第 13 条规定了会员的选举权、被选举权和表决权,并在第 16 条明确赋予了会员代表大会为最高权力机构的地位,但是对于如何选举会员代表无进一步规定。第 13 条规定了会员的批评建议和监督权,但是并无具体信息知情权和信息获取渠道的规定,会员如何行使批评建议和监督权存疑。[2]

其次,著作权集体管理组织仅向会员提供粗略信息,会员处于信息不对称的被动地位。例如,曾创作《从头再来》《超越梦想》等歌曲的音乐人王晓峰从音著协那里得到的版税通知单,除了扣税和实付金额外,并没有使用者究竟支付给音著协多少钱的明细。[3] 当音乐人要求将账单明细实现公开透

---

① Copyswede Distribution 2012[EB/OL]. http://t66131p8hc831dovf2vtvsy736. wpengine. netdna-cdn. com/wp-content/uploads/2012/02/CS_FORDELNING_2012_eng _150dpi. pdf,2014-03-02.

② 中国摄影著作权协会章程(2013 年 8 月 23 日第二次会员代表大会通过)[EB/OL]. http://www. cpanet. cn/templets/default/zhuzuoquan/xhzc. html,2014-03-02.

③ 刘星. 新著作权法是鼓励音著协收黑钱?(中国新闻周刊网 2012 年 04 月 06 日)[EB/OL]. http://news. 163. com/12/0406/14/7UDPOEVI00012Q9L. html,2014-03-01.

明时,"著作权集体管理组织往往借口自己所负责的著作权人太多,公开是一件成本很高的事情,可操作性低"或者"不便透露具体数据"敷衍了事。① 也就是说,会员著作权人对于作品的使用费价格也只能被动接受,且信息获取内容依然有限。

(二)著作权集体管理组织运行不能做到经济高效

第一,国内著作权集体管理组织管理成本高企。五家著作权集体管理组织中,有三家在协会章程中明确规定了管理费提取比例,而另两家则采取模糊化处理方式。文著协、影集协和摄集协分别在各自协会章程第 31 条、②第五章第 2 条、③第 38 条④规定了使用费最高提取比例可达 30%。而音著协和音集协只是分别在协会章程第 35 条、⑤第 30 条⑥规定了集体管理组织可以从收取的使用费中提取一定比例的管理费,无具体比例限制。那么没有规定提取比例的集体管理组织,实际管理成本也确实并不低。以音著协为例,经计算其 2012 年当年管理成本与收入之比是 17.35%,2011 年则为 18.07%。⑦ 而丹麦音乐版权组织(Koda)管理成本与收入比在 2003—2012 年间一直处于最低 9.9% 和最高 11.3% 的区间,2012 年、2011 年分别为 9.9% 和 10.3%。⑧ 瑞典版权组织则更为激进,其直接采取的是管理成本与分配额比率这一直观数据,1999—2012 年期间最低仅 5%,最高也不到

---

① 黎鱼鱼.音著协为何"不便透露数据"[EB/OL]. http://www. showchina. org/jjzg/bwzg/201211/t1249448. htm,2012-11-29/2014-03-02.

② 协会章程[EB/OL]. http://www. prccopyright. org. cn/staticnews/2010-01-28/100128150538781/5. html,2014-03-01.

③ 协会章程[EB/OL]. http://www. cfca-c. org/xhzc1. php#5th,2014-03-02.

④ 中国摄影著作权协会章程(2013 年 8 月 23 日第二次会员代表大会通过)[EB/OL]. http://www. cpanet. cn/templets/default/zhuzuoquan/xhzc. html,2014-03-02.

⑤ 中国音乐著作权协会章程[EB/OL]. http://www. mcsc. com. cn/information. php? partid=21,2014-03-02.

⑥ 协会章程[EB/OL]. http://www. cavca. org/xhzc. php,2014-03-02.

⑦ 音著协 2012 年报[EB/OL]. http://www. mcsc. com. cn/pdf/phpNlBlno. pdf (p16),2014-03-02.

⑧ A New Record for Koda[EB/OL]. http://www. koda. dk/eng/annual-report-2012/a-new-record-for-koda/,2014-03-02.

15％。① 如采取这一比率,音著协 2012 年和 2011 年数据则分别高达 20.99％、22.60％。此外,从工作人员数量上也可见一斑,音著协总部 2009 年工作人员就超过 50 人,而瑞典版权组织 2012 年工作人员也仅 14 人。② 音集协的实际情况更不容易乐观,其 2010 年第二次会员大会通过的《全国卡拉 OK 著作权使用费分配方案》显示,扣除营业及附加税和文化部"全国娱乐场所阳光工程"卡拉 OK 内容管理服务系统监管平台 8％的费用后,运营成本、维权成本、宣传成本以及基础建设成本占比为 50％,其余 50％在权利人之间进行分配。③ 可见,国内五家著作权集体管理组织的管理成本处于高位。

第二,办事效率水平在收费和分配不同环节上各不相同。著作权集体管理组织的主要功能是接受著作权人委托收取使用费并向著作权人分配,包括收取费用和分配费用两个重要环节。从目前情况看,著作权集体管理组织收取费用的积极性较高,例如,音集协正式成立时间为 2008 年 5 月 28 日,但是其前身中国音像协会却已经从 2007 年开始在 26 个省份启动卡拉 OK 版权许可工作。④ 影著协成立于 2009 年 7 月,其 2010 年 4 月第一次会员大会就通过了《中国电影著作权协会章程》《电影作品著作权集体管理使用费收取标准》和《电影作品著作权集体管理使用费转付办法》,并在 10 月通过《关于向网吧收取电影著作权使用费的若干问题》和《关于向网吧、长途汽车收取电影作品使用费的若干说明》回应社会质疑,⑤推动收费工作,效率较高。但是,分配工作显然效率不高。例如,音集协 2007 年便开始收取卡拉 OK 使用费,两年时间里收取了 8000 多万元,但是一直未予分配,直到

---

① Annual Report 2012 [EB/OL]. http://t66131p8hc831dovf2vtvsy736. wpengine. netdna-cdn. com/wp-content/uploads/2013/06/CS_ARV_2012_eng_150dpi. pdf(p18),2014-03-02.

② Annual Report 2012 [EB/OL]. http://t66131p8hc831dovf2vtvsy736. wpengine. netdna-cdn. com/wp-content/uploads/2013/06/CS_ARV_2012_eng_150dpi. pdf(p22),2014-03-02.

③ 中国音像著作权集体管理协会召开会员大会[EB/OL]. http://www. cavca. org/news_show. php? un＝xhxw&id＝474&tn＝％D0％AD％BB％E1％D0％C2％ CE％C5,2010-01-25/2014-03-02.

④ 郑洁. 卡拉 OK 版权费分配实现"零"的突破[N]. 北京商报,2010-02-01(06).

⑤ 影著协会新闻[EB/OL]. http://www. cfca-c. org/xhxw. php? page＝1, 2014-03-02.

2010年第二次会员大会才确定分配方案。[①] 在个案上,享有《两只蝴蝶》著作权的北京鸟人艺术推广有限责任公司,宣称音著协曾在2004—2006年间与主要网络公司签订了《两只蝴蝶》的授权使用合同,但是始终没有收到过一分钱。[②] 这种收费积极而分配缓慢的效率与风格,招致了众多著作权人的反感。

三、小结

相较于其他国家著作权集体管理组织,北欧国家的著作权集体管理组织在欧洲是最具效率和透明性的著作权集体管理组织,[③]这也是北欧国家产生并可以适用延伸性著作权集体管理制度的原因之一。中国赢弱之著作权集体管理组织,不仅代表全国著作权人的正当性存疑,更在实际运行中存在诸多问题,导致延伸性著作权集体管理制度最为关键的前提条件不具备。

其一,著作权集体管理组织代表性不足。著作权集体管理组织必须具有大量的会员著作权人,如果是某领域内唯一的著作权集体管理组织,则对数量的要求更高。可是,我国著作权集体管理组织往往在成立之初就处于争议旋涡之中,经过一段时间的发展,著作权人加入的积极性也并不高,导致时至今日相较于北欧或其他发达国家著作权集体管理组织来说,会员人数是少之又少。

其二,著作权集体管理组织实际运行不佳。由于先天正当性缺失,又都处于先天不足、后天待补的阶段,维系不多的会员著作权人都颇感吃力,频繁遭遇会员退出的主张,让其再管理全国著作权人显然不切实际。郭禾教授曾指出:"集体管理组织还处于幼年时期,无所顾忌地让其承担社会功能无异于小马拉大车……发挥集体管理组织社会功能的同时,必须同时估计我国的集体管理组织的特殊发展时期,而不能简单地照搬发达国家的模式。"[④]

---

① 李懿.音集协收费8000万 分配"躲猫猫"[N].东方早报,2009-05-12(B07).

② 黄锐海.如果草案通过,后果会怎样?[N].南方都市报,2012-04-14(GB18).

③ ANNA,VUOPAIA. Extended Collective Licensing—A solution for facilitating licensing of works through Europeana,including orphans? (FCS Articles and Studies—January 2013)[EB/OL]. http://www. copyrightsociety. fi/ci/Extended _ Collective _ Licensing. pdf(p22),2014-03-03.

④ 罗向京.著作权集体管理组织的发展与变异[M].北京:知识产权出版社,2011:7.

第五章 我国增设延伸性著作权集体管理制度的构建、机遇与挑战

　　移植私权法律自应以保障私权为导向，这一点对于我国要在独特的政治、社会和文化环境中完善法律，推进法治进程而言尤为重要。此外，在对延伸性著作权集体管理制度进行强行移植的结果认识上，要注意从植物学中汲取经验教训。作为从植物学衍生出来的词汇，法律移植与植物移植有着惊人的相似之处。将某一植物从起源地移植到另一地的结果可能是死亡、繁茂、变异。而难以遏制的繁茂或变异对于当地生态来说往往是噩梦。与此相呼应，延伸性著作权集体管理制度更像是斑点矢车菊①这一物种，在北欧国家充满民主、透明文化和同质化社会等因素的环境中美丽绽放，因为上述因素能扼制其野蛮不羁的恶的一面。但是对于我国而言，恐怕会产生入侵物种的效果。中国目前环境更能激发其恶的一面，成为进一步破坏法治进程的杀手。

　　笔者对于我国在现阶段甚或相当长一段时间内移植延伸性著作权集体管理制度持否定意见。但是，负责立法的部门和与之有千丝万缕关系的著作权集体管理组织仍然在不遗余力地努力推动《著作权法》第三次修订草案尽快通过，国务院法制办报请国务院审议的《中华人民共和国著作权法（修

---

　　①　研究人员把斑点矢车菊的种子分别种在欧洲和北美洲的消过毒和未消毒的土壤中。比起在未消毒的北美洲土壤中，斑点矢车菊在消过毒的北美洲土壤中，长快了一倍半。可是相对于未消过毒的欧洲土壤，它们在消过毒的欧洲土壤中长快了9倍之多。这显示欧洲土壤里有更多不利于矢车菊生长的病原体。斑点矢车菊的克星的确让矢车菊在欧洲不能太放肆。当他们把斑点矢车菊种在法国的土壤中，它们在种过丛生禾草的土壤中活得比较好，这可能是因为种过丛生禾草的土壤中没有太多斑点矢车菊的克星。参见 http://baike. baidu. com/link? url = ktD0KSxWcEZ39ABnV4Vg9gSUlUulysAQ8 _ XmXA73aXJ2nw7q4cIawOEDkoRtNdeh.

订草案送审稿)》中依然保留了延伸性著作权集体管理制度。[①] 因此,中国自身的特殊国情决定了即便国内鲜少有人对该制度有透彻研究且该制度面临较大争议,但是该制度在《著作权法》第三次修订中"破壳而出"的概率依然较大。而实际上,本章搭建延伸性著作权集体管理制度的架构并非是笔者认同对该制度进行移植,而是在势不可当的情形之下,所做努力皆是减少延伸性著作权集体管理其内在恶因而已。同时,笔者认为未来著作权个体管理的趋势不可逆转,著作权集体管理更应关注如何提高服务水平来赢得市场尊重,而不是一味谋求通过立法巩固其垄断地位。

第一节　增设延伸性著作权集体管理制度的配套措施

移植具体法律制度,不仅仅需要移植法律制度本身,同时还需要移植法律制度生存所需的法律体系和外部环境。同理,移植延伸性著作权集体管理制度必须谨慎,应移植整个体系,而不仅仅是规则本身,还应包括该制度赖以存在的著作权集体管理组织和反垄断规制等。[②]但是,外部环境是一个宽泛的概念,在第四章第二节已有论述,本书也无力提出重塑上述因素以适应延伸性著作权集体管理制度的建议。况且,政治、文化和社会等外部环境问题非法律专业问题。那么仅从延伸性著作权集体管理制度所需法律体系的角度出发,这一制度还需要其他相应的机制方能尽量减少其"恶",发挥其"善"。

一、取消设立限制,使著作权集体管理组织之间形成有效竞争

根据我国《著作权集体管理条例》第 7 条第 2 款的规定:"设立著作权集体管理组织,应当具备下列条件:……(二)不与已经依法登记的著作权集体管理组织的业务范围交叉、重合;(三)能在全国范围代表相关权利人的利益;……"实际上扼杀了自下而上自发设立著作权集体管理组织的可能性,

---

① 国务院法制办公室关于公布《中华人民共和国著作权法(修订草案送审稿)》公开征求意见的通知[EB/OL]. http://www. chinalaw. gov. cn/article/cazjgg/201406/20140600396188. shtml,2014-06-06/2014-06-06.

② THOMAS, RIIS&JENS, SCHOVSBO. Extended Collective Licenses and the Nordic Experience—It's a Hybrid but is It a Volvo or a Lemon? [J]. Columbia Journal of Law & the Arts,2010(33):496.

因为任一著作权集体管理组织既能，又不能代表全国相关权利人。说能是因为只要著作权集体管理组织成立，权利人都应可以加入著作权集体管理组织让其成为自己的代言人；说不能是因为集体管理组织能够代表权利人，应是其成立后自然发展的结果，而不是前提条件。所以，其尺度完全由负责审批的行政管理部门掌握。第(二)项规定实际上赋予了在某著作权领域内集体管理组织的唯一垄断地位，其他任何人都无法在该领域内再申请设立著作权集体管理组织。自由竞争环境下逐步壮大的垄断组织并不特别可怕，因为它要保持垄断地位必须保持创新和提供价格、品质都具有竞争力的产品，且因为规模效应和劳动力细分而减少竞争导致的成本负担。① 例如微软公司虽然在全球个人计算机操作系统具有垄断地位，但是其一直保持创新和研发领先，为客户提供更好的消费体验。即便如此，我们仍要警惕其恶的一面，即对整个社会的经济繁荣和进步可能带来压制。其实，最可怕的是行政力量主导下的垄断，因为法律和政策的倾斜将导致垄断组织有恃无恐，进而更易造成滥用垄断地位。在著作权集体管理组织享有唯一合法垄断地位的情况下，其不仅看不到自身的不足，不注意听取众多著作权人的不满意见加以改进，反而因自动代表全国所有著作权人而蠢蠢欲动，已经充分说明了著作权集体管理组织唯一垄断地位的社会危害性。

为促进著作权集体管理组织之间的充分竞争，应对现有制度做如下修改：

首先，应废除著作权集体管理组织关于全国代表性的设立前置条件。任何著作权人都可以申请设立集体管理组织，且可以在全国范围内接受著作权人委托。在市场经济和全球化的今天，任何生产要素甚至都可以在全世界自由流通，毋宁说一国之内。著作权的财产权利亦具有生产要素的属性，自然在流通和授权上也不应有地域和层级的限制。与此相适应，《著作权集体管理条例》中有关国务院著作权管理部门负责审批的条款应予以修改，②将权利下放到各省市著作权管理部门，且进一步简化程序审批要求，

---

① LUDWIG，VON，MISES. Socialism：An Economic and Sociological Analysis (6th Revised edition)[M]. J. KAHANE 译，Indianapolis：Liberty Fund Inc，1981：389.

② 《著作权集体管理条例》第 9 条：申请设立著作权集体管理组织，应当向国务院著作权管理部门提交证明符合本条例第七条规定的条件的材料。国务院著作权管理部门应当自收到材料之日起 60 日内，作出批准或者不予批准的决定。批准的，发给著作权集体管理许可证；不予批准的，应当说明理由。

国务院著作权管理部门更多发挥协调功能，不宜参与著作权集体管理组织具体设立方面的事务。

其次，应废除关于著作权集体管理组织之间业务不得交叉或重合的规定。著作权集体管理组织会根据自身优势领域和专业特长，定位目标著作权人群体，法律无须为著作权集体管理组织划定经营范围，更不能限制著作权人的选择自由。只有充分竞争，才能促进著作权集体管理组织的强大和壮大，这一点已经在中国加入世贸组织之后得到了充分的证明。保护越少的行业和企业都取得了蓬勃发展，同理，躲在政策垄断背后的著作权集体管理组织只有真正站在充分竞争的阳光里才能获得新生。实际上，北欧国家特定著作权领域内也往往都不止一家著作权集体管理组织存在，而且芬兰不仅一家可以延伸代表该领域内所有著作权人。① 可见，北欧国家鼓励著作权集体管理组织之间的竞争。对此，我国应予借鉴。

二、开放著作权集体管理市场，取消非营利要求，发展多类型著作权集体管理机构

我国目前对某领域内设立的唯一著作权集体管理组织实行垄断保护。《著作权集体管理条例》第 6 条规定："除依照本条例规定设立的著作权集体管理组织外，任何组织和个人不得从事著作权集体管理活动。"也就是说，其他类型著作权集体管理机构首先不得设立，如设立或变相从事集体管理活动亦属违法。这种简单粗暴剥夺其他组织、个人商业机会和著作权人多样选择权的立法实属匪夷所思，看不出其正当性何在。在市场经济下，市场对资源配置起到基础性作用，市场亦应是自由竞争的市场，不能对市场主体人为设置非正当性限制。从事实上看，此种对著作权集体管理组织的垄断保护，甚至远超饱受诟病的银行系统垄断。

从逻辑上看，以非营利为标签的著作权集体管理组织在与营利为目的的其他机构对比时应具有优势，可是现实是"其（营利性的民间版权代理机构）在市场竞争的表现让一些法定集体管理组织感到了恐惧。这从另一个方面说明了我国的一些法定集体管理组织在工作效率和质量方面还存在问题。从这种意义上讲，这些民间代理机构的存在，对于促进集体管理组织提

---

① ANNA，VUOPAIA. Extended Collective Licensing—A solution for facilitating licensing of works through Europeana，including orphans？[J]. FCS Articles and Studies January 2013（2）：22.

高内部运营水平是有积极意义的。因此,政府没有必要动用公权力以一刀切的方式将这些营利性民间机构逐出市场"①。除《著作权集体管理条例》第 6 条应予废止外,还应在《著作权法》中增加防止著作权集体管理组织垄断条款,进一步放开著作权集体管理市场,鼓励多类型集体管理组织从事著作权集体管理业务,从而增加市场活力,让著作权人和使用人均能从中受益。

三、适用反垄断法制约著作权集体管理组织,防止其滥用市场支配地位

我国的《反垄断法》施行于 2008 年 8 月 1 日,似无意于将著作权集体管理组织纳入规制范围。该法第 6 条规定:"具有市场支配地位的经营者,不得滥用市场支配地位,排除、限制竞争。"可是关于何谓"经营者",其第 12 条则界定为"从事商品生产、经营或者提供服务的自然人、法人和其他组织"。以惯常理解,经营者须以具有营利目的为前提,非营利组织自然应予排除,这一点在该法其他条款也得到了印证。第 11 条规定:"行业协会应当加强行业自律,引导本行业的经营者依法竞争,维护市场竞争秩序。"第 46 条第 3 款规定:"行业协会违反本法规定,组织本行业的经营者达成垄断协议的,反垄断执法机构可以处五十万元以下的罚款;情节严重的,社会团体登记管理机关可以依法撤销登记。"虽然有学者认为这两个条款共同构成了经营者认定的"补充标准",并应采狭义理解将行业协会纳入经营者范畴,②但是,法律条文已然将行业协会与经营者在表述上予以了区分,显然不能做合一理解。其实,早于 1993 年 12 月 1 日就施行的《反不正当竞争法》,在第 2 条第 2 款就明确规定:"本法所称的经营者,是指从事商品经营或者营利性服务(以下所称商品包括服务)的法人、其他经济组织和个人。"其关于营利性的限定对于后世也影响颇深。在我国,行业协会要么是著作权集体管理组织的前身,要么是著作权集体管理组织的主要发起人,因此这也预示着著作权集体管理组织不在经营者之列。实际上,以是否具有营利性作为判断经营者的标准,是狭隘而且有害的。只要是商品或服务的提供商,其就应该接受反垄断法的规制,以防范其滥用支配地位,并进而造成市场的破坏。就著作权集体管理组织而言,对于著作权人而言,因著作权集体管理组织提供著

---

① 郭禾.《著作权集体管理组织的发展与变异》序.载罗向京.著作权集体管理组织的发展与变异[M].北京:知识产权出版社,2011:5.

② 焦海涛.论《反垄断法》中经营者的认定标准[J].东方法学,2008(5):147.

作权管理服务,著作权人就是著作权集体管理组织的消费者;对于使用人来说,因著作权集体管理组织提供著作权许可服务,使用人就是著作权集体管理组织的消费者。因而,著作权集体管理组织是在同时为著作权人和使用者提供服务。[1]

在西方发达国家,人们一直对垄断心存警惕。作为代言会员著作权人的著作权集体管理组织往往是自由竞争中存活下来的强壮个体,因而具有较大的市场影响力。著作权集体管理组织的此种垄断地位,将造成使用者和著作权人因著作权集体管理组织的唯一性而丧失选择权,更为严重的是,著作权集体管理组织将在实践中演变为贸易的束缚。[2] 在历史上,无论是英国,还是美国,都是使用者表示不满并对著作权集体管理组织进行发难。[3] 与西方国家此点不同的是,我国使用者虽有不满,但相较于著作权人而言所发不满声音较少,毕竟多数情况下,使用人从著作权集体管理组织取得作品使用权的成本要远远低于与著作权人个别谈判的结果。使用人的不满多因著作权意识薄弱,认为不应收费,或是对收费标准是否科学进行质疑。著作权人的不满声音则不仅强烈,而且多集中于集体管理组织一家独大的无可选择性,进而造成著作权人利益的侵害。这也说明,著作权集体管理组织已经因为其天然的合法垄断地位而难以为著作权人提供满意的服务。此外,因为目前著作权集体管理组织代表会员人数偏少,对使用者愿意与其合作持大力支持态度,因而使用者怨言少些。但是,随着著作权集体管理组织代表会员人数越来越多,使用者话语权将日渐萎缩,著作权集体管理组织对使用者态度也必将转换。此时,使用者必将会感受到著作权集体管理组织强大带来的垄断负面影响。因此,若取消著作权集体管理组织必须为非营利性的要求,则可以理顺著作权集体管理组织的运营行为,有效制约其滥用市场支配地位,防止其排除、限制竞争。

---

① JOSEF,DREXL. Collecting Societies and Competition Law[EB/OL]. http://ip. mpg. de/shared/data/pdf/drexl_-_crmos_and_competition. pdf(p5),2014-03-02.

② LUCIE,GUIBAULT&STEF, VAN, GOMPEL. Collective Management in the European Union[A]. DANIELD, GERVAIS. Collective Management of Copyright and Related Rights(2nd Edition)[C]. Alphen aan den Rijn,Netherlands:Kluwer Law International,2010:138.

③ 罗向京. 著作权集体管理组织的发展与变异[M]. 北京:知识产权出版社,2011:94-113.

四、设立著作权集体管理组织信托与代理性质并行的模式

正如时下有句名言"不要因为出发的太久,而忘了我们为什么出发",同样,我们也不能因为著作权集体管理组织的发展,而忘了其成立的本初意义何在,更不能在其成为著作权人行使权利的拦路虎。我国著作权行政管理部门和著作权集体管理组织作为服务会员著作权人的机构,应顺应著作权人需求,不宜以自己便利与否限定著作权人的选择。否则,将是著作权人服务于集体管理组织,而不是集体管理组织服务于著作权人。

可是,目前特殊国情和实践情况下,学术界和实务界关于集体管理组织与会员著作权人之间唯一信托关系的认识和做法有害无益。其危害性体现在:一是著作权人无权使用自己作品,违背基本常理。依照信托法律关系原理,著作权人将作品授权集体管理组织打理,哪怕是著作权人自己也无权再行使用,这显然与常理相悖。正如海淀法院对音著协诉北京十月天文化传媒有限公司侵犯著作权纠纷案的判决中所言:"音著协成立的初衷系为避免著作权人难以控制其权利,起到沟通著作权人与作品使用者的桥梁作用,而非著作权人使用本人作品、行使其自身权利时仍需经音著协许可并支付费用。"[1]但是,如果按照信托法律关系来看,音著协的主张显然是正当而合理的。二是妨碍了著作权人个性化选择需求。对于著作权人而言,作品创作完成后可以进行版权转让和授权使用。二者的不同点是,在版权转让中,著作权人不再享有作品的著作权,而授权使用中著作权人仍然保有作品的著作权。授权使用又可细分为独占性许可使用和非独占性许可使用两种方式。在独占性许可使用中,著作权人虽然保有作品的著作权,但是丧失了作品的控制权。即使是著作权人自己也无权再使用该作品,仅拥有获得报酬权,这也是信托法律关系的效果。而在非独占性许可使用中,著作权人仍然保有作品的部分权能,此为著作权人自己使用和再授权他人获得个性化赔偿奠定了基础。信托关系性质的确立,显然不利于著作权人利益最大化的需求。

本书第一章已经在理论上充分阐述了集体管理组织与会员著作权人并非只具有信托性质的法律关系,在目前集体管理组织长期占据著作权集体

---

① 李图.郑钧演唱《天下没有不散的筵席》音协起诉维权未获支持[EB/OL].http://bjgy.chinacourt.org/article/detail/2013/04/id/951097.shtml,2013-04-24/2014-03-03.

管理市场垄断地位,且某领域内只有一家集体管理组织的情况下,必须改变集体管理组织的优势地位惯性,扭转著作权人必须屈就集体管理组织此种本末倒置的格局,赋予著作权人更多选择自由。建议废除《著作权集体管理条例》第 20 条"权利人与著作权集体管理组织订立著作权集体管理合同后,不得在合同约定期限内自己行使或者许可他人行使合同约定的由著作权集体管理组织行使的权利",改强制性规定为任意性规定。同时,在《著作权集体管理条例》中增加禁止性规定,即禁止集体管理组织限定著作权人只提供独占授权的合同范本,集体管理组织必须根据著作权人的需求提供独占授权和非独占授权两种可供选择的模式。

五、加强著作权人对著作权集体管理组织的审计监督

中国市场上现存的垄断企业与各自政府主管部门之间的交往现实证明:特定的垄断组织和主管部门建立起直接的联系,主管部门常常成为垄断企业滥用市场优势行为的保护伞。[1] 此种情形也在著作权集体管理组织身上得到了印证,因此必须加强并提倡自下而上的审计监督方式。

审计在很多情况下被认为是发现问题和解决问题的有力工具,然而目前著作权集体管理组织的审计制度异常薄弱。一是《审计法》未将著作权集体管理组织纳入调整范围。目前我国《审计法》主要适用于政府机构和国有企事业单位,虽然我国著作权集体管理组织有着强烈的国家意志和色彩,但是却归入民间社会组织之列,等于将著作权集体管理组织排除出了《审计法》的适用范围。[2] 二是《著作权集体管理条例》自上而下的审计方式不能有效维护会员著作权人权益。《著作权集体管理条例》第 31 条规定:"著作权集体管理组织的资产使用和财务管理受国务院著作权管理部门和民政部门的监督。著作权集体管理组织应当在每个会计年度结束时制作财务会计报告,委托会计师事务所依法进行审计,并公布审计结果。"这种既负责审批又进行财务监督的方式,显然是著作权管理部门和民政部门充当了运动员与裁判员合一的角色。同时,由著作权集体管理组织自己审自己,效果如何也无须多言。三是著作权集体管理组织进一步缩小硬性审计情形。五家著

---

① 崔国斌. 著作权集体管理组织的反垄断控制[J]. 清华法学,2005(6):119.

② 《审计法》第 2 条第 2 款规定:"国务院各部门和地方各级人民政府及其各部门的财政收支,国有的金融机构和企业事业组织的财务收支,以及其他依照本法规定应当接受审计的财政收支、财务收支,依照本法规定接受审计监督。"

作权集体管理组织中,文著协和影集协相对中规中矩规定了应对每一会计年度进行财务审计,但是没有说明违反规定不进行审计将有何责任。① 音著协、音集协和摄著协则将审计缩小为资产来源属于国家拨款或者社会捐赠、资助的情形,使得本来形式意义多于实质意义的审计更是名存实亡。②

鉴于著作权集体管理组织是维护会员著作权人权益的本质,采取自下而上且刚性要求的审计监督应成为今后制度完善的努力方向:

第一,修改《审计法》将著作权集体管理组织纳入调整范围。《审计法》对审计监督的原则、审计机关和审计人员、审计机关职责、审计机关权限、审计程序、法律责任等作了相对全面的具体规定,较之《著作权集体管理条例》更为全面,也具有更高的法律效力,因此应将著作权集体管理组织等垄断型社会团体纳入该法的调整范围。

第二,在《著作权集体管理条例》中明确由会员大会表决通过的会计师事务所对每个会计年度财务报告进行审计。《著作权集体管理条例》第17条第3款第(五)项规定会员大会"审议批准理事会的工作报告和财务报告",但是对于基本不通晓财务知识的著作权人而言,听取财务报告没有任何实质意义,必须由专业会计师事务所进行审计,并将审计情况报告全体会员,且可供全体会员随时查阅。之所以必须由会员大会表决,而不是由西方发达国家通行的理事会聘请,是避免理事会作为内部人对聘请的会计师事务所施加不利影响。因为,西方发达国家的著作权集体管理组织一般都是

---

① 文著协《章程》第33条规定:"协会的资产使用和财务管理接受会员代表大会和业务主管单位及财政部门的监督。协会在每个会计年度结束时制作财务会计报告,委托会计师事务所依法进行审计,并以适当方式公布审计结果。"影集协《章程》第4条规定:"协会的资产使用和财务管理接受会员大会和业务主管单位、财政部门及民政部门的监督。协会在每个会计年度结束时制作财务会计报告,委托会计师事务所依法进行审计,并以适当方式公布审计结果。"

② 音著协《章程》第42条规定:"协会的资产管理必须执行国家规定的财务管理制度,接受会员代表大会和财政部门的监督。资产来源属于国家拨款或者社会捐赠、资助的,必须接受审计机关的监督,并将有关情况以适当方式向社会公布。"音集协《章程》第36条规定:"本会的资产管理必须执行国家规定的财务管理制度,接受会员大会和财政部门的监督。资产来源属于国家拨款或者社会捐赠、资助的,必须接受审计机关的监督,并将有关情况以适当方式向社会公布。"摄著协《章程》第42条规定:"本会的资产管理必须执行国家规定的财务管理制度,接受会员代表大会、业务主管单位及财政部门的监督。资产来源属于国家拨款或者社会捐赠、资助的,必须接受审计机关的监督,并将有关情况以适当方式向社会公布。"

由理事会聘请职业经理人负责集体管理组织的日常管理和财务审批,由理事会聘请审计机构是为了对职业经理人进行监督,我国无职业经理人制度,更须防范理事会滥用职权。

第三,在《著作权集体管理条例》中明确建立兼职审计员制度,可以不定期对集体管理组织进行审计监督。丹麦音乐著作权保护组织《协会章程》第21条规定:"……2.会员大会应选举出4名监督审计员(critical auditor)……监督审计员有效期是一年,每年进行重新选举。3.监督审计员有权在任何必要时召集理事会。"[①]该条实则是赋予了审计员的日常审计权,既可规避会计年度审计期间的真空期,也进一步促进了年度财务报告审计的真实性。我们可以在引进该制度时加以改造、吸收,由会员大会选举具有一定财务知识的会员著作权人担任兼职审计员,不定期对著作权集体管理组织的财务收支情况进行审计监督,并有权召开理事会和会员大会,反映有关重大问题。

第二节　延伸性著作权集体管理制度的具体内容构建

我国在延伸性著作权集体管理制度的具体内容构建上,要注意做到尽量细化和具有可操作性,不可笼统含混。

一、缩小延伸性著作权集体管理制度的适用范围

考虑到初始移植延伸性著作权集体管理制度,且我国的著作权集体管理组织还处于弱小阶段,不宜扩大该制度的适用范围。我国《著作权法》第三次修订过程中,关于延伸性著作权集体管理制度的适用范围也因争议一直处于调整之中。

2012年3月的修改草案(第一稿)第60条规定"著作权集体管理组织取得权利人授权并能在全国范围代表权利人利益的,可以向国务院著作权行政管理部门申请代表全体权利人行使著作权或者相关权,权利人书面声明不得集体管理的除外"。即在制度的适用上没有任何限制,该种做法与芬

---

① BY-LAWS of KODA〔EB/OL〕,http://www.koda.dk/fileadmin/user_upload/docs/KODA_Laws.pdf(p4-5),2014-03-03.

兰类似,即无具体适用范围限制条件。可是由于各界的著作权人反应强烈,2012 年 7 月的修改草案第二稿将该条款调整为"著作权集体管理组织取得权利人授权并能在全国范围内代表权利人利益的,可以就下列使用方式代表全体权利人行使著作权或者相关权,权利人书面声明不得集体管理的除外:(一)广播电台、电视台播放已经发表的文字、音乐、美术或者摄影作品;(二)自助点歌经营者通过自助点歌系统向公众传播已经发表的音乐或者视听作品。著作权集体管理组织在转付相关使用费时,应当平等对待所有权利人"。即将延伸性著作权集体管理制度的适用范围限于两类主体:广播电台、电视台和自助点歌经营者,相应地,作品形式也有所区别。最新的 2014 年 6 月修订草案送审稿将延伸性著作权集体管理制度规定于第 63 条,该条规定"著作权集体管理组织取得权利人授权并能在全国范围内代表权利人利益的,可以就自助点歌系统向公众传播已经发表的音乐或者视听作品以及其他方式使用作品,代表全体权利人行使著作权或者相关权,权利人书面声明不得集体管理的除外。著作权集体管理组织在转付相关使用费时,应当平等对待所有权利人"。表面上看似乎进一步缩小了延伸性著作权集体管理制度的适用范围,将自助点歌系统单独列出。而实际上,因为还包括"其他方式使用作品",延伸性著作权集体管理制度的适用范围又恢复到了第一稿无所限制的情形。笔者认为,在外部宏观环境和著作权集体管理组织并不发达的前提下,无限制地适用延伸性著作权集体管理制度显然是对著作权人权利空间的侵蚀。相比较而言,第二稿在延伸性著作权集体管理制度的适用范围上更具有可取性。

二、借鉴美国版权清算中心经验,最大化满足著作权人个性许可需求

美国版权清算中心是在 1976 年《著作权法》立法过程中由国会倡议成立的,发起人包括作家、出版商和使用者。美国版权清算中心的特点是,虽然其将著作权许可集中化使得使用者获取许可更便捷,但是在内容上却可以根据权利性质或使用方式、使用者保密要求和费用标准等提供多种可供选择的解决方案。[①] 不同于美国作曲家、作家与出版人协会和美国广播音

---

① United States Copyright Office. Promotion of Distance Education Through Digital Technologies（Docket No. 98-12A）［EB/OL］. http://www.copyright.gov/disted/comments/init026.pdf(p2),2014-03-03.

乐协会,美国版权清算中心还从未遭到来自个人和政府的垄断指控。① 其原因在于,无论是对于使用者还是作者而言,它都是以自愿理念为基础来提供集中许可。② 美国版权清算中心为商业性使用提供两种许可形式:一种是由美国版权清算中心设定使用费标准的年度一揽子许可(annual blanket license),另一种是每个著作权人设定使用费标准的单次复制许可(per-copy license)。③ 而在后一种许可形式中,可以由著作权人设定使用期限和使用费标准。④ 这一最大化尊重著作权人个性主张的改变,使得美国版权清算中心与传统著作权集体管理组织区别开来,也更符合私法自治的基本原则。

在法律移植中,既然我们现阶段必须以"矫枉必须过正"的私权保护方针来吸纳西方发达国家的优秀法律制度,那么很有必要在著作权集体管理组织运营上借鉴美国版权清算中心这一以人为本的个性化服务理念。其实由著作权人设定使用期限和使用费用,对于著作权人和使用人双方都有利,而不仅仅满足了著作权人的意识自治。对于著作权人而言,其在初创时期,出于提高知名度的想法,更倾向于设置较低的使用费来促进作品传播,这一费用可能低于集体管理组织设定的一揽子许可的协议价格。而等到知名度较高的时候,著作权人自然不愿意接受平均水平的使用费,更倾向于根据其个人声誉、地位和影响力设置较高的使用费来体现其个人价值。对于使用人而言,他们更能精准定位自己所需要的作品,而没必要被迫接受一揽子许

① GLYNN,LUNNEY. Copyright Collectives and Collecting Societies:The United States Experience [A]. DANIELD,GERVAIS. Collective Management of Copyright and Related Rights(2nd Edition) [C]. Alphen aan den Rijn,Netherlands:Kluwer Law International,2010:370.

② Copyright Clearance Center. Copyright Clearance Center Annual Report 2013 [EB/OL]. http://www. copyright. com/content/dam/cc3/marketing/documents/pdfs/annual-report. pdf(p3),2014-03-03.

③ GLYNN,LUNNEY. Copyright Collectives and Collecting Societies:The United States Experience [A]. DANIELD,GERVAIS. Collective Management of Copyright and Related Rights(2nd Edition) [C]. Alphen aan den Rijn,Netherlands:Kluwer Law International,2010:370.

④ GLYNN,LUNNEY. Copyright Collectives and Collecting Societies:The United States Experience [A]. DANIELD,GERVAIS. Collective Management of Copyright and Related Rights(2nd Edition) [C]. Alphen aan den Rijn,Netherlands:Kluwer Law International,2010:341.

可中鱼目混珠的无用之作。如果使用人善于挖掘新人新作,他们可以以较低的价格获得较好作品的使用权。因此,应当在《著作权集体管理条例》中进一步增加著作权人可以自由设定作品使用费标准和期限的规定,与上文非独占性授权模式一并构成著作权人在著作权集体管理组织内部的自由选择权。

三、明确著作权集体管理组织收取使用费方式和分配使用费时限

首先,禁止著作权集体管理组织以转委托方式委托他人收取作品使用费。从逻辑上而言,著作权人委托著作权集体管理组织行使权利的原因就在于单一个体存在局限性,进而需要联合起来形成著作权集体管理组织,以著作权集体管理组织的专业服务来维护著作权人的利益。如果著作权集体管理组织再倒手给第三方,完全或主要借助第三方力量代自己维权,那么著作权集体管理组织实际上就丧失了存在的意义。从经济成本上看,第三方代著作权集体管理组织维权必然有自身的利益诉求,从而增加管理费用的支出。以音集协2007—2009年收取的卡拉OK版权费1.7亿元为例,其中,23%提取为音集协管理费,27%被其委托的天河集团公司截取,[①]实际管理费占比50%,即高达8500万元。从防范著作权人利益损失角度而言,著作权集体管理组织擅自委托第三方维权极易因暗箱操作而形成长期利益输送。还是以收取卡拉OK版权费为例,音集协与音著协共同作为甲方,会同乙方天合公司和作为丙方的著作权使用人共同签订《著作权许可使用及服务合同》,著作权使用费也要全部打入天合公司账户,[②]这种天合公司凭空介入并直接收取使用费的方式实在匪夷所思,看不出必要性何在。有媒体揭露,天合公司法定代表人和部分高管来自国家文化部或版权局下属事业单位,[③]也招致了社会的广泛质疑。因此,立法上必须严禁著作权集体管理组织再行与第三方合作,由第三方行使自己来自著作权人委托的权利。如果著作权集体管理组织维权失利,只能证明自己能力不足,著作权人可以

---

① 王石川.终于知道百姓维权成本有多高[N].成都商报,2010-01-27(08).

② 中国音像著作权集体管理协会、陕西天合阳光文化传播有限公司诉西安金碧辉煌煌餐饮娱乐有限公司著作权许可使用合同纠纷案(北京市朝阳区人民法院民事判决书〔2010〕朝民初字12082号)[EB/OL]. http://cyqfy. chinacourt. org/public/paperview. php? id=325300,2010-07-23/2014-03-03.

③ 王秋实.音集协称收入分配方式要保密[N].京华时报,2009-05-13(034).

终止授权。这也是需要多家著作权集体管理组织存在和多种类型著作权集体管理机构存在的价值所在，著作权人可以转而寻求其他机构。

其次，立法必须明确著作权集体管理组织收取和分配使用费的相关积极义务。目前，著作权集体管理组织因为存在谋求自己利益的冲动，收取著作权人作品使用费的积极性相对较高。要提防的是，在削弱其自身利益膨胀还原其单纯服务著作权人本质后，著作权集体管理组织极可能出现怠于行使权利去收取作品使用费。为此，必须增加著作权集体管理组织收取费用的期限和义务。一是著作权集体管理组织应有义务为使用人提供更便捷使用作品的服务，如发现有无故不缔结作品使用协议情形，著作权人有权追究具体工作人员失职责任。二是著作权集体管理组织有义务通过多种线索寻找侵犯著作权人利益的行为，并在发现线索后一定时期内启动谈判、起诉等维权授权，有关过程应当完整记录并供著作权人查阅。由于获取收入是著作权集体管理组织得以维持运转的前提，因此收取费用在以前和今后都将不是难解之问题。而一直饱受诟病，也是今后需要加以严格立法的是使用费分配问题。在使用费的分配上，应明确著作权集体管理组织如下义务：一是著作权集体管理组织须以作品真实使用情况为依据进行使用费分配。即著作权集体管理组织要详细记录并统计作品的使用频率和使用期限等数据，以此作为使用费分配的依据，力求反映出作品应有的市场价值，体现创作出优秀作品作者的公正经济待遇。二是著作权集体管理组织要在收取使用费后一定时期内必须将使用费分配给著作权人。在使用费分配上，可根据使用人是一次性支付还是分期支付而有所不同。对于使用人对部分作品一次性支付使用费的，著作权集体管理组织必须在收到使用费 3 个月内分配给著作权人；对于其他使用人分期支付使用费情形的，著作权集体管理组织必须在收到使用费 6 个月内分配给著作权人。

四、明确著作权人的权利保障机制

（一）必须赋予非会员著作权人退出权、个体赔偿权和同等待遇权

退出权、个体赔偿权和同等待遇权被认为是对非会员著作权人最有力的保障。我国《著作权法》第三次修订中规定了非会员著作权人的退出权，但自始至终无个体赔偿权的内容规定。关于同等待遇权，是在第二稿和送审稿中予以了规定。同等待遇权要求著作权集体管理组织在分配使用费上将非会员著作权人和会员著作权人一视同仁，理应无歧义理解之处。但是，个体赔偿权的缺失和退出权太过笼统则不容忽视。

首先，必须赋予非会员著作权人个体赔偿权。个体赔偿权使得非会员著作权人的作品被使用人使用后，著作权人可以向著作权集体管理组织要求提供个性化的赔偿方案。该权利的初衷在于，非会员著作权人并未加入著作权集体管理组织，在非会员著作权对著作权集体管理组织与使用人协商确定的使用费不满意的情况下，非会员著作权人有权请求获得个性化的使用费补偿，是对非会员著作权人经济利益的保护。非会员著作权人个体赔偿权也将使得著作权集体管理组织在与使用人谈判确定使用费时尽可能反映作品的真实市场价值，否则可能招致与非会员著作权人产生纠纷。在具体权利行使上，应根据下文有关纠纷解决机制进行。

其次，必须细化非会员著作权人的退出权。其一，向谁提出。在北欧国家著作权法中，普遍要求著作权人须向著作权集体管理组织提出禁止的声明。对此，我国可以照搬吸纳。其二，可以以何种形式声明。考虑到便利著作权人且尽量不增加著作权人经济负担，声明可以采取口头、书面、电子等多种方式。需要注意的是，虽然声明是向著作权集体管理组织提出，但是该声明不一定只是两者之间的单线私密联系，也可以采取公开化的报纸或网络等媒介。其三，退出权的效果。若在非会员著作权人声明禁止以前，著作权集体管理组织已经授权使用人使用其作品，则声明以前已经生效使用协议继续有效，直至履约结束为止。若非会员著作权人声明禁止后，著作权集体管理组织仍然授权使用人使用其作品，则著作权集体管理组织和使用人须共同承担连带侵权责任，但是使用人为善意使用的，可以在承担责任后向著作权集体管理组织追偿。

（二）强制公开合同、费用收支等著作权集体管理组织运行信息

信息公开、透明是集体管理组织应尽的义务，也是著作权集体管理组织获得著作权人信赖的前提。在信息公开上，应针对全体著作权人和一般民众有所区分，但是对著作权人，尤其是会员著作权人不得以任何借口对任何信息加以隐瞒。著作权集体管理组织的主要工作并不复杂，即先期获取收入，在扣除必要管理费用等之后在著作权人之间进行分配。因此，须公开的信息也应当能涵盖上述主要环节和内容。

其一，必须向所有会员著作权人公开作品使用合同。在著作权集体管理组织的收入来源上，使用费构成了最主要的部分。著作权集体管理组织在取得著作权人的委托授权后，可以以自己的名义再度通过协议授权使用人使用著作权人的作品。使用协议一般涵盖使用方式、使用费率或金额、使

用期限等主要内容,①因此合同约定内容对于著作权人获知自己作品使用情况具有重要价值。作为著作权人,自然有权利知悉自己作品被何人使用,有何市场影响力以及市场价值究竟多少。而将所有著作权人的作品使用合同一累加,就可以轻易计算出年度内集体管理组织获得了多少收入。

其二,必须向所有社会大众公开管理费用开支情况。仅以瑞典版权组织(Copyswede)公开的 2012 年年《年报》为例,其"资产负债表"中对坏账损失或坏账准备(Dissolution of reserve,bad debts/Reservation for bad debts)、其他对外支出(Other external costs)、人工成本(Personnel costs)和资产减值(Depreciation)逐项进行了列示,而且对每一项又附加具体解释说明,任何人都可以根据附加的详细解释说明进一步计算出管理费用支出的去向。瑞典版权组织公布 2012 年其他对外支出 8738502SEK,②对此并没有含混而过,而是附加解释该项支出具体方式:办公租金(Rent and other premises costs)2096764SEK、办公费(Office costs)1096999SEK、顾问和其他对外(Consultancy costs,other external services)4590396SEK、其他支出(Other costs)954343SEK。其中,顾问和其他中介费用包括支付给普华永道会计师事务所的 243546SEK、审计费和特聘审计员费用 4830SEK。③ 与此形成鲜明对比的是,我国五家著作权集体管理组织中有四家未公开披露任何管理费用信息,唯一披露的音著协也只是用"行政开支"项目笼统涵盖,无法获知开支去向。④ 为增加非会员著作权人的信赖,提高未来著作权集体管理延伸的可能性,有必要将管理费用进一步具体化后向社会公开。针对会员著作权人的管理费用开支,应当更加具体,使得会员可以便捷查询到每笔开支的原始记录。

其三,必须向会员著作权人公开使用费分配情况。虽然任何著作权集

①　根据音著协网站许可协议范本整理. 详见网址:http://www. mcsc. com. cn/musicUserArea. php? partid＝40. 2014-03-03.

②　SEK 为瑞典克朗的缩写。

③　Annual Report 2012［EB/OL］. http://t66131p8hc831dovf2vtvsy736. wpengine. netdna-cdn. com/wp-content/uploads/2013/06/CS_ARV_2012_eng_150dpi. pdf(p10-23),2014-03-03.

④　音著协 2012 年报［EB/OL］. http://www. mcsc. com. cn/pdf/phpNlBlno. pdf (p16),2014-03-02.

体管理组织在分配上都无法做到 100％精确,^①但是使用费分配信息必须做到公开透明。有关面向社会公开的使用费分配情况可以相对粗略,但是面向会员著作权人的必须详细,且列明分配的计算依据。以瑞典版权组织公开的 2012 年《分配年报》为例,分配方式因使用费取得方式而有所不同。"以有线电视网络方式对电视广播作品再传播而收取费用的分配"分别按照"在电影制作人、广播公司、作者或表演者之间的分配""每一电视频道收入的分配""在作者和表演者之间的分配"和"个体性分配"进行比例分析;"私人复制使用费的分配"逐项列出 CD、DVD、移动硬盘、盒式录音磁带、U 盘、录像带、MP3 播放器、内置存储功能播放器等收入数据后,将如何在国内外著作权集体管理组织分配做进一步详述;"其他收入来源的分配"是特指针对海军舰队(merchant navy)播放电视节目收取的固定费用 129000SEK,其分配去向是资助瑞典版权组织合作伙伴瑞典艺术家和文学家联合委员会(Swedish Joint Committee for Artistic and Literary Professionals)。^② 其面向社会公开的分配报告细致如此,针对会员著作权人的更是可想而知。

(三)细化著作权人的参与权利

第一,进一步细化著作权人有关选举权利。我国《著作权集体管理条例》只是规定了会员大会选举和罢免理事的权利,但并未规定理事的提名权程序,五家著作权集体管理组织章程对此也没有更进一步规定。对此,我们可以借鉴《选举法》的有关规定。我国《选举法》第 29 条规定:"……选民或者代表,十人以上联名,也可以推荐代表候选人。推荐者应向选举委员会或者大会主席团介绍候选人的情况。"就理事提名权,我国《著作权集体管理条例》可以参照规定为会员十人以上联名可以推荐理事候选人。且在理事任期期满或被罢免后,也应由会员推荐候选人再通过会员大会通过。

第二,缩短理事的任职期间。《著作权集体管理条例》第 18 条规定"著作权集体管理组织设立理事会,对会员大会负责,执行会员大会决定。……理事会任期为 4 年……"在如今复杂多变的时代,4 年时间显然过长。而根据丹麦音乐著作权保护组织《章程》的规定,理事任期只有 3 年,理事长和副

---

① OLLI, VILANKA. Rough Justice or Zero Tolerance? —Reassessing the Nature of Copyright in Light of Collective Licensing (Part I)[EB/OL]. http://hdl. handle. net/10227/661(p18),2010/2014-03-03.

② Copyswede Distribution 2012[EB/OL]. http://t66131p8hc831dovf2vtvsy736. wpengine. netdna-cdn. com/wp-content/uploads/2012/02/CS_FORDELNING_2012_eng _150dpi. pdf,2014-03-03.

理事长的任期更是仅为 2 年。① 为让更多著作权人有参与管理的机会,避免部分人由于长期占据理事地位而逐渐丧失履职积极性,尤其在目前集体管理组织管理水平较低的情况下,有必要借鉴丹麦经验,将理事任职时间统一缩短为 2 年。

第三,明确限定会员大会前期工作的完成时间。会员大会是著作权集体管理组织的最高权力机关,为保证会员决策质量,前期细致周详的准备工作必不可少。首先,著作权集体管理组织应提前通知会员著作权人会员大会的有关时间、地点和日程等事宜。由于著作权集体管理组织的会员著作权人往往人数众多且分散于全国各地,可以借鉴与此情形类似的股份公司股东大会召开程序和时间安排。《公司法》第 103 条第 1 款规定:"召开股东大会会议,应当将会议召开的时间、地点和审议的事项于会议召开二十日前通知各股东;临时股东大会应当于会议召开十五日前通知各股东;⋯⋯"著作权集体管理组织的会员大会也应根据是临时大会还是例行年度大会分别提前 15 日、30 日告知各位著作权人。其次,会员著作权人有关议案必须及时提交并让会员著作权人知悉。丹麦音乐著作权保护组织《章程》第 17 条第 3 款规定:"有关议案必须在会员大会召开以前提出,或者通过其他渠道为会员所知悉。"② 有鉴于此,我国《著作权集体管理条例》一方面应当鼓励会员著作权人 10 人以上即可以提出议案,另一方面也应规定有关议案具体信息应当在会员大会召开七日前送达著作权人,以便著作权人做好相应准备。最后,必须及时公开财务账目信息,以便著作权人全面而真实地把握著作权集体管理组织全年履职情况。丹麦音乐著作权保护组织《章程》第 20 条第 3 款规定:"经审计的 KODA 账目应于会员大会召开前 8 日向所有正式会员和准会员开放,接受他们的审查。"③ 我国可以稍加改造将该条款予以吸收,建议可以在《著作权集体管理条例》增加"经审计的著作权集体管理组织财务账目,必须于会员大会召开前 7 日向所有会员著作权人开放,接受

---

① KODA 章程第 8 条规定:"⋯⋯2.由理事会选举理事长和副理事长,有效期为 2 年⋯⋯3.理事会有效期为 3 年,且每年必须有 3 名理事退出。对此,必须进行重新选举。"参见:BY-LAWS of KODA[EB/OL], http://www. koda. dk/fileadmin/user _ upload/docs/KODA_Laws. pdf(p2). 2014-03-03.

② BY-LAWS of KODA[EB/OL]. http://www. koda. dk/fileadmin/user_upload/docs/KODA_Laws. pdf(P4),2014-03-03.

③ BY-LAWS of KODA[EB/OL]. http://www. koda. dk/fileadmin/user_upload/docs/KODA_Laws. pdf(P4),2014-03-03.

他们的审查"①。唯其如此,会员大会听取和审批财务报告才有现实意义。

五、建立并完善著作权人与著作权集体管理组织之间的纠纷解决机制

虽然著作权集体管理组织定位为著作权人的服务性机构,但是即使是在服务水平比较发达的北欧国家,著作权人与著作权集体管理组织之间也难免会出现纠纷。此种情境下,如何维护好著作权人的权益,更是对著作权集体管理组织的重要考验。我国《著作权集体管理条例》并未规定著作权人与著作权集体管理组织出现纠纷如何解决,五家集体管理组织《章程》中也无类似规定,这导致会员著作权人与著作权集体管理组织之间发生纠纷时,要么忍气吞声放弃权益主张,要么退出著作权集体管理组织,似乎没有更好的救济渠道。② 更为棘手的问题是,延伸性著作权集体管理制度之下,非会员著作权人只享有向著作权集体管理组织主张作品使用补偿费的请求权,而无会员著作权人享有的其他权利,相对更处于弱势地位,非会员著作权人与著作权集体管理组织之间的纠纷概率也大大增加。在北欧五国著作权法中,丹麦、挪威和冰岛《著作权法》对纠纷解决有一定的条文内容。其中,丹麦对纠纷如何解决的规定最为详细,其《著作权法》第 52 条共 7 款规定了著作权人与著作权集体管理组织发生纠纷时先调停后仲裁的规则。③ 由于北欧国家政府的高效廉洁,民众普遍希望政府介入有关纠纷调停。但是考虑到我国政府机关诚信和契约精神的不足,民众也多对政府介入持抵触态度,我国的纠纷解决不宜直接照搬丹麦规定,而是要结合自身情况进行独创。

我国《著作权法》第三次修订中,在修订草案送审稿中第 62 条规定"著作权集体管理组织应当根据管理的权利提供使用费标准,该标准在国务院著作权行政管理部门指定的媒体上公告实施,有异议的,由国务院著作权行政管理部门组织专门委员会裁定,裁定为最终结果,裁定期间使用费标准不停止执行。前款所述专门委员会由法官、著作权集体管理组织的监管部门公务员、律师等组成"。笔者认为,这样的处理并不能为著作权人提供有效保障。在权益保护上,必须坚持对会员著作权人与非会员著作权人提供同

---

① 我国目前无"准会员"概念,也就不再单独赋予"准会员"该项权利。

② 目前,鲜少看到会员著作权人起诉集体管理组织的新闻报道。而一旦起诉,会员著作权人就会与集体管理组织陷入剑拔弩张的决裂境地,这也是会员著作权人不愿起诉的原因。

③ 具体条文内容见第二章第三节。

等保护,不能有所偏颇。为此,应当在《著作权集体管理条例》中增加双方纠纷解决方式的规定。首先,应当在著作权集体管理组织内部设立由7人或9人组成的纠纷调解委员会,其成员在全体会员范围内随机产生。纠纷调解委员会系非常设机构,实行一事一组建的方式。此种纠纷调解委员会的好处包括:一是可与作为著作权人会员大会执行机关的理事会相制衡,减少理事会对于会员或非会员著作权人的利益侵害行为;二是纠纷调解委员会具有西方陪审团的色彩,每个人都可能成为他人的"法官",自己公正与否也会影响到自己将来的境遇,会员著作权人会更加注意维护自己和他人权益。其次,如果著作权集体管理组织内部调解委员会的调解工作未成功,当事人可以在知识产权仲裁①或诉讼之间进行选择。再次,要设置会员著作权人权益保护条款,著作权集体管理组织不得对提起调解申请和仲裁、诉讼的会员著作权人有歧视待遇。

第三节 设置延伸性著作权集体管理制度面临的机遇与挑战

20世纪七八十年代,许多重要的新技术发展出现了(例如:复印技术、录像技术、方便家庭录制的盒式磁带技术、卫星广播技术、有线电视技术,而且计算机程序、计算机创作的作品以及电子数据库的重要性也日益显现出来)。② 与此相伴的是,"信息社会""信息革命"和"信息时代"开始出现并成为流行词汇。③ 与信息社会须臾不可分离的是数字化技术和网络化技术的强大推动作用,以数字化为基础,以网络化为依托,信息的存贮、传播和获取变得更为方便快捷。信息社会的到来,使得源自技术推动产生的著作权又随着技术发展而演化。作品既可以实物形式展现,也可以数字形式展现;而数字形式作品,既可以是作品直接数字化,也可以是先实物后转换为数字化。互联网可以非常便利地将数字形式作品传送到网络覆盖到的所有地

---

① 有关知识产权仲裁具体规则设计可参见:丁丽瑛.知识产权纠纷仲裁解决机制研究[M].厦门:厦门大学出版社,2013.

② [匈]米哈依·菲彻尔.版权法与因特网(上)[M].郭寿康,万勇,相靖,译.北京:中国大百科全书出版社,2009:5.

③ SUSAN, CRAWFORD. The Origin and Development of a Concept:The Information Society[J].Bulletin of the Medical Library Association,1983(4):380.

区,人们简单到可以通过轻点鼠标就能获得作品。这些技术上的巨大变化与进步,也对延伸性著作权集体管理制度产生了深远影响。

一、设置延伸性著作权集体管理制度面临的机遇

科技的发展为延伸性著作权集体管理制度带来了新的战略发展机遇,主要表现在:

(一)推进著作权集体管理组织科学化管理

首先,信息化等技术手段可以节省管理成本。降低管理费用对于集体管理组织而言至关重要,管理费用高低在很大程度上决定着是否有更多的著作权人甘心"被代表"。从财务角度而言,管理费用主要包括:人员工资和福利费、固定资产和无形资产减值、办公费、差旅费等,而科技的进步可以大幅减少上述管理费用。一是可以减少人力成本。在传统手工工作格局之下,要完成大量的著作权作品管理和使用人申请审核、签约等繁杂工作,只能依靠人海战术,人力投入也必然随着工作量的增加也呈几何增长趋势。例如,音著协 2004 年录得收入 4812.82 万元,2005 年增长到 6440.57 万元,正是可能在收入增长导致工作量增加的预期之下,人员也相应从 38 人增加到了 52 人,收入和人员数量同比分别为 33.82% 和 36.84%。[①] 可是事与愿违,2006 年至 2009 年期间收入却一直徘徊于 4000 万元左右,由此造成不必要的人员浪费。如果有关办公自动化、信息化等技术手段得以充分应用,则可以有效遏制人员的一再膨胀,减少人力成本。二是网络化可以改变办公地点的选择,进而减少不必要的租金支出。如果交流与沟通方便,无论是著作权人还是使用人,没有必要一定到著作权集体管理组织办公地点当面授权或当面取得授权,这些环节都可以通过网上完成。既然如此,著作权集体管理组织办公地点的选择就没必要必须集中于繁华地段,形成资金损失。我国五家著作权集体管理组织音著协、音集协、文著协、摄著协、影集协的总部办公地点都位于北京市三环路以内较好地段。如,音著协总部的办公地址为北京东单三条 33 号京纺大厦五层,其于 2005 年将 600 平方米办公面积调整为 1200 平方米,[②]如果在不考虑长租或取得房屋所有权可能

---

① 有关数据详见音著协 2004 年和 2005 年年报. 网址:http://www.mcsc.com.cn/information.php? partid=4.

② 音著协 2005 年年报[EB/OL]. http://www.mcsc.com.cn/pdf/phpYL3McB.pdf(p4),2014-03-04.

性的前提下,按照京纺大厦 2014 年 1 月房租均价 8 元/平方米·天计算,[①] 音著协仅 2014 年一年就需支付办公场地租金约 350 万元。三是现代网络和信息技术使得沟通更为顺畅,可以大幅减少差旅费、办公费和其他杂项管理费用。收入既定的情况下,管理费用的降低就意味着著作权人收益的增加。随着科技的不断发展,已经为降低管理费用提供了必要基础,也必将为进一步压缩管理费用创造更多条件。

其次,借助科技逐步实现越来越精细化的管理。著作权集体管理组织的主要工作是收取和分发使用费,面对的对象分别是使用人和著作权人。目前,即使是在发达国家,也都存在使用人、著作权人对使用费标准设置不满的声音,如瑞典版权组织就曾与联合媒体联盟(UMA)就移动硬盘是否征收私人复制费以及征收标准等无法达成一致意见,被迫于 2011 年申请了仲裁。最终结果是每个移动硬盘收取使用费 80SEK,但对于容量在 2B 至 80G 的 U 盘收取标准为 1SEK/GB。[②] 对于我国而言,精确而科学的依据更是不足。对于使用人的许可方式基本上都是概括性许可,且收费标准并不是按实际收入等信息。以音乐作品现场表演收费标准为例,关于音乐会、演唱会等现场表演的收费,其计算公式是:音乐著作权使用费=座位数×平均票价×4%,[③]许可费成了必须支出的固定成本,而不管使用人实际收益情况如何。著作权人的作品哪怕不属于法定许可范围,使用费也都是国家著作权行政管理部门"法定"的结果。此外,我国集体管理组织对于一次性使用的使用费分配方式并不能反映真实使用情况,存在低估和"大锅饭"情形。如对于机械表演权和广播权这样的阶段性一揽子授权,由于无法准确获得所使用作品的名称和次数,而通常采取抽样加比例分配的方式。[④] 为解决

---

① 中纺大厦小区网[EB/OL]. http://zhongfangdasha010. soufun. com/,2014-03-04.

② FRITZ. Sweden:Right holders Are Entitled to Compensation for Private Copying on External Hard Drives and USB Flash Drives[EB/OL]. http://composersforum. eu/sweden-right-holders-are-entitled-to-compensation-for-private-copying-on-external-hard-drives-and-usb-flash-drives/,2012-10-26/2014-03-04.

③ 《使用音乐作品进行表演的著作权许可使用费标准》(中华人民共和国国家版权局公告 2011 年第 3 号)[EB/OL]. http://www. ncac. gov. cn/chinacopyright/contents/483/17695. html,2011-11-10/2014-03-04.

④ 杨东锴,朱严政. 著作权集体管理[M]. 北京:北京师范大学出版社,2010:63-64.

上述问题，"数字版权管理系统"（digital rights management systems）或"电子版权管理系统"（electronic rights management systems）成为各国著作权集体管理组织竞相开发和采用的技术手段。"数字版权管理系统"一般包含两个基础模块，一个用来识别内容，一个用来进行许可或其他版权交易。在多数情况下，支付或应收账款等辅助模块也是系统应有的组成部分，但是版权管理系统的核心仍然是作品内容、版权识别和许可。① 我国音著协于2006 年开发"数字版权管理系统"，②逐步开始探索现代技术手段的应用。随着越来越多科技手段的研发和投入，著作权集体管理组织的精细化管理程度也将越来越高，理论上延伸性著作权集体管理制度对非会员著作权人也会越来越富有吸引力。

（二）存在越来越庞大的需求市场

在信息社会，知识和信息的获取与传播正在走向相互推动发展的快速轨道。对于知识和信息的需求，促进了传播手段的多样化和便捷化；而传播手段的多样化和便捷化，又刺激了人们必须尽快扩充或更新知识、信息的需求。对于植根于发达著作权集体管理组织的延伸性著作权集体管理制度而言，也迎来了绝佳的发展良机。

其一，延伸性著作权集体管理制度可以更好满足日益膨胀的知识和信息需求。在需求市场的种类划分上，主要包括三类：商业性使用、公益性使用和私人性使用。在商业性使用中，商业使用人对于授权使用作品的要求最为迫切。首先，其重点关注的是规避因使用他人作品造成的侵权风险。对于发达国家法治完备的社会而言，侵权不仅仅意味着高昂的赔偿金额，还意味着商业形象的倒塌。其次，关注能否一站式满足所有需求。无论是专业文化产业公司，还是其他产业为主但以部分艺术或音乐等作品为辅助的非专业文化产业公司，都希望在取得授权上尽量减少谈判和多主授权的烦琐工作。最后，最好能以尽量低的价格取得授权许可。而具有延伸性著作权集体管理制度资格的著作权集体管理组织，可以代表国内某领域全部著

---

① DANIEL，GERVAIS. Electronic Rights Management Systems（WIPO：Advisory Committee on Management of Copyright and Related Rights in Global Information Networks）[EB/OL]. http://www. wipo. int/edocs/mdocs/enforcement/en/acmc_1/acmc_1_1-main1. pdf(p5),1998-12-14/2014-03-04.

② 音著协 2006 年年报[EB/OL]. http://www. mcsc. com. cn/pdf/phpQMeLU5. pdf(p11),2014-03-04.

作权人，能最大化满足商业性使用的上述需求。在以教育为代表的公益性使用中，获取知识和信息具有重大社会进步意义，这种需求正因全民素质提高而变得强烈、迫切。出于公益与著作权人利益的平衡，一般采由国家确定使用费的法定许可（强制许可）形式。同时，为便利使用人缴存使用费，很多国家都赋予了著作权集体管理组织代收的职能，著作权集体管理组织可以先集中代某领域内所有著作权人收取使用费后再转发。因为拥有延伸性著作权集体管理资格的集体管理组织本就拥有该领域内大量著作权人，由其分发更为经济。在私人性使用中，出于休闲和学习需要的需求也越来越多。现代社会，人们对于精神生活的质量也在逐步提高。此外，通常情况下占有的信息越多越有利于做出科学判断，因而人们日常渴望学习的愿望也变得更为强烈。由于个人的时间和精力等更为有限，通过个别谈判取得授权简直无法想象，而延伸性著作权集体管理制度同样能够有效满足此种日益增加的私人性需求。

其二，延伸性著作权集体管理制度可以更好满足日益多样化的知识和信息需求。现代数字化和网络化的发展，人们已经习惯于通过网络查询并取得授权来使用作品，而作品的形式也不再局限于实物形态，数字形态日益增多。尤其是，近几年数字形式作品需求增长迅速。以欧盟区主要集体管理组织为例，2009 年数字收入大概相当于表演权收入的 1.4%、复制权收入的 9.4%。但是，在 2007 年至 2009 年年间，这些集体管理组织的复制权收入仅增长了 19%，而数字复制权收入增长了 53%。同期，全部表演权收入增长了 7%，而数字表演权收入增长了 66%。① 据尼尔森和《公告牌》杂志（Billboard）统计，在 2011 年数字音乐就占到了全部音乐交易额的 50.3%，首次超过实物音像制品。②

在网络授权上，虽然我国著作权集体管理组织时至今日还在抱怨使用

---

① Proposal for a Directive of The European Parliament and of The Council on Collective Management of Copyright and Related Rights and Multi-territorial Licensing of Rights in Musical Works for Online Uses in the Internal Market[EB/OL]. http://ec. europa. eu/internal_market/copyright/docs/management/com-2012-3722_en. pdf(p78)，2014-03-04.

② LAURIE，SEGALL. Digital Music Sales Top Physical Sales[EB/OL]. http://money. cnn. com/2012/01/05/technology/digital_music_sales/index. htm，2014-03-04.

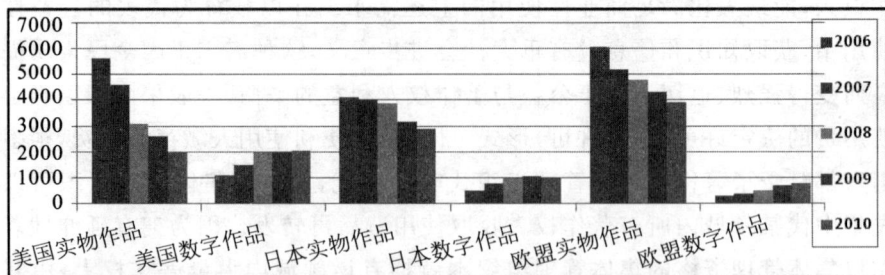

图 5-1　2006—2010 年实物和数字版权作品交易额表（单位：百万美元）

来源：国际唱片协会 IFPI2011 年唱片工业数据

人"只会通过网络查询有关使用信息，而放弃了其他方式使用"，[①]但是这种趋势谁也无法阻挡，只能顺势而为。以美国版权清算中心（CCC）为例，其1999 年以前每年约 150 万美元的个体许可交易额中，绝大部分交易就都是通过他们的交互式网站（www. copyright. com）或电子数据交换（electronic data interchange）系统完成的。[②] 国外发达国家的著作权集体管理组织经过多年发展，其服务能力和利用现代技术手段已经非常成熟，通过在线方式完成实物作品或数字作品授权已经成为日常管理的基本方式。欧盟议会甚至已经于 2014 年 2 月 4 日通过了《著作权、邻接权集体管理和网络音乐作品著作权跨境许可指令》，对著作权集体管理组织和著作权集体管理组织获取网络音乐作品进行规范。[③] 发达著作权集体管理组织已经在数字技术和网络化变革中夺得先机，具备通过在线授权方式推出更多实物或数字作品来满足使用人需求的能力，而延伸性著作权集体管理资格的获得，必将推动著作权集体管理组织更好地服务于使用者不断变化的多样需求。

---

① 杨东锴，朱严政. 著作权集体管理[M]. 北京：北京师范大学出版社，2010：189.

② United States Copyright Office. Promotion of Distance Education Through Digital Technologies (Docket No. 98-12A) [EB/OL]. http://www. copyright. gov/disted/comments/init026. pdf(p3),2014-03-03.

③ Directive on Collective Management of Copyright and Related Rights and Multi-territorial Licensing—Frequently Asked Questions(European Commission—MEMO/14/79) [EB/OL]. http://europa. eu/rapid/press-release_MEMO-14-79_en. htm,2014-02-04/2014-03-04.

二、设置延伸性著作权集体管理制度面临的挑战

（一）著作权人个体管理成为可能

1997 年 5 月在西班牙塞维利亚召开的 WIPO"迎接数字技术挑战的著作权和邻接权应用与管理"国际论坛上，一些专家就已经预测到，借助科技保护手段（如加密系统），个人通过互联网管控著作权成为可能，包括公众传播权等传统以集体管理为基础的权利类型。集体管理将失去其重要性，甚至消失。① 而一旦个体管理成为现实，不仅非会员著作权人不愿意接受延伸性著作权集体管理制度，恐怕会员著作权人也有可能退出著作权集体管理组织。

首先，管理的时间、精力和物质成本大大降低。著作权人成立集体管理组织有当时特定的历史原因，而这些因素正在随着技术的进步而改变。世界上第一个著作权集体管理组织"戏剧作者协会"（Société des Auteurs Dramatiques）成立于 1777 年 7 月 3 日，其就是 1829 年创建"戏剧作者作曲者协会"（Société des Auteurs et Compositeurs Dramatiques）的前身。② 电报、电话分别发明于 1837 年和 1876 年 3 月，即在 1777—1829 年间，能够远距离进行沟通的技术设备尚未发明出来，更别说普及应用。因此受时空所限，个体著作权人与使用人之间交流、沟通严重不畅。彼此虽有合作意愿，但是为寻找对方，以及见面谈判、签约、支付等一系列环节的时间、精力和费用付出太大，导致无论是著作权人和使用人都负担不起。而著作权集体管理组织的出现，在很大程度上缓解了上述问题。可是技术的发展在 20 世纪后期更加迅猛，先是手机由马蒂·库伯（Marty Cooper）于 1973 年发明，③ IBM 于 1981 年发明个人电脑并推向市场，④而如今便携式的笔记本或平板

① MIHALY, FICSOR. Collective Management of Copyright And Related Rights（WIPO）［EB/OL］. http://www. wipo. int/export/sites/www/freepublications/en/copyright/855/wipo_pub_855. pdf(p96-97)，2014-03-04.

② SACK：1777 Until Today［EB/OL］. http://www. sacd. fr/1777-until-today. 2119. 0. html，2014-03-04.

③ TANIA, TEIXEIRA. Meet Marty Cooper—the inventor of the mobile phone［EB/OL］. http://news. bbc. co. uk/2/hi/programmes/click_online/8639590. stm，2014-03-04.

④ Timeline of Computer History［EB/OL］. http://www. computerhistory. org/timeline/? category＝cmptr，2014-03-04.

电脑、手机等已成为稀松平常之物。这些便携设备借助无处不在的网络覆盖,著作权人与使用人之间一对一交流沟通极为顺畅,彼此需要付出的时间、精力、费用成本都极低。相对而言,著作权集体管理组织可能由于复杂的架构,使用人更愿意与著作权人直接合作更为便利。

其次,作品无须借助著作权集体管理组织即可实现迅速推广。在传统网络不发达时期,著作权人创作的作品需要实物形式的发表和推广,而成本往往非个体著作权人所能承受,见效时间也较为漫长。为此,新面孔著作权人需要借助著作权集体管理组织来向使用人展示、推销,甚至是借助一揽子使用协议的形式"混入"作品名单才能带来些许收益。而在网络极度发达的今天,创作出文学和艺术等作品的草根型著作权人可以借助网络实现快速传播,只要作品受到网络观众的欢迎,即可实现低成本运作,打造出著作权人的社会知名度,进而获得较大经济收益。例如,通过在网络上发表连载小说《第一次亲密接触》,使得原本默默无闻的台湾水利学理科生蔡智恒炙手可热,之后他发行的作品也都获得热卖。个人价值在网络时代可以快速放大,集体或组织的价值则自然日益萎缩。

再次,点对点(Point-to-Point)和加密(encryption)技术的发展使得作品授权使用更加可控。在网络时代初期,网络带给作品更大、更快传播机会的可能,但是由于相应的控制技术发展滞后以及普及不足,著作权人常常对侵权行为无能为力。如今对 IP 地址和设备 ID 定位与锁定的技术已经非常成熟,经过加密技术手段处理的数字化音乐和文学作品等信息可以有效传送到应用终端,并可对终端的作品使用、下载等行为精确计算和监控。目前,世界很多国家采取了"三振出局"法案来处理网络服务提供者的侵权责任,但是其建立的技术基础正是来自于对使用终端的精确定位。例如,法国《促进互联网创造保护及传播法》(LOI n° 2009-669 du 12 juin 2009 favorisant la diffusion et la protection de la création sur internet)在 2009 年实施后建立了互联网作品传播及权利保护高级公署(HADOPI),他们通过为作品加盖标签的方式追踪作品去向,[①]著作权保护委员会(Rights Protection Committee)对不符合法律规制的用户发送警告邮件(recommendation),邮件会对其侵权行为有详细描述,内容包括:使用人存有何种

---

① Labelled Securitisation Tools [EB/OL]. http://www. hadopi. fr/en/new-freedoms-new-responsibilities/labelled-securitisation-tools,2014-03-05.

侵权行为、接受网络监控的义务、现有安全措施、市场上既有法律援助来源等。① 据统计,自 2010 年 1 月 1 日至 2011 年 6 月 30 日,法国互联网作品传播及权利保护高级公署发送首次警告邮件 470935 份,再次警告邮件 20596 份。②

最后,现代商业和法治环境使得侵权较少,维权也更为便捷。随着法治的不断完善,法治观念也日益深入人心,即使是在发展中国家,普通民众的版权意识也在逐步提高,发达国家版权保护意识更是极其浓厚。虽然新中国《著作权法》1990 年才颁布实施,各种盗版现象频发。但是老百姓也开始意识到,看盗版电子书、听盗版音乐、看盗版影视剧、用盗版软件,并不是一件多么光彩的事。③ 而各类机构组织,其版权保护意识已大大提高。据统计,我国 95％市级政府和 88％县级政府已经实现软件正版化。④ 在良好商业环境的培育下,商业性著作权侵权已经越来越少见,如有侵权也可通过网络等多渠道而快速获知。而一旦发现自己作品被侵权,著作权人可以通过函电等多种方式主张维权,在证据充分的情况下可以直接通过起诉维护自身权益。在法制健全、商业环境良好的氛围下,个体著作权人的权利保护已经较为充分,维权更为容易。以"人多力量大"为初衷的著作权集体管理组织,维权原本是其重要价值所在,但这也将随着新时代的到来而变得不再那么重要。

(二)新交易平台对既有著作权集体管理组织形成挑战

发源于欧洲的传统著作权集体管理制度具有刻板而不灵活的通病,主要表现在:一是著作权人丧失的不仅仅是已有作品的控制权,甚至是必须承诺将未来可能创造出来的作品也移交给著作权集体管理组织,⑤著作权人只能获得经济补偿,在某种意义上著作权人甚至有沦为著作权集体管理组

---

① Graduated Response[EB/OL]. http://www. hadopi. fr/en/new-freedoms-new-responsibilities/graduated-response,2014-03-05.

② HADOPI: Key Points of the 2010 Annual Report[EB/OL]. http://hadopi. fr/sites/default/files/page/pdf/Hadopi_Rapportannuel_ENG. pdf(p9),2014-03-05.

③ 刘阳. 盗版之痛岂能一删了之[N]. 人民日报,2011-04-15(17).

④ 张贺. 95％市政府实现软件正版化[N]. 人民日报,2013-12-22(02).

⑤ 例如丹麦音乐著作权保护组织《章程》第 4 条规定:"a)会员必须将作品的公众表演权绝对排他地移交给 KODA;b)会员应将机械表演权绝对排他地移交给 KODA……c)移交给 KODA 的作品应当包括已经存在和将来所有或有权处置的作品。……将未来作品增补进作品名录是作者的责任。"

织员工的味道。二是著作权人作品不管市场价值如何，实行统一定价，对不知名著作权人有利，但对畅销作品的知名著作权人则不利。有限制就有改变，有需求就有市场，因此有别于传统著作权集体管理组织的新型著作权集体管理组织或平台开始应运而生，并将成为未来的发展趋势。

新型著作权集体管理组织或平台已经开始扮演重要角色。如前文所述，成立于 1978 年的美国版权清算中心就有别于传统意义上的著作权集体管理组织，为著作权人提供个性化自由定期、定价的服务。同时，它以市场为导向，许可贸易和增值服务以迎合市场需求为动因，为使用者提供多重许可架构，更加灵活、高效。① 在我国，虽然《著作权集体管理条例》规定禁止其他组织或个人从事著作权集体管理业务，但是实际上版权代理公司或者版权交易市场已经如雨后春笋般涌现。如 2009 年落成的国际版权交易中心，除实物服务外，还提供信息公告、登记代办、挂牌交易、托管交易、版信保、版权云和支付平台等多项版权服务内容，其托管交易的服务是指通过版权相关权利的许可或转让，最大化版权资产的价值开发，基本与著作权集体管理组织提供服务无差异。② 而其他地方性版权交易中心，如北京国际版权交易中心、深圳市中外版权交易中心等与此大同小异，除服务内容可以覆盖目前著作权集体管理组织提供的许可服务外，还可以提供拍卖、质押等增值服务，其多样化服务内容已经走在目前国内著作权集体管理组织的前列。

未来将有更多网络平台类型机构蚕食著作权市场。实际上，美国版权清算中心在针对个人著作权人自由定期定价服务上，所扮演的角色更接近于平台（platform），而不是管理组织（management organization），而未来连接著作权人与使用人之间的媒介也必然向网络平台转化，这一点可以从动产物权的商业变化中窥得一斑。在传统商业上，一对一的自由集贸市场由于其地域性和分散性，而逐渐让位于专业的商业机构商场或超市。商场或超市从供应商那里购进商品，消费者从中根据需要挑选或购买商品。但是21 世纪以来蓬勃发展的电子商务又改变了此种商业运作模式。有别于遵循自己进货后再卖出的复制既有实体商业模式，国内以淘宝为代表的商对

---

① LOIS F. WASOFF & ROY S. KAUFMAN. Collective Licensing for the Future：Rights Aggregation and Licensing［N. Y. L. Sch. L. Rev.（Apr. 24，2013）］［EB/OL］. http://www. nylslawreview. com/collective-licensing-for-the-future-rights-aggregation-and-licensing/，2014-03-04.

② 具体内容可参见国际版权交易中心网站：http://www. cbice. com/.

客（Business-to-Customer，简称 B2C）或个人对个人（Consumer to Consumer，简称 C2C)等直接促成供应商和消费者交易的平台化商业模式开始涌现。其成功之处在于又将最早期的一对一自由商贸市场模式在网络上成功复制，既减少了中间环节，又克服了原本地域性和分散性的弊端。而这一商业模式的成功对于传统商业冲击非常之大。例如，2013 年"双十一"①期间，"天猫"和"淘宝"11 月 11 日一天的销售额就达 300 亿元，是成都 9 大商场总和的 100 倍，相当于沃尔玛在中国半年的销售业绩。② 在商业模式的变化上，著作权有着与动产商品类似的经历。早期受地域和沟通不顺畅等因素影响，一对一的授权模式难以实现，著作权集体管理组织这一相当于商场或超市角色的机构应运而生，著作权人将作品交由集体管理组织，集体管理组织向使用人提供作品名录，供使用人选择购买作品使用权。著作权本身作为知识产权具有无体性，在传播上应更优于有体的动产，也必然随着加密技术和数字化、网络化日趋发达而逐步走向一对一的授权使用商业模式，中间人不必再无限谋求扩充对供应作品的垄断性，只需为著作权人和使用人提供交易的平台即可。这也意味着，在不远的将来必有更多的电子平台进入著作权交易市场，并对著作权集体管理组织形成极大冲击。

延伸性著作权集体管理制度在理论上缺乏足够的正当性，是对著作权人私法自治原则的破坏，因此不管著作权人个人管理在技术上是否存有难度，法律背后的国家公权力机构都不应先行代著作权人做出选择。只要国家公权力机构不借法律之名行人为阻挠、限制之实，顺应市场和著作权人需求的新的组织机构或平台必将涌现。

在发达国家，版权产业约占全国 GDP 总量的 5.49％。③ 据国际唱片业

---

① 11 月 11 日，俗称"光棍节"，因众多电商在此期间搞促销，因此又简称为"双十一"。

② 淘宝销售额光棍节一天突破 300 亿 相当于沃尔玛中国半年[EB/OL]. http://www.qianzhan.com/indynews/detail/285/131111-552a1636.html,2013-11-11/2014-03-04.

③ WIPO. 2013 WIPO Studies on The Economic Contribution of The Copyright Industries Overview[EB/OL]. http://www.wipo.int/export/sites/www/copyright/en/performance/pdf/economic_contribution_analysis_2012.pdf(p21),2014-04-01.

协会(IFPI)统计,2013 年全球仅数字音乐作品营业额就高达 59 亿美元。[①]
如此庞大的市场自然吸引更多社会资本进入,为著作权人与使用人搭建交
易平台。日本学者北川善太郎已经提出了著作权交易市场(copymart)理
念,实际就是美国版权清算中心基础上再提高,[②]其理想状态应如动产商品
交易平台淘宝和资金融通 P2P(peer-to-peer)网贷平台 ZAPO[③]一般经济、
高效。交易平台作为著作权人与使用人之间交易的透明平台,平台方按交
易额公开提取一定比例佣金。交易完成后,对于扣除佣金的收入,著作权人
可以随时收入自己囊中。同时,交易平台须提供类似于 P2P 平台的安全保
障服务,对使用人的使用情况和资信进行调查和监督,维护交易安全。

---

① IFPI publishes Recording Industry in Numbers—an essential guide to global markets [EB/OL]. http://www. ifpi. org/news/IFPI-publishes-Recording-Industry-in-Numbers-2014,2014-04-03.

② 关于著作权交易市场(copymart)的架构设计详见:[日]北川善太郎. 著作权交易市场:信息社会的法律基础[M]. 郭慧琴,译,武汉:华中科技大学出版社,2011.

③ ZAPO 为 P2P 网贷模式的创建者,其为资金持有者和借款人搭建直接交易平台,资金持有人可以获得更高收益,而借款人可以快速获得贷款,因而对现有银行系统形成了冲击。详细参见 ZAPO 网站:http://www. zopa. com/.

结　论

本书的核心问题有三：一是延伸性著作权集体管理制度是什么，二是我国目前是否应移植延伸性著作权集体管理制度，三是如果移植需要如何构建该制度。通过深入探讨，本书结论如下：

第一，延伸性著作权集体管理制度是特定国家系列因素影响的产物，违背私人自治原则，违背国际主要条约。集体管理制度与著作权相伴而生，而延伸性著作权集体管理则晚得多，且在一段时间内只出现于北欧五国著作权法中，盖因北欧国家特定的政治、文化和社会因素使然。延伸性著作权集体管理制度因其对著作权人行使权利具有一定的限定，因而不吻合"三步检验法"，违背了包括《伯尔尼公约》《世界版权公约》和《TRIPs 协议》在内的主要国际著作权保护条约。

第二，我国不应移植延伸性著作权集体管理制度。我国的国情、特定著作权保护阶段和著作权法移植应坚持的原则与导向都决定了目前不能移植延伸性著作权集体管理制度。迥异于北欧国家的民主政治、协商以及透明公开文化、同质化社会等外部环境，我国并不具备延伸性著作权集体管理制度的生存土壤。同时，我国仍处于须加强著作权人保护的发展阶段，不能以牺牲著作权人利益为代价直接跨入倾向于使用人便利的新阶段。此外，由于我国特定的公权力扩张惯性，包括著作权法在内的私法进行法律移植时，应坚持张扬私权保护原则与精神，避免部门立法下有选择地对有利于公权扩张的法律制度进行移植，从而使得私权不断被抑制。

第三，考虑到部门立法话语权之大，延伸性著作权集体管理得以在著作权法第三次修订中确立的概率较大，本书也对如何完善延伸性著作权集体管理制度进行了详尽阐述。既要在配套机制上打破现有著作权集体管理垄断地位和监督不利的局面，又要在具体内容构建上赋予著作权人更多参与权利，以使著作权集体管理组织能够真正代表著作权人利益，并能高效运行。

本书以延伸性著作权集体管理制度为焦点进行"小题大做",使得本书在该制度法理、产生根源和法律移植等方面较现有成果有很大超越,具有较强的社会实际价值。但是,仍有如下三点遗憾或不足:一是因语言障碍导致资料收集不是非常充足,部分问题阐述不够充分。英语并非北欧国家的官方语言,且北欧国家有各自本国语言,因此笔者在搜集和翻译非英语资料时感觉较有难度,因而部分问题难免感觉深度不足。例如北欧国家政治、文化和社会与延伸性著作权集体管理制度的直接关联问题阐述不是非常充分。二是部分问题的层级逻辑性不足。从逻辑上而言,政治、文化、社会与延伸性著作权集体管理制度之间的逻辑递进关系为:政治、文化、社会→法律→私法→知识产权法→著作权法→著作权集体管理→延伸性著作权集体管理,而对北欧政治、文化和社会与延伸性著作权集体管理制度的直接关联问题亦应依此进行层层递进,深入解析。但是由于资料收集困难的原因,对这一问题的阐述层级逻辑性也存有一定缺陷。三是关于延伸性著作权集体管理的观察不一定全面。笔者力求"原汁原味"探究延伸性著作权集体管理制度的本来面貌,因此从宏观到细微、从理论到实务对诞生于北欧国家的延伸性著作权集体管理制度进行认真剖析,但是由于太过聚焦北欧国家,对移植该制度的其他国家适用情况考察不足。

参考文献

一、著作
(一)中文著作

[1]丁丽瑛,主编.知识产权法[M],厦门:厦门大学出版社,2009.

[2]丁丽瑛.知识产权纠纷仲裁解决机制研究[M].厦门:厦门大学出版社,2013.

[3]李琛.著作权基本理论批判[M].北京:知识产权出版社,2013.

[4]李琛.知识产权法关键词[M].北京:法律出版社,2006.

[5]李雨峰.枪口下的法律:中国版权史研究[M].北京:知识产权出版社,2006.

[6]刘春田.中国知识产权评论(第一卷)[C].北京:商务印书馆,2002.

[7]刘洁.我国著作权集体管理制度研究[M].北京:中国政法大学出版社,2014.

[8]刘立群.列国志:冰岛[M].北京:社会科学文献出版社,2007.

[9]刘琳等.没有"主义"的北欧[M].深圳:海天出版社,2010.

[10]罗向京,著作权集体管理组织的发展与变异[M].北京:知识产权出版社,2011.

[11]黄海峰.知识产权的话语与现实:版权、专利与商标史论[M].武汉:华中科技大学出版社,2011.

[12]任军峰.超越左与右?——北欧五国政党政治比较研究[M].上海:上海三联书店,2012.

[13]孙琇.北欧皇室:冰火传奇[M].北京:中国青年出版社,2013.

[14]田德文.列国志:挪威[M].北京:社会科学文献出版社,2007.

[15]吴汉东.著作权合理使用制度研究(修订版)[M].北京:中国政法大学出版社,2005.

[16]肖尤丹.历史视野中的著作权模式确立:权利文化与作者主体[M].武汉:华中科技大学出版社,2011.

[17]杨东锴,朱严政.著作权集体管理[M].北京:北京师范大学出版社,2010.

[18]叶淑兰.北欧:这里没有穷人[M],广州:南方日报出版社,2011.

[19]张契尼,潘琪昌,主编.当代西欧社会民主党[M].北京:东方出版社,1987.

[20]中共中央马克思恩格斯列宁斯大林著作编译局.马克思恩格斯全集(第6卷)

[M].北京：人民出版社，1961

（二）译著

[1]安东尼·吉登斯.超越左与右：激进政治的未来[M].李惠斌，杨雪冬，译，北京：社会科学文献出版社，2009.

[2]北川善太郎.著作权交易市场：信息社会的法律基础[M].郭慧琴，译，武汉：华中科技大学出版社，2011.

[3]伯恩·魏德士.法理学[M].丁小春，吴越，译，北京：法律出版社，2003.

[4]伯尔曼.法律与宗教[M].梁治平，译，北京：中国政法大学出版社.2002.

[5]大卫·科尔比.芬兰史[M].纪胜利，等译，北京：商务印书馆，2013.

[6]德克·布迪 & 克拉伦斯·莫里斯.中华帝国法律[M].朱勇，译，南京：江苏人民出版社，1995.

[7]孟德斯鸠.论法的精神（上）[M].孙立坚，等译，西安：陕西人民出版社，2001.

[8]米哈依·菲彻尔.版权法与因特网（上）[M].郭寿康，等译.北京：中国大百科全书出版社，2009.

[9]莫里斯·迈斯纳.马克思主义、毛泽东主义与乌托邦主义[M].张宁，陈铭康，译.北京：中国人民大学出版社，2013.

[10]尼尔·肯特.瑞典史[M].吴英，译.北京：中国大百科全书出版社，2010.

[11]斯宾诺莎.伦理学[M].贺麟，译，北京：商务印书馆，1983.

[12]托马斯·迈尔.社会民主主义的转型：走向 21 世纪的社会民主党[M].殷叙彝，译，北京：北京大学出版社，2001.

（三）外文著作

[1]ALAN，WATSON. Law Out of Context[M]. Athens：University of Georgia Press，2000.

[2]ALAN，WATSON. Legal Transplants[M]. Edinburgh：Scottish Academic Press Ltd.，1974.

[3]ANNE ERIKSEN & JÓN VIDAR SIGURDSSON. Negotiating Pasts in the Nordic Countries：Interdisciplinary Studies in History and Memory[M]. Lund，Sweden：Nordic Academic Press，2010.

[4]BROWN，TRAVIS. Historical First Patents：The First United States Patent for Many Everyday Things（插图版）[M]. Maryland：Scarecrow Press，1994.

[5]CARLA，HESSE. Publishing and Cultural Politics in Revolutionary Paris，1789 - 1810[M]，Berkeley：University of California Press，1991.

[6] CAIRNS，P. &COX，A. L.（ed.）Research Methods for Human-Computer Interaction[M]. Cambridge，UK：Cambridge University Press，2008.

[7]DANIELD，GERVAIS. Collective Management of Copyright and Related Rights （2nd Edition）[C]，Alphen aan den Rijn，Netherlands：Kluwer Law International，2010.

[8] DANIEL,GERVAIS. The TRIPS Agreement: Drafting History and Analysis (2nd Edition)[M]. London: Sweet&Maxwell, 2003.

[9] G. ESPING-ANDERSON. (ed.) Politics Against Markets: The Social Democratic Road to Power [M]. Princeton, New Jersey: Princeton University Press,1988.

[10] GREGORY,BROWN. A Field of Honor: Writers, Court Culture, and Public Theater in French Literary Life from Racine to the Revolution[M]. New York: Columbia University Press, 2005.

[11] GREGORY S. BROWN. Literary Sociability and Literary Property in France, 1775—1793: Beaumarchais, the Société des Auteurs Dramatiques and the Comédie Française[M]. Aldershot England: Ashgate Publishing, Ltd. , 2006.

[12] JOHN, DEWEY. Philosophy and Civilization [M]. New York: Milton, Balch&Company, 1931.

[13] KONRAD,ZWEIGERT&HEIN,KÖTZ. An Introduction to Comparative Law (3rd) [M]. TONY,WEIR 译. Oxford :Oxford University Press,1998.

[14] L. RAY, PATTERSON&STANLEY W. LINDBERG. The Nature of Copyright: A Law of Users' Rights[M]. Athens: University of Georgia Press, 1991.

[15] LUDWIG, VON, MISES. Socialism: An Economic and Sociological Analysis (6th Revised edition)[M]. J. KAHANE 译,Indianapolis:Liberty Fund Inc. ,1981.

[16] MACGILLIVRAY&EVAN,JAMES. A Treatise upon the Law of Copyright: In the United Kingdom and the Dominions of the Crown, and in the United States of America[M]. London : John Murray(Publishers) Ltd. ,1902.

[17]MARK,VAN,HOECKE, Ed. Epistemology and Methodology of Comparative Law[M]. Oxford:Hart Publishing,2004.

[18] MARQUIS W. CHILDS. Sweden: The Middle Way [M]. London: Faber&Fabter,1936.

[19] MARTIN,SENFTLEBEN. Copyright, Limitations and the Three-step Test: An Analysis of the Three-step Test in International and EC Copyright Law[M]. Deventer, Boston: Kluwer Law and Taxation Publishers,2004.

[20] NANNA, KILDAL&STEIN, KUHNLE. Normative Foundations of the Welfare State: The Nordic Experience Oxon[M],UK:Taylor & Francis, 2005.

[21] NIK, BRANDAL. ØIVIND, BRATBERG&DAG, EINAR, THORSEN. The Nordic Model of Social Democracy[M]. Hampshire:Palgrave Macmillan, 2013.

[22] RUTHERFORD, ALCOCK. The Capital of the Tycoon: A Narrative of a Three Years' Residence in Japan(volume 2)[M]. London: Scholarly Press, 1863.

[23] SAM, RICKETSON&JANE, GINSBURG. International Copyright and

Neighbouring Rights：The Berne Convention and Beyond Two volume set（2nd Edition）[M]. Oxford ：Oxford University Press，2006.

[24] STEARNS，PETER N.（ed.）The Encyclopedia of World History：Ancient，Medieval，and Modern，Chronologically Arranged（6th Edition）[M]. Boston：Houghton Mifflin Harcourt，2001.

[25] Skandinaviske Naturforskeres Mde.（ed.）Forhandlinger Ved De Skandinaviske Naturforskeres Mde[M].Chareston：Nabu Press，2010.

[26] STEPHEN P. LADAS. International Copyright and Inter-American Copyright（Harvard studies in international law. The international protection of literary and artistic property；Volume 1)[M]. New York：The Macmillan Company，1938.

[27] TIM，TILTON. The Political Theory of Sweden Social Democracy：Through the Welfare State to Socialism[M]. Oxford：Clarendon Press，1991.

[28] WILLIAM，SMITH，ed. A Dictionary of Greek and Roman Antiquities [M]. London：John Murray，1875.

[29] ZEEV，STERNHELL. MARIO，SZNAJDER&MAIA，ASHERI. The Birth of Fascist Ideology：From Cultural Rebellion to Political Revolution[M]. Princeton，New Jersey，USA：Princeton University Press，1994.

二、论文

（一）中文论文

[1]崔国斌.著作权集体管理组织的反垄断控制[J].清华法学，2005(6).

[2]冯晓青,谢蓉.著作权法中"合理使用"与公共利益研究[J].河北法学，2009(3).

[3]高鸿钧.法律文化与法律移植：中西古今之间[J].比较法研究，2008(5).

[4]郝铁川.论法学家在立法中的作用[J].中国法学，1995(4).

[5]焦海涛.论《反垄断法》中经营者的认定标准[J].东方法学，2008(5).

[6]李士林.重新审视商标法的哲学基础[J].云南大学学报(法学版)，2013(1).

[7]李宗辉.夹缝中的法律移植与传统创造：《清著作权律》述评[J].西南政法大学学报，2010(5).

[8]刘云波.试论晚清思想文化上封闭的表现及其影响[J].湖南社会科学，2006(05).

[9]刘作翔.权利相对性理论及其争论——以法国若斯兰的"权利滥用"理论为引据[J].清华法学，2013(6).

[10]毛牧然,周实.论著作权集体管理制度[J].当代法学，2002(05).

[11]王利明.保护百姓财产是最大的民生[J].瞭望新闻周刊，2007(15).

[12]王云霞.法律移植二论[J].公安大学学报，2002(1).

［13］伟大的转变和历史唯物主义的重要课题（评论员文章）［J］.哲学研究,1979(02).

［14］吴汉东.论合理使用［J］.法学研究,1995(4).

［15］夏扬.法律移植、法律工具主义与制度异化:以近代著作权立法为背景［J］.政法论坛,2003(7).

［16］萧国威.台湾著作权集体管理机制之研究:兼论各国著作权集体管理机制［D］(博士论文).北京:中国政法大学,2011.

［17］信春鹰.法律移植的理论与实践［J］.北方法学,2007(3).

［18］熊琦.著作权法定许可的正当性解构与制度替代［J］.知识产权,2011(6).

［19］徐涤宇,刘辉.著作权集体管理基础问题研究［J］.科技与法律,2005(02).

［20］郇庆治.权利与尊严［J］.南风窗,2012(10).

［21］杨敏.价值观多元开放时代的社会共同性追求:体制改革30年来公众价值观变化的社会学思考［J］.甘肃社会科学,2008(5).

［22］杨永恒,胡鞍钢,张宁.中国人类发展的地区差距和不协调:历史视角下的"一个中国,四个世界"［J］.经济学(季刊),2006(02).

［23］姚宇聪,叶新.香港著作权集体管理近况［J］.出版参考,2007(16).

［24］易继明.禁止权利滥用原则在知识产权领域中的适用［J］.中国法学,2013(4).

［25］湛益祥.论著作权集体管理［J］.法学,2001(9).

［26］章忠信.报章期刊二次利用之困境化解与合理机制［J］.智慧财产权月刊,2013(08).

［27］钟权.著作权不仅仅是私权——国家版权局法规司司长王自强就《著作权法》修改草案相关问题答记者问［J］.中国版权,2012(3).

［28］周俊强.著作权集体管理的法律性质［J］.法学杂志,2003(03).

［29］朱向东,贝清华.官本位的成因解析［J］.人民论坛,2010(26).

［30］朱向东,贝清华.官本位批判论纲［J］.中南大学学报(社会科学版),2008(8).

（二）外文论文

［1］ADOLF, DIETZ. Legal Regulation of Collective Management of Copyright (Collecting Societies Law) in Western and Eastern Europe［J］. Journal of the Copyright Society of the U. S. A. ,2002,49.

［2］ÅKE, MALMSTRÖM. The System of Legal Systems：Notes on a Problem of Classification in Comparative Law［J］, Scandinavian Studies in Law，1969(13).

［3］ALAIN, STROWEL. The European "Extended Collective Licensing" Model［J］. Colum. J. L. & Arts, 2011 (34).

［4］ANE C. GINSBURG. Achieving Balance in International Copyright Law—Book Review［J］, The Columbia Journal of Law & the Arts,2003(26).

［5］ANNETTE, KUR. Of Oceans, Islands, and Inland Water—How Much Room for

Exceptions and Limitations Under The Three-Step Test? [J]. Richmond Journal of Global Law and Business, Fall 2009(8).

[6]BERNARD,LANG. Orphan Works and the Google Book Search Settlement: An International Perspective[J], New York Law School Law Review, 2010,(55).

[7] DANIEL, BERKOWITZ. KATHARINA, PISTOR&JEAN-FRANCOIS, RICHARD. Economic Development, Legality, and the Transplant Effect[J]. European Economic Review, 2003(1).

[8] DANIEL, GERVAIS. Keynote: The Landscape of Collective Management Schemes Columbia[J]. Journal of Law & the Arts,2011,34.

[9]DANIEL J. GEVAIS. Towards A New Core International Copyright Norm: The Reverse Three-Step Test[J]. Marquette Intellectual Property Law Review,2005(9).

[10] DAVID, NELKEN. Using The Concept of Legal Culture [J]. Australian Journal of Legal Philosophy. 2004 (29).

[11] DAVID, NIMMER. The End of Copyright[J]. Vanderbilt Law Review, 1995,48.

[12] DE, CECCO MARCELLO. European Monetary and Financial Cooperation Before the First World War[J]. Rivistadi Storia Economica,1992(9).

[13]EMIL VIŠŇOVSKY. Introductory: Situating Pragmatism Today (Pragmatism and Modern Philosophy) [J]. European Journal of Pragmatism and American Philosophy. 2013(1).

[14] FRANK H. EASTERBROOK. Contract and Copyright[J]. Houston Law Review. 2005,42.

[15]JAN,ROSEN. Administrative Institutions in Copyright Notes on the Nordic Countries[J]. Scandinavian Studies in Law,2002,42.

[16]JANE C. GINSBURG. Achieving Balance in International Copyright Law— Book Review[J], The Columbia Journal of Law & the Arts,2003(26).

[17]JASON,LULIANO. Is Legal File Sharing Legal? An Analysis of The Berne Three-Step Test[J]. Virginia Journal of Law and Technology, 2011(16).

[18]JENNIFER M. URBAN. How Fair Use Can Help Solve the Orphan Works Problem[J]. Berkeley Technology Law Journal,2012 (27).

[19]JILL, E. FISCH. The New Federal Regulation of Corporate Governance[J]. Harvard Journal of Law & Public Policy, 2004(29).

[20]JO,OLIVER. Copyright in the WTO: The Panel Decision on the Three-Step Test[J]. J. L. & Arts, 2002(25).

[21] JOHAN, AXHAMN& LUCIE, GUIBAULT. Solving Europeana's mass-digitization issues through Extended Collective Licensing[J]. Nordic Intellectual Property

Law Review，2011（6）.

［22］JOHAN，STRANG. Two Generations of Scandinavian Legal Realists［J］. Nordic Journal of Law and Justice，2009（12）.

［23］KRIM，TALIA. The Scandinavian Currency Union，1873—1924：Studies in Monetary Integration and Disintegration（博士学位论文）［D］. Stockholm：Stockholm School of Economics. 2004.

［24］L. RAY，PATTERSON. Copyright and "the Exclusive Right" of Authors［J］. Journal of Intellectual Property，1993（1）.

［25］LOIS F. WASOFF. If Mass Digitization Is the Problem，Is Legislation the Solution? Some Practical Considerations Related to Copyright［J］. J. L. & Arts，2010—2011，34.

［26］MARISA，LINTON. Review on：Literary Sociability and Literary Property in France，1775—1793：Beaumarchais，the Société des Auteurs Dramatiques and the Comédie Française［J］. H-France Review，2008（8）.

［27］MARTIN，KRETSCHMER. The Failure of Property Rules in Collective Administration：Rethinking Copyright Societies as Regulatory Instruments［J］. European Intellectual Property Review，2002（3）.

［28］MATT，JACKSON. Harmony or Discord? The Pressure Toward Conformity in International Copyright［J］. IDEA：The Journal of Law and Technology，2003，43.

［29］MIDGE M. HYMAN. The Socialization of Copyright：The Increased Use of Compulsory Licenses［J］，Cardozo Arts & Entertainment Law Journal，1985（4）.

［30］PAMELA，SAMUELSON. Legislative Alternatives to the Google Book Settlement［J］. Columbia Journal of Law & the Arts，2011（34）.

［31］Panel：Collective Licensing for Digitizing Analog Materials［J］. Colum. J. L. & Arts，2010—2011（34）.

［32］PIERRE，LEGRAND. The Impossibility of 'Legal Transplants'［J］. Maastricht Journal of European and Comparative Law. 1997（4）.

［33］R. H. Coase. The Nature of the Firm［J］. Economica，1937（16）.

［34］SEVERIN，BLOMSTRAND. Nordic Co-operation on Legislation in the Field of Private Law［J］. Scandinavian Studies in Law. 2000，39.

［35］SÉVERINE，DUSOLLIER&CAROLINE，COLIN. Peer-to-Peer File Sharing and Copyright：What Could Be the Role of Collective Management? ［J］，Columbia Journal of Law & the Arts，2011（34）.

［36］STINA，TEILMANN. British and French Copyright：A Historical Study of Aesthetic Implications（博士学位论文）［D］. Odense：University of Southern Denmark，2004.

［37］SUSAN，CRAWFORD. The Origin and Development of a Concept：The

Information Society[J]. Bulletin of the Medical Library Association,1983(4).

[38]THOMAS, RIIS&JENS, SCHOVSBO. Extended Collective Licenses and the Nordic Experience—It's a Hybrid but is It a Volvo or a Lemon? [J]. Columbia Journal of Law & the Arts, Summer, 2010(33).

[39]TIMOTHY A. COHAN. Ghost in the Attic：The Notice of Intention to Use and The Compulsory License in The Digital Era[J]. Columbia Journal of Law & the Arts，2010,33(4).

[40]TUOMAS,PÖYSTI. Scandinavian Idea of Informational Fairness in Law—Encounters of Scandinavian and European Freedom of Information and Copyright Law[J]. Scandinavian Studies in Law，2007,50.

[41]UGO,MATTEI. Three Patterns of Law：Taxonomy and Change in the World's Legal System[J]. The American Journal of Comparative Law. 1997(45).

[42]ULF,BERNITZ. What is Scandinavian Law? Concept，Characteristics，Future [J]. Scandinavian Studies in Law. 2007,50.

[43]VESA, PEKKA, TAATILA & KATARIINA, RAIJ. Philosophical Review of Pragmatism as a Basis for Learning by Developing Pedagogy[J]. Educational Philosophy and Theory，2012(8).

[44] W. JONATHAN, CARDI&ÜBER-MIDDLEMAN. Reshaping the Broken Landscape of Music CopyrightIowa Law Review[J]. Iowa Law Review，2007,92.

三、辞书

[1] Oxford ：The Oxford English Dictionary (2nd Edition). 1989.

四、资料汇编

[1]中国人民大学知识产权教学与研究中心,中国人民大学知识产权学院. 知识产权国际条约集成[Z]. 北京:清华大学出版社,2011.

[2]故宫博物院明清档案部. 清末筹备立宪档案史料（上）[Z]. 北京：中华书局,1979.

[3] WORLD INTELLECTUAL PROPERTY ORGANIZATION. Records of the Intellectual Property Conference of Stockholm，June 11 to July 14，1967（Volume I）[Z]. World Intellectual Property Organization，1971.

五、电子文献

(一)中文电子文献

[1]崔艳丽. 论我国行业协会发展中的问题与对策[EB/OL]. http://zyzx. mca. gov. cn/article/yjcg/mjzz/200807/20080700018695. shtml,2008-07-23.

[2]李钢.为什么说胡同文化是一种封闭性文化[EB/OL].http://res.chinaedu.com/classic/yyyk/38/38g13.htm.

[3]樊煜.为什么有时演唱会歌手演唱自己原创的作品还需要向音乐集体管理组织付费[EB/OL].http://www.mcsc.com.cn/informationsCopy.php? partid＝35&.pid＝646.

[4]巩献田.一部违背宪法和背离社会主义基本原则的《物权法(草案)》——为《宪法》第12条和86年《民法通则》第73条的废除写的公开信[EB/OL].http://article.chinalawinfo.com/Article_Detail.asp? ArticleID＝32266,2005-08-12.

[5]胡凯.著作权集体管理制度的完善:以台湾地区著作权集体管理制度为借鉴[EB/OL].http://www.fj.xinhuanet.com/news/2011-07/29/content_23350196.htm.

[6]黎鱼鱼.音著协为何"不便透露数据"[EB/OL].http://www.showchina.org/jjzg/bwzg/201211/t1249448.htm,2012-11-29.

[7]李高协,殷悦贤,徐润莉.关于提高政府部门立法起草质量问题的思考——以甘肃省地方立法30年的实践为例[EB/OL].http://npc.people.com.cn/GB/11206244.html,2010-03-23.

[8]李囡.郑钧演唱自己作品被诉侵权 法院判音著协败诉[EB/OL].http://www.chinacourt.org/article/detail/2013/04/id/951042.shtml,2013-04-24.

[9]梁慧星.物权法草案的几个问题:在清华大学的演讲[EB/OL].https://www.iolaw.org.cn/shownews.asp? id＝3391.

[10]刘星.新著作权法是鼓励音著协收黑钱?(中国新闻周刊网2012年04月06日)[EB/OL].http://news.163.com/12/0406/14/7UDPOEVI00012Q9L.html,2014-03-01.

[11]聂士海.音集协:在争议中前行[中国知识产权.2009年12月(总第34期)][EB/OL].http://www.chinaipmagazine.com/journal-show.asp? id＝469.

[12]钮小雪.慈善会"怪胎"[EB/OL].http://zgcf.oeeee.com/html/201307/01/77791.html,2013-07-01.

[13]石必胜.国内首例作家诉谷歌数字图书侵害著作权案终审宣判:法院认定谷歌公司对图书的电子化扫描行为不构成合理使用[EB/OL],http://bjgy.chinacourt.org/article/detail/2014/01/id/1172651.shtml,2014-01-06.

[14]苏永通.中国物权立法历程:从未如此曲折而坚定[EB/OL].http://www.infzm.com/content/6444,2007-03-21.

[15]杨文彦.国家统计局首次公布2003至2012年中国基尼系数[EB/OL].http://politics.people.com.cn/n/2013/0118/c1001-20253603.html,2013-01-18.

[16]姚贞.2009年全国新闻出版业基本情况(中国新闻出版报2010年09月07日)[EB/OL].http://www.chuban.cc/toutiao/201009/t20100907_76674.html.

[17]汪伟,胡雯.报告称中国基尼系数达0.61 收入不均程度罕见[EB/OL].

http://money. 163. com/12/1209/14/8I9OEJU700252G50. html,2012-12-09.

[18]谢志强,王维佳. 消除我国社会转型期不和谐因素的思路[EB/OL]. http://theory. people. com. cn/GB/40764/105054/105055/6398039. html,2007-10-18.

[19]薛雷,岳菲菲. 冰岛总理夫妇的中国行[EB/OL]. http://bjyouth. ynet. com/3. 1/1304/30/7982718. html,2013-04-30.

[20]张恺殷. 瑞典：乌托邦导向的设计概念,创造梦想与回归人性的国度[EB/OL]. http://www. mottimes. com/cht/article_detail. php? type=2&serial=219.

[21]章忠信. 著作权补偿金制度之初探(发表于 2004 年 11 月 26 日"数字空间：资安、犯罪与法律社会"学术研究暨实务研讨会)[EB/OL]. http://www. copyrightnote. org/paper/pa0037. doc,2013-08-10.

[22]赵蕾,范承刚. 冲刺立法大业[EB/OL]. http://www. infzm. com/content/56157,2011-03-10.

[23]朱向东. 当代中国官本位研究(上)[EB/OL]. http://www. chinareform. net/show. php? id=4032,2011-11-22.

（二）外文电子文献

[1]ALAN, WATSON. Legal Transplants and European Private Law[EB/OL]. http://www. ejcl. org/44/art44-2. html♯N_1_,2014-02-29.

[2] ALBERT, ATKIN. Charles Sanders Peirce：Pragmatism[EB/OL]. http://www. iep. utm. edu/peircepr/,2014-02-05.

[3]ALEXANDER,PEUKERT. Intellectual Property：The Global Spread of a Legal Concept(Goethe University, Faculty of Law, Research Paper No. 2/2013)[EB/OL]. http://publikationen. ub. uni-frankfurt. de/opus4/frontdoor/deliver/index/docId/28803/file/13_02_RPS_Peukert_IP_Legal_Transplant. pdf,2013-08-05.

[4]ANNA, VUOPALA. Extended Collective Licensing—A solution for facilitating licensing of works through Europeana, including orphans? [EB/OL]. http://www. copyrightsociety. fi/ci/Extended_Collective_Licensing. pdf,2014-02-01.

[5]BÅRD,SVERRE,TUSETH. Nordic Legal Cooperation and Its Impact on Legal Research [EB/OL]. http://www. aallnet. org/sections/fcil/grants-awards/FCIL-Schaffer-Grant/Docs-Vault/Tuseth-Nordic-Legal-Cooperation-and-Its-Impact-on-Legal-Research. pdf,2013-07-15.

[6]BO, ERIKSSON. Drottning Margareta—kvinnan bakom Kalmarunionen[EB/OL]. http://www. so-rummet. se/fakta-artiklar/drottning-margareta-kvinnan-bakom-kalmarunionen,2012-11-14.

[7] BRACHA, O. (2008) 'Commentary on Folsom v. Marsh (1841)', in Primary Sources on Copyright (1450—1900) [EB/OL]. http://copy. law. cam. ac. uk/cam/tools/request/showRecord? id=commentary_us_1841,2014-02-07.

[8]BRAHIM，RAZGALLAH. Was the Scandinavian Monetary Union an Optimum Currency Area? A Generalised urchasing-Power Parity Approach［EB/OL］. http://economics. soc. uoc. gr/macro/11conf/docs/paper_SMU_razgallah. pdf，2014-02-23.

[9]BRIAN Z. TAMANAHA. The Tensions Between Legal Instrumentlism and the Rule of Law［EB/OL］. http://escholarship. org/uc/item/5321r1r0，2006-04-17.

[10]CAROLINE，REILER，Making Broadcasting Archives Available：The Danish Experience ［EB/OL］. http://www. efta. int/media/documents/eea/eea-news/Presentation％20EFTA％20-％20the％20archive％20provision％20-％20300910. pdf，2010-09-30.

[11]CATHERINE,DELPLANQUE. Origins and impact of the French Civil Code ［EB/OL］. http://www. moj. gov. vn/en/ct/Lists/TalkingLaws/View _ Detail. aspx? ItemID＝95，2012-03-06.

[12]CATHY，DOUGLASS. Examining America's Cultural Values：Individualism［EB/OL］. http://www. nayajeevan. org/index. php? option＝com_content&view＝article&id＝25：examining-americas-cultural-values-individualism&catid＝3：articles&Itemid＝8，2014-02-07.

[13]CHRISTIAN,RYDNING. Extended Collective Licences：The Compatibility of The Nordic Solution with The International Conventions and EC Law［EB/OL］. http://complexserien. net/sites/default/files/Complex％202010-03. pdf，2010-02.

[14]CHRISTOPHE，GEIGER. JONATHAN，GRIFFITHS&RETO M. HILTY. Declaration A Balanced Interpretation Of The "Three-Step Test" In Copyright Law ［EB/OL］. http://www. law. nyu. edu/sites/default/files/ECM _ PRO _ 061920. pdf，2013-12-30.

［15］CHRISTOPHER，HOOKWAY. Pragmatism ［EB/OL］. http://plato. stanford. edu/entries/pragmatism/，2008-08-16.

[16]CHRISTOPHER，MIMS. Why There Can Never Be a Competitor to Google Books ［EB/OL］，http://www. technologyreview. com/view/421247/why-there-can-never-be-a-competitor-to-google-books/，2010-10-18.

[17]COPYDAN. Orphan Works in A Danish Perspective［EB/OL］. http://www. bne. es/opencms/es/LaBNE/Docs/2010-04-13 _ Orphan _ works _ in _ a _ Danish _ perspective. pdf，2013-09-10.

[18]DANIEL,GERVAIS. Application of an Extended Collective Licensing Regime in Canada：Principles and Issues Relating to Implementation［EB/OL］. http://aix1. uottawa. ca/～dgervais/publications/extended_licensing. pdf，2013-06-21.

[19]DAVID,BRANCACCIO. In Norway，A Different View of Transparency［EB/OL］. http://www. marketplace. org/topics/wealth-poverty/pay-check/norway-

different-view-transparency,2012-08-20.

[20]DEAZLEY,RONAN. Commentary on: Gyles v. Wilcox（Atkyn's Reports）
(1741)［EB/OL］. http://copy. law. cam. ac. uk/cam/tools/request/showRecord. php?
id＝commentary_uk_1741,2013-11-27.

[21]DONALD, CLARKE. Lost in Translation? —Corporate Leal Transplants in
China(GWU Legal Studies Research Paper No. 213)［EB/OL］. http://papers. ssrn.
com/sol3/papers. cfm? abstract_id＝913784,2006-07-03.

[22]DOUGLAS, MCDERMIND. Pragmatism［EB/OL］. http://www. iep. utm.
edu/pragmati/,2014-01-02.

[23]DWYER,ARCE. Iceland Parliament Approves Same-sex Marriage Legislation
［EB/OL］. http://jurist. org/paperchase/2010/06/iceland-parliament-approves-same-
sex-marriage-legislation. php,2010-06-11.

[24]EIMEAR, BROWN. Same-Sex Marriage: Some Approaches from Other
Countries［EB/OL］. https://www. constitution. ie/AttachmentDownload. ashx? mid＝
735e57a4-29a4-e211-a5a0-005056a32ee4,2014-02-01.

[25]ELIN, HAUGSGJERD, ALLERN. NICHOLAS, AYLOTT&FLEMMING,
JJJL,CHRISTIANSEN. Scenes From A Marriage: Social Democrats and Trade Unions
in Scandinavia［EB/OL］. http://www. cvap. polsci. ku. dk/publikationer/arbejdspapirer/
working_paper_1/allern_et. al. _-_scenes_from_a_marriage__social_democrats_and_trade
_unions_in_scandinavia. pdf/,2010-02.

[26]ENGELS,FREDERICK. Socialism: Utopian and Scientific［EB/OL］. https://
www. marxists. org/archive/marx//works/1880/soc-utop/ch03. htm,2013-10-12.

[27]FRITZ. Sweden: Right holders Are Entitled to Compensation for Private
Copying on External Hard Drives and USB Flash Drives［EB/OL］. http://
composersforum.   eu/sweden-right-holders-are-entitled-to-compensation-for-private-
copying-on-external-hard-drives-and-usb-flash-drives/,2012-10-26.

[28]GERD,CALLESEN. Aspects of Internationalism at the Turn of the 19th/20th
Century［EB/OL］. http://www. arbark. se/pdf_wrd/Callesen_int. pdf,2014-02-06.

[29]HENRY,OLSSON. The Extended Collective License as Applied in the Nordic
Countries［EB/OL］. http://www. kopinor. no/en/copyright/extended-collective-license/
documents/the-extended-collective-license-as-applied-in-the-nordic-countries,   2010-
03-10.

[30]HUBERT,BEST. Extended Collective Licensing: a solution or an additional
problem?［EB/OL］. http://www. blaca. org/Extended％20Collective％20Licensing％
20BLACA-IPI％2020111005. ppt,2014-01-02.

[31]INGVAR, CARLSSON&ANNE-MARIE, LINDGREN. What is Social

Democracy? [EB/OL]. http://www. socialdemokraterna. se/upload/Internationellt/ Other%20Languages/WhatisSocialDemocracy. pdf,2007-02.

[32]JANE C. GINSBURG. Toward Supranational Copyright Law? The WTO Panel Decision and the "Three-Step Test" for Copyright Exceptions[EB/OL]. http://papers. ssrn. com/sol3/papers. cfm? abstract_id=253867,2001-01-05.

[33] JES, BJARUP. Scandinavian Realism [EB/OL]. http://ivr-enc. info/index. php? title=Scandinavian_Realism,2010-03-20.

[34]JOHAN, AXHAMN& LUCIE, GUIBAULT. Cross-border Extended Collective Licensing: A Solution to Online Dissemination of Europe's Cultural Heritage? [EB/ OL]. http://www. ivir. nl/publicaties/guibault/ECL_Europeana_final_report092011. pdf,2011-08.

[35]JONATHAN, CLYNE. Kerstin Alfredsson and Lena Höijer, Norway-Sweden 1905:How the Labour Movement Prevented War[EB/OL]. https://www. marxists. org/history/international/social-democracy/sweden/war-1905. htm#2,2014-02-13.

[36]K. KRIS, HIRST. Viking History: Guide to the Imperialism of the Ancient Norse[EB/OL]. http://archaeology. about. com/od/vterms/qt/viking_age. htm,2014- 02-08.

[37]KARL, MARX& FRIEDRICH, VON, ENGELS. Manifesto of the Communist Party [EB/OL]. http://www. marxists. org/archive/marx/works/1848/communist- manifesto/index. htm,2014-02-01.

[38]LAURIE,SEGALL. Digital Music Sales Top Physical Sales[EB/OL]. http:// money. cnn. com/2012/01/05/technology/digital_music_sales/index. htm,2014-03-04.

[39]LEIF,WENAR. Rights(The Stanford Encyclopedia of Philosophy (Fall 2011 Edition), Edward N. Zalta (ed.)) [EB/OL]. http://plato. stanford. edu/archives/ fall2011/entries/rights/,2014-03-01.

[40]LOIS F. WASOFF& ROY S. KAUFMAN. Collective Licensing for the Future: Rights Aggregation and Licensing(N. Y. L. Sch. L. Rev. (Apr. 24, 2013)) [EB/OL]. http://www. nylslawreview. com/collective-licensing-for-the-future-rights-aggregation- and-licensing/,2014-03-04.

[41] MARIE, CHÊNE. What Makes New Zealand, Denmark, Finland, Sweden And Others "Clear" Than Most Countries? [EB/OL]. http://blog. transparency. org/ 2011/12/07/what-makes-new-zealand-denmark-finland-sweden-and-others-%E2%80% 9Ccleaner%E2%80%9D-than-most-countries/,2011-12-07/

[42] MARTIN, GRASS. The Strongest Bridge Between the Nordic Peoples: Scan- dinavian Archives and Collections[EB/OL]. http://www. arbark. se/wib/scandinavian- archives-and-collections. pdf. 2014-02-05.

［43］MATT，PETRYNI. Difference Between Implicit & Explicit Rights in Organizations［EB/OL］. http://smallbusiness. chron. com/difference-between-implicit-explicit-rights-organizations-10610. html,2013-07-27.

［44］MATTI，ALESTALO. SVEN E. O. HORT&STEIN，KUHNLE. The Nordic Model: Conditions，Origins，Outcomes，Lessons［EB/OL］. http://www. hertie-school. org/fileadmin/images/Downloads/working_papers/41. pdf,2014-01-29.

［45］MIHÁLY，FICSOR. Collective Management of Copyright And Related Rights （WIPO）［EB/OL］. http://www. wipo. int/export/sites/www/freepublications/en/copyright/855/wipo_pub_855. pdf,2013-07-03.

［46］MIHÁLY，FICSOR. Extended Collective Licensing Arrangements And Their Practicability For Dealing With Orphan Works［EB/OL］. http://www. cepic. org/sites/cepic/assets/Extented_Collective_Licensing_Arrangements_0. pdf,2009-06-05.

［47］OLE-ANDREAS，ROGNSTAD. The Nordic Model: Extended Collective Licenses And Its Relation to International Instruments［EB/OL］. http://www. efta. int/media/documents/eea/eea-news/1101843v1PresentationonExtendedCollectiveAgreement%202. pdf,2010-09-30.

［48］OLLI，VILANKA. Rough Justice or Zero Tolerance? —Reassessing the Nature of Copyright in Light of Collective Licensing （Part I）［EB/OL］. https://helda. helsinki. fi/bitstream/handle/10227/661/vilanka. pdf? sequence=3,2013-12-10.

［49］PAMELA D. TOLER. Eduard Bernstein and Marxist Revisionism［EB/OL］. http://www. netplaces. com/understanding-socialism/chapter-10/eduard-bernstein-and-marxist-revisionism. htm,2014-01-02.

［50］ROBERT，DARNTON. The National Digital Public Library Is Launched! ［EB/OL］. http://www. nybooks. com/articles/archives/2013/apr/25/national-digital-public-library-launched/? insrc=toc,2013-04-25.

［51］SAADIA，ZAHIDISENIOR. What Makes the Nordic Countries Gender Equality Winners?［EB/OL］. http://www. huffingtonpost. com/saadia-zahidi/what-makes-the-nordic-cou_b_4159555. html,2013-10-24.

［52］SACK:1777 Until Today［EB/OL］. http://www. sacd. fr/1777-until-today. 2119. 0. html,2014-03-04.

［53］SAM，RICKETSON. WIPO Study on Limitations and Exceptions of Copyright and Related Rights in The Digital Environment［EB/OL］. http://www. wipo. int/edocs/mdocs/copyright/en/sccr_9/sccr_9_7. pdf,2003-04-05.

［54］SEPPO，ZETTERBERG. Main Outlines of Finnish History［EB/OL］. http://finland. fi/Public/default. aspx? contentid=160058&nodeid=41806&culture=en-US,2014-02-09.

［55］SHERI，BERMAN. Understanding Social Democracy［EB/OL］. http://www8. georgetown. edu/centers/cdacs/bermanpaper. pdf,2014-01-02.

［56］STAFFAN,ALBINSSON. A costly glass of water: The Bourget v. Morel case in Parisian courts 1847—1849［EB/OL］. http://www. serci. org/2013/A％20costly％20glass％20of％20water. pdf,2013-08-09.

［57］STEWART,CLEGG. Foundations of Organization Power: Presentation to the Nobel Symposium on the Foundations of Organizations［EB/OL］. http://www. hhs. se/DE/Documents/Nobelsymposium/Clegg. pdf,2013-08-06.

［58］STINA，TEILMANN-LOCK. Danish Copyright Law: Open Access and Extended Collective Licenses［EB/OL］. http://www. ences. eu/fileadmin/important_files/Documentation_London/Danish_Copyright_Law_-ENCES_1_. pdf,2010.

［59］SYLVIA，POGGIOLI. Immigration，Integration Draw Attention In Norway ［EB/OL］. http://www. npr. org/2011/07/29/138801001/immigration-integration-draw-attention-in-norway，2011-07-29.

［60］TERRI，MAPES. Currencies in Scandinavia: Which are the currencies used in Scandinavia? ［EB/OL］. http://goscandinavia. about. com/od/moneytips/a/Currencies-In-Scandinavia. htm,2013-11-20.

［61］TERRI,MAPES. The Similarities of the Scandinavian Languages: Are The Scandinavian Languages Almost The Same，or Dissimilar? ［EB/OL］. http://goscandinavia. about. com/od/languagehelp/qt/Similarities-Of-The-Scandinavian-Languages. htm,2014-01-31.

［62］TONIO，FENECH. The Law Relating Trusts: Introductory Lectures［EB/OL］. http://fff-legal. com/wp-content/uploads/2013/02/The-Law-on-Trusts-Tonio-Fenech-lecture. pdf,2013-07-13.

［63］US v. ASCAP，US District Court，Southern District of New York［EB/OL］. http://www. ascap. com/～/media/files/pdf/members/governing-documents/ascapafj2. pdf,2013-07-14.

［64］WILLIAM，FISHER. Theories of Intellectual Property［EB/OL］. http://cyber. law. harvard. edu/people/tfisher/iptheory. pdf,2014-01-30.

［65］WILLIAM,JAMES. Lecture II: What Pragmatism Means［EB/OL］. https://www. marxists. org/reference/subject/philosophy/works/us/james. htm，2014-01-30.

［66］XAVIER de VANSSAY. Monetary Unions in Historical and Comparative Perspective ［EB/OL］. http://www. umar. gov. si/fileadmin/user_upload/konference/08/08_xv1. pdf,2014-02-21.

六、报纸

[1]北京常住人口 2114.8 万人[N].新京报,2014-01-24(A01).

[2]陈明涛.权力与市场的错位:修改中的著作权法集体管理制度之殇[N].检察日报,2012-09-28.

[3]丁慧峰.音乐人认为著作权人利益"被代表":广东省流协对音著协说"不"[N].信息时报,2012-04-08.

[4]刘阳.盗版之痛岂能一删了之[N].人民日报,2011-04-15.

[5]胡永恒.关于废除《六法全书》的反思及其他[N].团结报,2010-06-24.

[6]黄锐海.如果草案通过,后果会怎样?[N].南方都市报,2012-04-14.

[7]李懿.音集协收费 8000 万 分配"躲猫猫"[N].东方早报,2009-05-12.

[8]秦亚堙.别指望音著协[N].北京晚报,2011-02-17.

[9]王秋实.音集协称收入分配方式要保密[N].京华时报,2009-05-13.

[10]王石川.终于知道百姓维权成本有多高[N].成都商报,2010-01-27.

[11]王思璟,王卓铭.影著协收费硬伤:无版权也收费[N].21 世纪经济报道,2010-10-28.

[12]俞可平.什么造成社会的官本位文化[N].社会科学报,2013-09-26.

[13]张魁兴.别拿公共利益遮羞[N].中华工商时报,2006-10-25.

[14]张贺.95%市政府实现软件正版化[N].人民日报,2013-12-22.

[15]张乐.最大资源共享网站创始人获刑[N].新京报,2009-04-18.

[16]谢礼恒.唱自己写的歌 侵了音著协的权?[N].成都商报,2013-04-26.

[17]郑洁.卡拉 OK 版权费分配实现"零"的突破[N].北京商报,2010-02-01.

[18]最可怕的城乡差距在哪里?[N].工人日报,2014-01-26

后 记

电影《少年派的奇幻漂流》中有句经典台词:"人生就是要不断地放下,然而令人痛心的是,我却没能好好地与他们道别"。其实对于不情愿的放下,无论是否能好好道别,都让人惆怅不已。

2003年硕士毕业投身工作之时,庆幸自己终于可以脱离学生之身,不再继续受读书之苦。可是在虚度了一段时间之后,羞耻于下班后按电视遥控器的生活方式,莫名的空虚感总是会涌上心头。考博的念头油然而生。然而对于一个已经身处工作状态且几年都未触碰专业理论知识的我来说,考博并非易事。可是幸运的是,我如愿考入了厦大法学院,拜于丁丽瑛老师门下。虽然没有曾国藩"百战归来再读书"那么豪迈,但是我确实很珍惜这段工作后再返回校园读书的日子。三年时光转瞬即逝,异常不舍。回顾厦大读博历程,有三点难得之收获。

一、难得恩师

丁老师理论深厚又精于实务,善于通过引导、点拨的方式启发学生思考,每每聆听教诲常有醍醐灌顶之感。尤为难能可贵的是,丁老师为人谦和,课下与学生们打成一片,对于这种活动我更是乐在其中。

毕业论文写作的日子,比想象中要煎熬得多,有时会在刚入睡不久便从梦中惊醒。梦中,恐高的我,却在攀爬着陡峭如刀削般的崖壁。梦境是现实的写照,暴露了当时所背负的压力。首先,资料收集困难。北欧国家以"高税收、高福利"的社会管理模式著称于世,但是世人普遍对于法律制度知之甚少。又由于北欧五国各有本国语言,英语资料有限,语言也是个不小的难题。其次,思路时有调整。虽然开题报告已经搭建起论文的基本框架,但是真正落笔时不少预想会发生变化,需要根据新的思路加以完善。在此过程中,倍感无力之时总要寻求丁老师的帮助。由于自己常常熬夜,有时没有顾及老师是否已然休息,便打电话或发短信过去。但是丁老师每次都会很快回复，在听完我的困惑所在后，耐心地逐一提出详细意见。在论文初稿完成后，丁老师甚至连错别字、标点符号都标注出来，严谨程度令我汗颜不已。

二、同窗情谊

在考博面试之时，与同门和同专业的几位同学认识。开学后借助上专业课，同专业的同学便经常一起或者爬山，或者聚餐。再后来，随着原住海韵的法学院博士生一并搬入勤业 7 号楼，活动范围也进一步扩大。生活就像一部影视剧，其中总会有几个场景给人留下深刻印象。于我而言，与同窗一起的数个场景一直让我回味不已。

其一是同门三男逛街看电影。由于性格差异不大，且兴趣相投，我们知识产权法三个博士生颇为要好，经常会一起再搞些私下小活动。想起来有意思的是，三个男生会时不时相约共同逛中山路，并到附近的电影院看电影，颇有彼此成为"闺蜜"的趋势。其二是宿舍怡情小酌。其实本人酒量有限，但是与同窗在一起时常被气氛所感染而酒兴颇佳。有时晚上十点钟左右，我在路边买些鸭脖子之类的下酒小吃和啤酒，到宿舍后招呼几个酒友共同聊天喝酒，边吃边喝边聊常常不觉就已深夜。其三是海边漫步。出生并长期生活于北方的我非常向往大海，也因此除爬山锻炼外，更喜欢到海边散步。于是，三五同窗共同平海吹风成了我在校期间最爱的活动。

三、城市与校园

2003 年第一次来厦门时，就被环岛路的美景所吸引，一边是山一边是海，完全吻合想象中"面朝大海，春暖花开"诗歌般的意境。踏入厦大校园，更是为这座花园中的学府所折服，暗自感慨厦大无愧中国最美大学的称号。只是当时还没有预料到，我会有机会在这个校园再度读书。待到 2011 年正式成为厦大的一员，才能够更多时间置身其中，慢慢欣赏厦门城市与厦大的校园。回想起来，自己在校期间做过最自豪的一件事就是 2012 年 9 月一个人从白城海滩沿海边走到了黄厝。能走海边则走海边，海边无路可走便爬上木栈道。一路下来，沙滩越来越美，海水也越来越蓝，至今那次所拍摄的照片几乎全部成了我电脑屏保的素材。当然，那次暴晒之后，我的肤色半年时间都没有缓过来。

没有题目的诗，以此纪念这段厦大读书的岁月：

还未离开
就已怀念
这个城市
这个校园
来去匆匆的我
却留下深深的眷恋
海滩的串串脚印
木栈道的蜿蜒
红红的凤凰花
香气怡人的柠檬桉
多少次欲诉无言
多少次缠绕心间
无论身在何处
无论何时再见
最想回到这里
坐看岁岁年年

韩 伟
2016 年 10 月